Großer Wander-Atlas
Nationalparks in Österreich

Wolfgang Heitzmann
Franz Sieghartsleitner

Wolfgang Heitzmann
Franz Sieghartsleitner

Großer Wander-Atlas
Nationalparks in Österreich

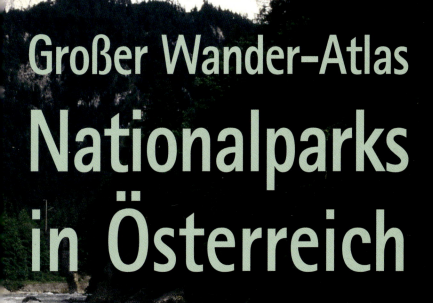

Inhalt

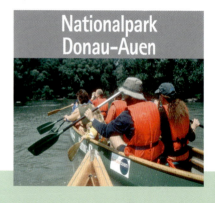

Nationalpark Donau-Auen

Nehmen Sie sich Zeit für die Natur! 8
Wir wollen wieder Wildnis 10
Praktische Hinweise 14

Nationalpark Neusiedler See – Seewinkel

1 Der Neusiedler-See-Radweg 20
2 Rund um die Lange Lacke 22
3 Edle Pferde und weiße Esel 24
4 Rund um die Zicklacke 26
5 Die „Südseerunde" 28
6 In den Fertö-Hanság Nemzeti Park 30
7 Die „Nordseerunde" 32
8 Der Kirschblüten-Radweg 34
9 Der Puszta-Radweg 36
10 Auf den Buchkogel 38

11 Der große Orther Rundwanderweg 44
12 Die Fadenbachrunde 46
13 Die Eckartsauer Donaurunde 48
14 Hundsheimer Berg 50
15 Der Rundwanderweg Schönau 52
16 Durch die Lobau 54
17 Der Donauradweg 56
18 Königswarte 58
19 Auf dem Jakobsweg 60
20 Von der Donau zum Neusiedler See 62

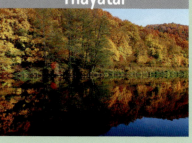

Nationalpark Thayatal

21 Zur Hardegger Warte 68
22 Zum Umlaufberg I 70
23 Zum Umlaufberg II 72
24 Der Nationalpark-Thayatal-Radweg 74
25 Der Hardegger Rundwanderweg 76
26 Auf Besuch im Národní park Podyjí 78
27 Zum Einsiedler 80
28 Der Hennerweg 82

4

Nationalpark Gesäuse

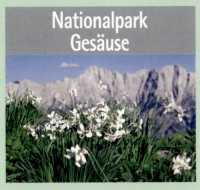

Nationalpark Kalkalpen

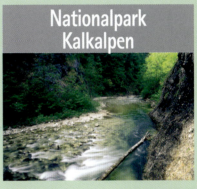

29 Der Rauchbodenweg	88
30 Der Au-Erlebnispfad	90
31 Ins Haindlkar	92
32 Tamischbachturm	94
33 Mountainbiketour Hochscheiben	96
34 Zum Buchsteinhaus	98
35 Der Johnsbacher Sagenweg	100
36 Zur Mödlinger Hütte	102
37 Der Johnsbacher Almweg	104
38 Hesshütte – Zinödl	106
39 Kalbling	108
40 Grabnerstein	110
41 Lugauer	112

42 Ins Reichraminger Hintergebirge	118
43 Zur Anlaufalm	120
44 Gamsstein	122
45 Almkogel	124
46 Bodenwies	126
47 Der Almweg am Hengstpass	128
48 Wasserklotz	130
49 Wurbauerkogel – Leitersteig	132
50 Die Langfirst-Runde	134
51 Gowilalm – Kleiner Pyhrgas	136
52 Der Steyrtal-Radweg	138
53 In die Steyrschlucht	140
54 Zum Rinnerberger Wasserfall	142
55 Ebenforstalm – Trämpl	144
56 Feichtaualm – Hoher Nock	146

Inhalt

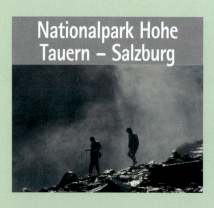

Nationalpark Hohe Tauern – Salzburg

57	Zum Ursprung der Mur	152
58	Zum Schödersee	154
59	Palfner See – Reedsee	156
60	Zur Hagener Hütte	158
61	Ins Seidlwinkltal	160
62	Der Tauerngold-Rundwanderweg	162
63	Rotmoos, Trauneralm, Hochmais	164
64	Plattachsee – Felber Tauern	166
65	Larmkogel	168
66	Zum Seebachsee	170
67	Ins Obersulzbachtal	172
68	Keeskogel	174
69	Gamsspitzl	176
70	Roßkopf	178
71	Die Glocknerrunde	180

Nationalpark Hohe Tauern – Kärnten

72	Malteiner Wasserspiele	192
73	Mittleres Schwarzhorn	194
74	Zagutnig	196
75	Oberkärntner Dreischluchtenweg	198
76	Säuleck	200
77	Ins Seebachtal	202
78	Zum Mallnitzer Tauern	204
79	Kreuzeck	206
80	In die Großfragant	208
81	Winklerner Alm – Straßkopf	210
82	Mohar	212
83	Keeskopf	214
84	Der Geo-Trail Tauernfenster	216
85	Spielmann	218
86	Der Gamsgrubenweg	220

Nationalpark Hohe Tauern – Tirol

87 Der Glocknertreck	226
88 Stüdlhütte – Teischnitztal	230
89 Ein Natur-Erlebnispfad für Kinder	232
90 Hochschoberrunde I	234
91 Hochschoberrunde II	238
92 Jagdhausalm	240
93 Zur Barmer Hütte	242
94 Der Lasörlingtreck	244
95 Durch das Zedlacher Paradies	248
96 Der Wasserschaupfad Umbalfälle	250
97 Defreggerhaus – Großvenediger	252
98 Der Gletscherweg Innergschlöß	254
99 Badener Hütte – Löbbentörl	256
100 Messeling	260

Reise-Atlas

Reise-Atlas (mit Tourennummern)	262
Bären in Österreich	284
Register/Impressum	286
Die beiliegende CD	288

Liebe Leserin, lieber Leser!

Naturerlebnis, Öko-Wanderungen, Fairplay-Touren: kaum eine Urlaubsdestination, die ohne Angebote aus dem Bereich des sanften bzw. integrativen Tourismus auskommt. Die sechs österreichischen Nationalparks sind Pioniere in diesem Bereich – und der Garant für seine wissenschaftlich fundierte Weiterentwicklung.

Einen Baustein dazu bilden dieses Buch und die dazugehörige CD. Natürlich lässt sich selbst auf 288 Seiten nur ein Querschnitt durch die touristischen Möglichkeiten der Nationalparks aufzeigen. Immerhin reicht unsere Touren-Palette vom Spaziergang an der Donau bis zum Anseilen unterm Großglockner und vom Familienradeln am Neusiedler See bis zum Felsabenteuer im Gesäuse. Die meisten der vorgestellten Wege werden Jung und Alt gleichermaßen Freude (und kaum Probleme) bereiten. Einige hochalpine Touren setzen jedoch entsprechende Ausrüstung und Erfahrung voraus – am besten, Sie unternehmen sie mit Nationalparkbetreuern bzw. Bergführern.

Auf allen vorgestellten Routen stehen jedenfalls die Wunder der Natur im Vordergrund. Erfreuen wir uns an ihnen, erkunden wir ihre Geheimnisse – und seien wir uns bewusst, dass wir viel Verantwortung für sie tragen.

Wolfgang Heitzmann, Franz Sieghartsleitner

Nehmen Sie sich Zeit für die Natur!

Österreich gehört zu jenen Ländern, die eine enorme Vielfalt an landschaftlicher Schönheit bieten. Einige ausgewählte Gebiete wurden wegen ihres Artenreichtums und ihrer Unversehrtheit zu Nationalparks erklärt.

Diese international anerkannten Schutzgebiete sind vor jeder wirtschaftlichen Nutzung bewahrt. Wo menschliche Eingriffe die Natur veränderten, setzen die Nationalparkverwaltungen Maßnahmen, um die Rückkehr zur Wildnis zu erleichtern und auch ein wenig zu beschleunigen. Viele unserer Naturschutzprojekte dienen dem Ziel, die Artenvielfalt in den Nationalparks zu erhalten.

Dem scheuen Luchs ermöglichen wir die Rückkehr. Den Bartgeier, den größten Vogel im Alpenraum, unterstützen wir bei der Wiederansiedlung. Der fast ausgestorbenen Urforelle werden günstige Lebensbedingungen in unverbauten Bächen gesichert und im Seewinkel grasen wieder Graurinderherden, um die artenreichen Hutweiden zu erhalten. Dieses einheitliche Credo verbindet die sechs Nationalparks: Donau-Auen, Gesäuse, Hohe Tauern, Thayatal, Neusiedler See – Seewinkel und Kalkalpen.

Wer die österreichischen Nationalparks mit offenen Augen und Ohren durchwandert, findet viel mehr als landschaftliche Schönheit. Naturliebhaber entdecken seltene Tiere und botanische Raritäten. Blühende Wiesen, sprudelnde Quellen, herrliche Laubwälder oder einfach die Stille einsamer Gebiete – all das wirkt heilsam auf Seele und Geist. So unterschiedlich wie die Vielfalt der österreichischen Nationalparks sind auch ihre Angebote. Wander-, Themen- und Radwanderwege, Aussichtswarten, Ausstellungen und geführte Touren laden zum Entdecken, Staunen und Genießen ein.

Dieses Buch möge Ihnen bei der Auswahl helfen, Anregungen geben und zu einem sicheren Naturerlebnis beitragen.

Der Umweltminister und die Nationalparkdirektoren laden Sie herzlich zum Besuch der Nationalparks ein!

Josef Pröll
Bundesminister für Land- und Forstwirtschaft,
Umwelt und Wasserwirtschaft

Robert Brunner
Nationalpark Thayatal

Werner Franek
Nationalpark Gesäuse

Kurt Kirchberger
Nationalpark Neusiedler See

Carl Manzano
Nationalpark Donau-Auen

Erich Mayrhofer
Nationalpark Kalkalpen

Peter Rupitsch
Nationalpark Hohe Tauern,
Kärnten

Hermann Stotter
Nationalpark Hohe Tauern,
Tirol

Wolfgang Urban
Nationalpark Hohe Tauern,
Salzburg

Peter Zöllner,
Oesterreichische Nationalbank

Wir wollen wieder Wildnis

von Claus-Peter Lickfeld

Nationalparks. Die Idee hat die Welt umrundet. 3881 gibt es derzeit nach den strengen Kriterien der IUCN (International Union for the Conservation of Nature), darunter gigantisch große und winzige.

Im deutschsprachigen Raum tut man sich bisweilen immer noch schwer mit Wildnis – diesem Abseits von geordneten Verhältnissen. Wald? Aber ja doch! Wald ist der Wurzelgrund der Natursehnsucht. Aber Wildnis? Da fletscht in unserem kollektiven Unterbewusstsein noch immer der Rotkäppchen verschlingende böse Wolf die Zähne. Da waltet Willkür, kauert Chaos hinter bemoosten Felsen.

Kerngedanke und oberste Bestimmung für Nationalparks ist es, möglichst unverfälschte Natur zu schützen, Gebiete zu reservieren, in denen die Natur walten kann, ohne dass Menschen dazwischenregieren. Wildnisschutz mit einem Wort? Große Wildnisflächen gibt es aber streng genommen in West- und Mitteleuropa nur noch im Wattenmeer und in den höheren Lagen der Alpen. Und weil dem so ist, haben Nationalparks auch die Zusatzaufgabe, heilende, chirurgische Eingriffe einzuleiten: Pflegeschnitte, um den Rückweg zu natürlicher Wildheit zu erleichtern und auch ein wenig zu beschleunigen.

So werden in den Parks Fichtenforste aufgelichtet, damit sich wieder naturnaher Wald einwurzeln kann. Das aber funktioniert nur, wenn dafür gesorgt ist, dass nicht zu viele Rehe, Hirsche oder Gämsen abfressen, was von sich aus nachwachsen will. Also: begrenzte, zielgebundene Jagd auch dort, wo eigentlich nicht gejagt werden sollte – und künftig auch nicht mehr gejagt werden wird. Auwäldern, die auszutrocknen drohen, öffnet man die Zugänge zum Fluss. Hier und da wird man einen alten Entwässerungsgraben verschließen, damit ein Hochmoor nicht verdurstet. Eingriffe allesamt. Aber Eingriffe dieser Art sind Wegbahnungen. Für eine Zukunft, in der die Natur aus eigener Kraft wieder wild und schön sein kann.

Wildnis ist aber auch die Null-Probe für Natur-Wissenschaftler, die hier forschend erkennen können, wie die Natur so arbeitet, wenn man

sie denn lässt. So wie ein angehender Arzt erst den gesunden Körper kennen muss, ehe er sich auf Krankheiten spezialisiert, müssen Biologen und Landschaftspfleger unverfälschte Natur erforschen dürfen, ehe sie sich z. B. auf Wundpflege von Kulturlandschaften verlegen. In den Nationalparks dürfen sie.

Willkommen sind natürlich auch Menschen, junge ganz besonders, die erleben und lernen wollen. Nationalparks dienen auch der Erholung und Bildung. Es gibt zwar Weggebote und hochsensible Zonen, die unter fast keinen Umständen betreten werden sollen, aber Nationalparks sind alles andere als „No-Go-Areas". Es kommt auf das geordnete Mit- und Nebeneinander an: Die Philosophie modernen Nationalpark-Managements hält weit mehr vom Leiten als vom Verbieten. Eine der besten Nachrichten der letzten Zeit: Nationalparkbesucher fühlen sich nicht eingeengt oder gegängelt. Wer sich hier erholen will, weiß, wo er ist, weiß, dass Drachenfliegen, Endurogeknatter, Motorbootfahren in Donaualtarmen oder Schnellbootrennen auf dem Neusiedler See, exzessives Klettern im Kalk oder Dolomit und einiges andere nicht angesagt sind.

Die Vielzweck-Parks. „Ich kenne alle Tiere und Pflanzen, ich weiß nur nie, wie sie heißen", soll der Heimatdichter Karl Heinrich Waggerl gesagt haben. Nationalparks sind für beiderlei Kenner da: für die mit den Augen auf dem Herzen, für die Waggerls, die Besucher, die Schönheit nur einatmen, betrachten, genießen wollen, ohne sie zu systematisieren. Und für die wenigeren anderen, die sich – wissenschaftlich geschult – Flora und Fauna, Fels und Wasser zuwenden.
Nationalparks locken ganz besonders zur wissenschaftlichen Untersuchung, denn hier gibt es Flächen, die deutlich weniger von menschlichem Einfluss überformt sind als im Umland. Wer – etwa als Messlatte für gestörte Lebensräume – quasi natürliche Zustände studieren will, ist hier richtig.
Viele Projekte dienen unmittelbar dem Ziel, die Artenvielfalt in den Nationalparks zu erhalten. Ein international bekanntes Erfolgsbeispiel ist die – wissenschaftsgestützte –

WIR WOLLEN WIEDER WILDNIS

Bartgeier

Rückkehr der Bartgeier. Biologen überwachen in den Hohen Tauern die faszinierenden Flugartisten bei ihren Aufschwüngen. Das Zerkleinern von Knochen, die von den Aasfressern aus großer Höhe auf Felsplatten geworfen werden, klingt dabei wie eine akustische Erfolgsmeldung.

Und die hört man auch im Nationalpark Donau-Auen: berstendes Holz, schleifendes Astwerk, wenn ein fallender Baum durch die Wipfel streift und dann ein knallender Schlag ins Wasser. Biber sind heute wieder allgegenwärtig in der Donaulandschaft. Ihre Wiederansiedlung zählt zu den großen gemeinsamen Erfolgsgeschichten von Wissenschaft und Naturschutz in den Nationalpark-Regionen. Der Preis für ihr Comeback – manch ein Baum fällt unter ihren Meißelzähnen – ist gering, zumal die punktuelle Auflichtung der Auwälder im Grunde genommen ein willkommener Beitrag zur Landschaftsgestaltung ist.

Besucher haben durchaus Chancen, davon das eine oder andere mitzubekommen. In den Besucherzentren, die es mittlerweile in allen Parks gibt, werden entsprechende Fragen nach bestem Wissen beantwortet; die jeweiligen Nationalparkzeitungen berichten regelmäßig; die Lokalpresse greift gerne entsprechende Themen auf.

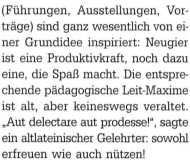

Und auch die Angebote an Parkbesucher (Führungen, Ausstellungen, Vorträge) sind ganz wesentlich von einer Grundidee inspiriert: Neugier ist eine Produktivkraft, noch dazu eine, die Spaß macht. Die entsprechende pädagogische Leit-Maxime ist alt, aber keineswegs veraltet. „Aut delectare aut prodesse!", sagte ein altlateinischer Gelehrter: sowohl erfreuen wie auch nützen!

Man muss das erlebt haben, etwa den Feuereifer, mit dem sich Jugendliche ins Wasser stürzen, die Faszination der Steine, ausgebreitet in didaktisch ausgeklügelten Simulationen, die überwältigende Schönheit der Vogelwelt rund um den Neusiedler See. Stellvertretend für eine Fülle von Veranstaltungen und Lokalitäten sei hier besonders auf den Weidendom im Nationalpark Gesäuse hingewiesen – schon jetzt ein magischer Ort am Ufer der Enns. Auf fast 300 m² Veranstaltungsfläche – überwölbt von Zeltbahnen und Weidengerank mit angrenzendem Info-Baumhaus und Auen-Rundweg – breitet sich ein

Wunderland des Staunens aus. Projekte für „Junior Ranger" – immer wieder auch mit starker internationaler Beteiligung – verstärken spielerisch das, was sich nicht künstlich in vitro züchten lässt: Liebe zur Natur, ohne die alles Bio-Wissen nur Ablagerung wäre, Schubladenwissen, das nichts bewegt.

Claus-Peter Lickfeld ist Mitbegründer von Horst Sterns Umweltmagazin natur. Er veröffentlichte Bücher für den WWF und schreibt u. a. für GEO, DIE ZEIT oder Merian.

ANFORDERUNGEN

Praktische Hinweise

Alpines Notsignal

In einer Minute wird sechsmal in regelmäßigen Abständen – also alle zehn Sekunden – ein hörbares oder sichtbares Zeichen (Rufen, Pfeifen, Blinken, Winken) gegeben. Dazwischen folgt jeweils eine Minute Pause. Die Antwort kommt mit drei Zeichen pro Minute.

Alpine Notrufnummer: europaweit 112, Österreich 140.

Um Ihnen die **Tourenauswahl** zu erleichtern, finden Sie die Nummer jeder Route in einem farbigen Dreieck, das die zu erwartenden Anforderungen andeutet:

▼ „Blaue" Touren verlaufen weitgehend auf gut angelegten Wegen ohne echte Gefahrenstellen, die auch für „Einsteiger" geeignet sind. Das schließt allerdings kräftige Steigungen nicht aus. Die meisten dieser Routen sind ausreichend beschildert und markiert.

▼ „Rote" Wege und Pfade führen durch anspruchsvolleres Gelände, können also steil, steinig und nach Regen sehr rutschig sein. Kurze abschüssige und ausgesetzte Passagen erfordern Trittsicherheit und Schwindelfreiheit; einige davon können auch mit Stahlseilen bzw. Leitern gesichert sein.

▼ „Schwarze" Touren sind lange bzw. sehr anspruchsvolle Unternehmungen, die auch durch hochalpines Gelände führen. Rechnen Sie mit ausgesetzten, gesicherten und – je nach den Verhältnissen – gefährlichen Passagen. Entsprechende Kondition, Schwindelfreiheit und alpine Erfahrung werden vorausgesetzt. Eine besondere Gefahr bilden steile (Alt-)Schneefelder und Eisrinnen, die oft die Verwendung von Pickel und Steigeisen erfordern. Gletschertouren sollte man grundsätzlich nur in Begleitung von Bergführern unternehmen. *Info:* www.bergfuehrer.at

Die angegebenen **Gehzeiten** sind nur unverbindliche Richtwerte, verstehen sich jedoch ohne Pausen.

AUSRÜSTUNG

Ausrüstung: Abgesehen von einigen Wanderungen am Neusiedler See und in den Donauauen benötigen Sie bei den hier vorgestellten Touren knöchelhohe, aber nicht zu schwere Wanderschuhe mit griffiger Gummiprofilsohle sowie wind- und regendichte Kleidung. Was sonst noch in den Rucksack gehört: Reservewäsche, eine leichte Kopfbedeckung als Sonnenschutz, entsprechende Verpflegung und genug Getränke, eine Trillerpfeife fürs alpine Notsignal sowie eine kleine Rucksackapotheke mit federleichter Alu-Rettungsdecke. Oft sind Teleskopstöcke hilfreich. Im Gebirge benötigt man entsprechend wärmere Kleidung, Mütze und Handschuhe – bei einem Wettersturz kann es auch im Sommer empfindlich kühl werden. Wer in Schutzhäusern übernachtet, sollte einen leichten Hüttenschlafsack mitnehmen (in Alpenvereinshütten ist seine Benützung obligatorisch).

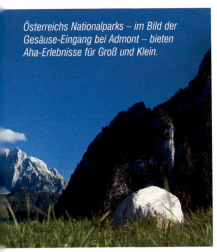

Österreichs Nationalparks – im Bild der Gesäuse-Eingang bei Admont – bieten Aha-Erlebnisse für Groß und Klein.

Wetter

www.zamg.ac.at, http://wetter.orf.at/oes, www.alpenverein.at/wetter/index.asp

Alpinwetter (Alpenverein)
Tel. 0900/91156682 (Tonband); persönliche Wetterberatung (Montag bis Samstag 13–18 Uhr): Tel. ++43(0)512/291600.

Wichtige touristische Infos finden Sie auf der **beiliegenden CD**:
> alle Nationalparkgemeinden, Tourismusregionen und Cards
> Tipps für touristische Angebote
> alle Lehrpfade und Themenwege
> detaillierte Angaben über Berggasthöfe, Almen und Schutzhütten
> Jugendherbergen, Camping- und Biwakplätze
> öffentliche Verkehrsmittel, Mautstraßen und Seilbahnen

Darüber hinaus lassen sich über die CD sämtliche Touren ausdrucken (siehe auf Seite 288).

Umwelt- und Alpininfos

Naturfreunde
www.naturfreunde.at
Naturschutzbund Österreich
www.naturschutzbund.at
Österreichischer Alpenverein
www.alpenverein.at
Österreichischer Touristenklub
www.oetk.at
Umweltdachverband
www.umweltdachverband.at
WWF (World Wide Fund for Nature)
www.wwf.at

Nationalpark Neusiedler See – Seewinkel

Die pannonische Weite beflügelt – auch den Weißstorch (kleines Foto)

NATIONALPARK NEUSIEDLER SEE – SEEWINKEL

Das Gebiet um den Neusiedler See ist ein für Österreich einmaliger Naturraum. Die letzten Ausläufer der Ostalpen begrenzen es im Westen, im Norden stößt es an die Parndorfer Platte und im Osten bildet der Hanság die Grenze des Naturraums Neusiedler See. Dieses ehemalige Niedermoor liegt zum größten Teil auf ungarischem Gebiet.

Silberreiher

Österreichs Steppen-Nationalpark.

Das Seegebiet ist aber auch aus biologischer Sicht ein Grenzraum, in dem Pflanzen- und Tierarten aus alpinen, pannonischen, asiatischen, mediterranen und nordischen Gebieten zu finden sind. Ohne die Vielfalt an Lebensräumen wäre dieser Artenreichtum freilich nicht möglich: Mosaikartig liegen hier großflächige und verschiedenartige Feuchtgebiete, Trockenrasen, Eichenwälder, Sandsteppen, Weideflächen, Wiesengebiete und Salzstandorte nebeneinander.

Der Neusiedler See liegt als westlichster Steppensee an der tiefsten Stelle der Kleinen Ungarischen Tiefebene – in einer abflusslosen Wanne. Das Seebecken umfasst eine Fläche von rund 320 km², wovon knapp 180 km² auf den Schilfgürtel entfallen.

Der Nationalpark selbst hat ein Flächenausmaß von etwa 30.000 ha, wovon etwa 20.000 ha auf ungarischer Seite liegen. In der Naturzone – rund 5000 ha auf burgenländischem Gebiet – findet keine Nutzung durch Landwirtschaft, Jagd, Fischerei und Tourismus statt. In den Bewahrungszonen wurde die bisherige landwirtschaftliche Nutzung eingestellt und durch Biotoppflegemaßnahmen ersetzt. Sie ist keine geschlossene Fläche, sondern mosaikartig durch landwirtschaftlich genutzte Areale unterbrochen. Die gesamten Flächen sind nach wie vor in Privatbesitz und von der

Nationalparkgesellschaft durch langfristige Verträge gepachtet.

Das Klima um den Neusiedler See ist vom kontinentalen Steppenklima beeinflusst; der Wasserhaushalt wird weit gehend von Niederschlägen und Verdunstung geregelt. Trockene, heiße Sommermonate wechseln hier mit kalten, aber schneearmen Wintern ab. Mit einer Durchschnittstemperatur um 10 °C ist das Gebiet eine der wärmsten Regionen, mit einer Jahresniederschlagsmenge von ca. 600 mm eine der trockensten Landschaften Österreichs. Während es im übrigen Land tagelang regnet, fällt hier oft kein Tropfen. Wind weht hier das ganze Jahr über, und zwar meist aus nordwestlicher Richtung. Die günstigen klimatischen Bedingungen ermöglichen eine lange Vegetationszeit um die 250 Tage.

Neben dem Südteil des Neusiedler Sees umfasst der Nationalpark auch die salzhaltigen, periodisch austrocknenden Lacken des Seewinkels. Reste von Weidegebieten sowie ehemalige Acker- und Weinbauflächen dominieren den Kulturlandschaftsanteil.

Die Rückkehr großer Herden.
Ein großer Teil der Nationalparkflächen ist Kulturland, also vom Menschen geprägte Natur. Vor allem durch Rodung, jahrhundertelange Beweidung und Entwässerung ist im pannonischen Raum das entstanden, was man in Ungarn „Puszta" nennt. Durch den Niedergang der Viehwirtschaft drohte der Biotoptypus Hutweide zu verbuschen – damit wäre der Lebensraum für bodenbrütende Vogelarten bald verloren gewesen. In den Bewahrungszonen des Nationalparks wird deshalb in Zusammenarbeit mit Privaten zu bestimmten Zeiten Heu gemäht. In sensibleren Gebieten sorgen – nach den Vorgaben der Wissenschaft – Rinderherden für das Kurzhalten der Vegetation. Zum Flächenmanagement gehören gezielter Schilfschnitt oder das Bewirtschaften von Äckern in der Nähe der Lacken (für die Graugänse), aber auch der Rückstau von Entwässerungsgräben, die für die Landwirtschaft keine Bedeutung mehr haben.

Neusiedler See – Seewinkel

Informationszentrum Illmitz
Tel. ++43(0)2175/3442,
www. nationalpark-neusiedlersee-seewinkel.at
Öffnungszeiten: April bis Oktober Montag bis Freitag 8–17 Uhr, Samstag, Sonn- und Feiertage 10–17 Uhr; November bis März Montag bis Freitag 8–16 Uhr.

NEUSIEDL AM SEE

1

Der Neusiedler-See-Radweg
Ein grenzenloses Rad-Naturerlebnis

Ausgangspunkt: Neusiedl am See, 131 m. Zufahrt auf der Autobahn A 4 bis zur Abfahrt Neusiedl am See, 1 km weiter auf der B 50 und 2,5 km auf der B 51 nach Neusiedl am See; Parkplätze beim Bahnhof. Gute Bahnverbindung von Wien.
Charakter: insgesamt 132 km lange Familientour (davon 38 km auf ungarischem Gebiet), die am besten in drei Abschnitte aufgeteilt werden sollte: Neusiedl am See – Illmitz 35 km, Illmitz – Mörbisch 54 km, Mörbisch – Neusiedl am See 43 km. Markierung B 10. Reisepass nicht vergessen!
Höhenunterschied: ca.150 m.
Einkehr: zahlreiche Gasthöfe, Jausenstationen und Buschenschenken entlang der Route.
Karte: KOMPASS Nr. 215.
Reise-Atlas: Seite 12.

Vom Frühjahr bis zum Herbst lockt die herrliche Landschaft um den Neusiedler See Radwanderer an. Der **Neusiedler-See-Radweg** beginnt beim Bahnhof Neusiedl am See. Der grünen Beschilderung B 10 folgend radeln wir am Schilfgürtel entlang und über eine Holzbrücke nach Weiden am See.
Man fährt zunächst am Sportplatz und an der Bahnhaltestelle vorbei, folgt dem Radweg rechts über die Bahngeleise und gelangt dann entlang der Zitzmannsdorfer Wiesen nach Podersdorf am See. Eine Attraktion des Ortes ist die 200 Jahre alte Windmühle, die seit 1975 unter Denkmalschutz steht und besichtigt werden kann.
Vom Ortszentrum Podersdorf am See radelt man durch Weingärten zur „Hölle" (Gastgarten) am Oberen Stinker See und links weiter nach Illmitz. Hier lohnt sich ein Besuch im Informationszentrum des Nationalparks. Ausstellungen informieren über die Besonderheiten der Vogelwelt, die Bedeutung der Hut-

DER NEUSIEDLER-SEE-RADWEG

Radvergnügen in den Ebenen um den See. Da staunt auch der Kiebitz (kleines Foto).

weiden und des Schilfgürtels. Danach zieht der Radweg entlang der B 52 nach Apetlon und Pamhagen. Bis zur ungarischen Grenze sind es noch 2 km (Achtung, der Grenzübergang ist zwischen Mitternacht und 6 Uhr geschlossen!). Nach ca. 8 km wird Fertöd mit dem prächtigen Schloss Esterházy erreicht. Wenn auch die Aussicht auf den Neusiedler See durch den Schilfgürtel eingeschränkt ist, so hat die Fahrt durch die ungarischen Orte Fertöhomok, Balf und Fertörákos doch ihren besonderen Reiz.

Bald ist man beim Grenzübergang Mörbisch angelangt (Öffnungszeiten für Radfahrer: von April bis Oktober täglich 8–20 Uhr).

Den grünen Schildern „B 10" folgend durchfährt man das romantische Mörbisch und die Freistadt Rust, die durch ihre Störche und edle Weine bekannt ist. Bei Oggau führt der Neusiedler-See-Radweg nahe dem Schilfgürtel nach Donnerskirchen. Neben der Bahnlinie geht's über Purbach, Breitenbrunn, Winden am See und Jois nach Neusiedl am See zurück.

APETLON

2

Rund um die Lange Lacke
Wo man die Puszta noch erleben kann

Ausgangspunkt: Apetlon, 120 m. Zufahrt auf der A 4 bis zur Abfahrt Neusiedl am See, auf der B 51 bis Frauenkirchen und auf der Landesstraße bis Apetlon; Parkmöglichkeit im Ort.
Charakter: einfache Wanderung in der Bewahrungszone des Nationalparks, besonders empfehlenswerte Wanderung für Vogelbeobachter und Wanderer, die den Steppencharakter und die Weite dieser Landschaft schätzen.
Gehzeit: ca. 2,5–3 h.
Höhenunterschied: unbedeutend.
Einkehr: Gaststätten in Apetlon.
Karte: KOMPASS Nr. 215.
Reise-Atlas: Seite 12.

Für diese Wanderung gehören ein Fernglas und ein Vogelbestimmungsbuch unbedingt in den Rucksack; außerdem sollte man genügend Zeit zur Beobachtung einplanen und die dafür ausgewiesenen Wege nicht verlassen!
Der Wegverlauf: Vom Ortszentrum Apetlon folgt man zunächst 250 m der Straße nach Illmitz, schwenkt dann rechts auf die Straße nach Wallern ein, bis links der Weitwanderweg Nr. 907 (Europäischer Fernwanderweg E 4) abzweigt, dem man bis zur Straße Apetlon – Frauenkirchen folgt. Rund 300 m

22

RUND UM DIE LANGE LACKE

Die Lange Lacke – das bekannteste „Wasserwunder" im Seewinkel

BURGENLAND

geht's der Straße entlang, dann wechselt man nach rechts auf den Fahrweg zur Langen Lacke.

Hier wird man immer wieder innehalten und mit dem Fernglas nach Enten, Reihern und Limikolen Ausschau halten, die sich – ruhiges Verhalten der Beobachter vorausgesetzt – oft im Schilfgürtel und auf der Wasseroberfläche zeigen. Der blauen Markierung folgend umrundet man die salzhaltige Lange Lacke und erreicht in nördlicher Richtung die Wörthen-Lacken.

An den Salz- und Sumpfwiesen des Xixsees vorbei kehrt man aus einem der großen Vogelparadiese des Nationalparks nach Apetlon zurück.

Internationale Vögel

In der Nationalpark-Bewahrungszone Apetlon – Lange Lacke brüten gefährdete Wiesenvögel wie die Uferschnepfe und der Rotschenkel, aber auch charakteristische Küstenarten wie der Seeregenpfeifer und der Säbelschnäbler. Darüber hinaus spielt das Gebiet im Winterhalbjahr als Schlafplatz für durchziehende und überwinternde Saat-, Bläss- und Graugänse eine besonders wichtige Rolle – als „Trittstein" zwischen Rastplätzen im nordöstlichen Mitteleuropa und dem Winterquartier im Mittelmeerraum. Im Juli sammelt sich hier der Graugansbestand der Region vor seinem Abflug in Sommerquartiere in Südmähren. Die Spätherbstbestände der Saat-, Bläss- und Graugänse können insgesamt 40.000 Exemplare erreichen.

Im Uferbereich der salzhaltigen Lacke wächst eine charakteristische Salzflora mit Salzkresse, Salzmelde, Dorngras und Ungarischem Zyperngras.

ILLMITZ

3

Wilde Pferde und weiße Esel
Eine Radtour zu den Zitzmannsdorfer Wiesen

Ausgangspunkt: Nationalpark-Zentrum am nördlichen Ortsrand von Illmitz, 117 m. Zufahrt auf der Autobahn A 4 bis zur Abfahrt Gols/Weiden, weiter über Podersdorf nach Illmitz.
Charakter: familienfreundliche Radtour zu fast ausgestorbenen Wildpferden und zu einer Wiesenlandschaft mit vielen botanischen Kostbarkeiten. Gute Bademöglichkeit in Podersdorf.
Streckenlänge: 38 km.
Höhenunterschied: unbedeutend.
Einkehr: mehrere Gaststätten in Podersdorf und entlang des Neusiedler-See-Radweges.
Routenkarte: auf Seite 20.
Karte: KOMPASS Nr. 215.
Reise-Atlas: Seite 12.

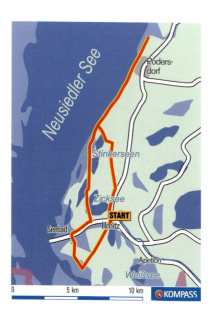

Der Routenverlauf: Vom Nationalpark-Informationszentrum fährt man ins Ortszentrum von Illmitz. Vorbei an der Pfarrkirche folgt man den Radweg-Schildern B 20 (Lackenradweg) zum Sandeck, dem Südende des Seedammes. Von zwei ehemaligen ungarischen Grenzwachttürmen bietet sich dort ein herrlicher Panoramablick auf den Schilfgürtel und die seenahen Wiesen.
Geländeunebenheiten machen hier das Mähen unmöglich. Die Wiesen werden daher mit Weißen Eseln beweidet. Diese gehören zu den seltensten Haustierrassen. Es existieren nur 100 dieser schönen Tiere! Einige Esel wurden vom Nationalpark Neusiedler See an Partner wie den Nationalpark Kalkalpen weitergegeben, um im Falle einer gefährlichen Krankheit ihr Aussterben zu verhindern.
Danach erreicht man die Illmitzer Seestraße, der man rechts bis zur Zicklacke folgt. Vor dieser zweigt man links ab und gelangt nach wenigen Kilometern in die Bewahrungszone Illmitz – Hölle. Seeseitig am Radweg weiden Przewalski-Pferde. Diese werden in mehreren europäischen Tiergärten gezüchtet, um sie in ihrem letzten Rückzugsgebiet, der Mongolei, wieder einzubürgern. Um ihre Chancen zum Überleben in der Halbwüste zu er-

Ein freundlicher „Rasenmäher" der Zitzmannsdorfer Wiesen

höhen, werden kleine Gruppen in natürlichen Lebensräumen gehalten und danach per Flugzeug in die Heimat ihrer Vorfahren gebracht. Eines dieser Outdoorcamps ist der Nationalpark Neusiedler See.

Nun folgt man dem Neusiedler-See-Radweg B 10 nach Podersdorf. Von dieser „Bade- und Freizeitmetropole" der Neusiedler-See-Region sind es noch 2,5 km bis zu den Zitzmannsdorfer Wiesen. Rund 410 ha davon gehören zum Nationalpark. Auf trockenen Standorten wachsen botanische Raritäten wie Zwergiris, Österreichischer Salbei, Federgras oder Stängelloser Tragant, auf feuchten Standorten Salzwiesen-Schwertlilie oder Moorglanzstendel. Manchmal trifft man auch auf eine besondere Schmetterlingsrarität, den Steppenfrostspanner. Zum Kennenlernen des Gebiets empfiehlt es sich, die Fahrräder am südlichen Kreuzungspunkt, beim Beobachtungsturm und dem Informationspult, stehenzulassen – so kann man am sogenannten Mitterweg die Raritäten in Ruhe beobachten.

Auf dem Neusiedler-See-Radweg fährt man schließlich wieder nach Illmitz zurück.

ILLMITZ
4

Rund um die Zicklacke
Rinder für den Vogelschutz

Ausgangspunkt: Nationalpark-Zentrum am nördlichen Ortsrand von Illmitz, 117 m. Zufahrt auf der Autobahn A 4 bis zur Abfahrt Gols/Weiden, weiter über Podersdorf nach Illmitz.
Charakter: einfache und kinderwagentaugliche Rundwanderung in der Bewahrungszone Illmitz. Empfehlenswert ist die Mitnahme von Ferngläsern zur Vogelbeobachtung. Das Betreten der Wiesen- und Schilfflächen ist verboten – dies würde die Vögel beim Brüten stören und kann zu Nestverlust führen. Am Weg findet man Informationspulte und ein Aussichtsturm ermöglicht unvergessliche Naturbeobachtungen.
Gehzeit: ca. 2 h.
Höhenunterschied: unbedeutend.
Einkehr: Gaststätten in Illmitz.
Karte: KOMPASS Nr. 215.
Reise-Atlas: Seite 12.

Das ist die „Hausrunde" des Nationalparks, die direkt beim Informationszentrum beginnt.
Der Wegverlauf: Man folgt der Straße in nördlicher Richtung. Bei der nächsten Abzweigung hält man sich links und gelangt zum Unterstinkersee, an dem man regelmäßig Fluss- und Zwergseeschwalben sehen kann. Wieder hält man sich links und biegt auf den Lackenradweg (B 20) ein. Danach marschieren wir zwischen der Zicklacke und dem Albersee nach Süden bis zur Illmitzer Seestraße. Im Bereich der Zicklacke brüten Säbelschnäbler und Seeregenpfeifer. Auch Uferschnepfen, Graugänse und Rotschenkel sind immer wieder anzutreffen.
Die Randbereiche der Zicklacke und des Kirchsees werden seit 1987 mit Herden von Aberdeen-Angus-Rindern beweidet. Damit wirkt man der Verschilfung der Lackenränder entgegen. Vorher breitete sich Schilf an den Lacken massiv aus. Es verdrängte damit eine Vielzahl gefährdeter Pflanzenarten und brachte gravierende Nachteile für jene Vo-

RUND UM DIE ZICKLACKE

Ein Hauch von Prärie: Angus-Rinder (oben) und Graurinderstier (unten)

gelarten, die auf offene Böden mit spärlicher Vegetation angewiesen sind. Beweidete Lackenränder und Feuchtwiesen sind für Watvogelarten wie Rotschenkel, Uferschnepfe und Seeregenpfeifer überlebenswichtig. Damit werden die Rinder – aber auch Pferde – gezielt für den Vogelschutz eingesetzt.

Beweidungsprojekte und Schilfschnitt sind in einer Bewahrungszone zum Erhalt einzigartiger Lebensräume für Pflanzen und Tiere also von besonderer Bedeutung. Dagegen finden in der Naturzone des Nationalparks keinerlei Nutzungen oder Pflegemaßnahmen statt. In diesen für Besucher nicht zugänglichen Bereichen darf sich die Natur völlig frei entwickeln.

Auf der Seestraße gelangt man zum Ausgangspunkt zurück.

ILLMITZ

5

Die „Südseerunde"
Der ungarische Teil des Neusiedler Sees

Ausgangspunkt: Nationalpark-Zentrum am nördlichen Ortsrand von Illmitz, 117 m. Zufahrt auf der Autobahn A 4 bis zur Abfahrt Gols/Weiden, weiter über Podersdorf nach Illmitz.
Charakter: abwechslungsreiche Radwanderung mit vielen Möglichkeiten zum Besichtigen und Entdecken. Die Tour verläuft auf asphaltierten Radwegen, nur nach Balf ist eine wenig befahrene Straße zu benützen. Die Beschilderung verändert sich im ungarischen Teil nur in Form und Farbe, sie ist aber so verlässlich wie in Österreich und weist auch die Bezeichnung „B 10" auf. Reisepass nicht vergessen!
Streckenlänge: 58 km.
Höhenunterschied: 140 m, leichter Anstieg von Mörbisch bis zum Grenzübergang nach Ungarn.
Einkehr: mehrere Gaststätten am Weg.
Karte: KOMPASS Nr. 215.
Reise-Atlas: Seite 12.

DIE „SÜDSEERUNDE"

Schloss Esterhazy

Im Nationalpark-Zentrum erhält man freundliche Auskunft über **die „Südseerunde"**, die Fährverbindungen und die Versorgungsmöglichkeiten entlang dieser Strecke. So schwingt man sich aufs Rad und fährt rund 4,5 km zum Strandbad Illmitz, wobei man einen Schilfgürtel durchquert. Fast immer sind hier schilfbewohnende Vogelarten wie Löffler, Haubentaucher, Purpurreiher oder grazile Silberreiher zu beobachten. Letztere sind die Könige aller Vögel des Sees: Blendend weiß hebt sich ihre schlanke Vogelgestalt vom Schilfrohr ab.

Mit der Radfähre gelangt man in 15 Min. zur Seebühne Mörbisch am Westufer des Neusiedler Sees hinüber. Von dort fährt man ins 2 km entfernte Mörbisch, das ein besonders reizvolles Ortsbild vorweisen kann. Ein Spaziergang durch die engen Hofgassen mit den blumengeschmückten Häusern und ortstypischen Stiegenvorbauten bietet viel Freude.

Danach strampelt man den Berg zum Zollposten hinauf. Öffnungszeiten für Radler und Fußgänger: Von April bis Mai täglich 8–20 Uhr, von Juni bis September 6–22 Uhr. Auf dem folgenden Weg durch Ungarn sollte man Balf mit seinem Thermalbad oder Fertörákos mit dem einzigen ungarischen Strandbad am Neusiedler See einen Besuch abstatten. In Fertöd wird man vom prächtigen Barockschloss der Fürsten Esterházy überrascht – die Anlage ist auch als „ungarisches Versailles" bekannt. Sie beherbergt ein Joseph-Haydn-Museum, denn hier leitete der Komponist als Hofmusiker Aufführungen von solcher Qualität, dass selbst Maria Theresia häufig zu Gast in Fertöd war. Kurz vor Pamhagen passiert man die Staatsgrenze neuerlich (Achtung: zwischen Mitternacht und 6 Uhr geschlossen!). Über Apetlon rollt man schließlich nach Illmitz zurück.

Schiff ahoi!

Die Radfähre zwischen Illmitz und Mörbisch bringt Sie zwischen dem 1. April und dem 15. Oktober täglich übers Wasser: in der Hauptsaison von 1. Mai bis 1. Oktober 9–17.30 Uhr im Halbstundentakt, in der Vor- und Nachsaison (April, Oktober) 10–16 Uhr (ab Mörbisch) bzw. 17 Uhr (ab Illmitz). dann Mindestteilnehmeranzahl von 5 Personen.

Man kann mit dem Schiff auch von Mörbisch nach Fertörákos und zurück fahren: 1. Mai bis 1. Oktober 10–16 Uhr (17 Uhr ab Fertörákos), im Oktober nach Bedarf. In Ungarn erfolgt ein Zwischenstopp mit Grenzabfertigung. Reisepass mitnehmen, Hunde nur mit Impfpass!
Info: Tel. ++43(0)2175/2158, www.drescher.at, www.schifffahrt-gangl.at

BURGENLAND

ILLMITZ

6

In den Fertö-Hanság Nemzeti Park
Besuch bei Graurindern und Wildgänsen

Ausgangspunkt: Nationalpark-Zentrum am nördlichen Ortsrand von Illmitz, 117 m. Zufahrt auf der Autobahn A 4 bis zur Abfahrt Gols/Weiden, weiter über Podersdorf nach Illmitz.

Streckenlänge: 52 km.

Höhenunterschied: unbedeutend.

Charakter: lohnendes Ausflugsziel für alle Radfahrer, die die Natursehenswürdigkeiten im Ostteil der ungarischen Neusiedler-See-Region erkunden möchten. Fernglas und Reisepass nicht vergessen!

Einkehr: Gaststätten und Restaurants in Fertöd, Apetlon oder Illmitz.

Routenkarte: auf Seite 28.

Karte: KOMPASS Nr. 215.

Reise-Atlas: Seite 12.

Der Routenverlauf: Dieser Radausflug in den ungarischen Nationalpark folgt zunächst dem Radweg entlang der B 52 nach Pamhagen und weiter zur ungarischen Grenze (Grenzübergang von Mitternacht bis 6 Uhr geschlossen). 4 km danach verlässt man den Neusiedler-See-Radweg rechts nach Nyarliget. Man folgt der Straße durch den Ort und wählt danach den linken Radweg. Nach weiteren 250 m zweigt man links ab und gelangt auf die wenig befahrene Straße, die von Sarród nach Fertöújlak führt. Links gelangt man nach knapp 1 km zur Silberreiherburg, dem Sitz des ungarischen Nationalparks. Von dort radelt man nach Lászlómajor, einem

ehemaligen Gehöft der Fürsten Esterházy. Hier kann man nationalparkeigene Graurinderherden, Wasserbüffel oder Zackelschafe beobachten. Diese alten ungarischen Haustierrassen tragen durch Vertritt, Verbiss und durch ihren Dung zum Erhalt der Salzwiesen bei. Auf den Wiesen wachsen geschützte Pflanzen wie die Pannonische Salzaster, das Sumpfknabenkraut oder die Spinnen-Ragwurz.

Über die Schleuse des Einserkanals gelangt man zu einer großflächigen Holzplattform, die sich hervorragend zur Vogelbeobachtung im Seevorgelände eignet. In der Zugzeit kann man hier zehntausende hinaus- und hereinziehende Gänse beobachten. Station machen aber auch Kiebitze, Uferschnepfen und Strandläufer, und in den seenahen Wiesen suchen Störche nach Fressbarem.

Ein Stück weiter, den Weg entlang, liegt Fertöújlak, wo das Ökopädagogikzentrum des ungarischen Nationalpark Teils liegt. Ausstellungen informieren dort über die Bewohner des Röhrichts und die Welt der Salzsteppe.

Wir radeln über den Einserkanal zurück. Noch vor Lászlómajor biegen wir jedoch in den Radweg nach Nyarliget ein. Auf dem Neusiedler-See-Radweg gelangen wir wieder nach Illmitz.

IN DEN FERTÖ-HANSÁG NEMZETI PARK

Wespenspinne

PODERSDORF AM SEE

Die „Nordseerunde"
Durch idyllische Weingärten nach Rust

Ausgangspunkt: Podersdorf am See, 122 m. Zufahrt auf der Autobahn A 4 bis zur Abfahrt Gols/Weiden, weiter nach Podersdorf.
Charakter: familienfreundliche Radwanderung durch viele idyllische Weingärten und charakteristische Weinbauorte am Nord- und Westufer des Neusiedler Sees. Die Tour bietet zahlreiche Möglichkeiten zum Besichtigen von Sehenswürdigkeiten und zum Flanieren in Kellergassen. Die abendliche Rückfahrt mit dem Schiff über den Neusiedler See bildet einen romantischen Abschluss dieser Radausfahrt.
Streckenlänge: 44,5 km; Markierung B 10, ab Weiden ist der Weg durchgehend asphaltiert.
Höhenunterschied: unbedeutend.
Einkehr: Entlang der Route hat man ausreichend Gelegenheit, sich zu verpflegen und zu erfrischen.
Karte: KOMPASS Nr. 215.
Reise-Atlas: Seite 12.

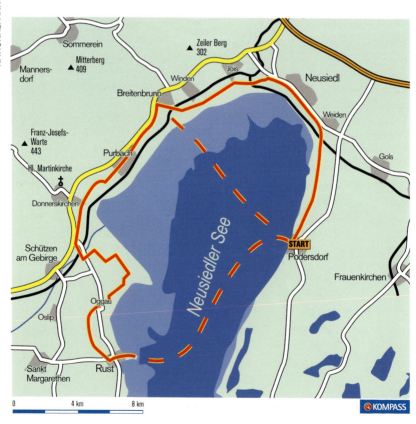

Die „Nordseerunde" präsentiert den nördlichen Bereich um den Neusiedler See. Vom Badeort Podersdorf erreicht man nach 2,5 km die Zitzmannsdorfer Wiesen, die als letzte Trockenrasen des Seewinkels zur Bewahrungszone des Nationalparks Neusiedler See gehören. Der Beschilderung B 10 folgend gelangt man nach Weiden und nach weiteren 3 km nach Neusiedl am See. Danach verläuft der Radweg entlang der Bahn durch die Winzerdörfer Jois und Winden nach Breitenbrunn. Wer die Tour abkürzen möchte, kann von hier mit dem Schiff nach Podersdorf zurückfahren. Abfahrtszeiten: Zwischen dem 28. April und dem 30. September um 10 Uhr und um 16.30 Uhr, vom 1. Juni bis zum 31. August an Wochenenden und Feiertagen auch um 12.30 Uhr.

Unverkennbar drückt der Weinbau der Gemeinde Breitenbrunn seinen Stempel auf. Spitzenweine reifen nicht nur in modernsten Weinlagern, sondern auch in alten Erdkellern, die bis heute benützt werden. Einen Abstecher zum Kellerring sollte man sich daher auf keinen Fall entgehen lassen. Nur wenige Kilometer sind es danach bis Purbach, das sich wegen zweier besonders schöner Kellergassen und den Resten der schießschartenbewehrten Stadtmauer zur Ortsbesichtigung empfiehlt. Von Purbach über Oggau sind es noch 20 km bis Rust. Hier dominieren die Störche das Stadtbild mit dem einladenden Stadtplatz. Fast auf jedem Haus-

Purbachs Wahrzeichen: die Windmühle

dach findet sich ein Storchenpaar, das hier seine Jungen großzieht. Besonders sehenswert ist die mit einer Ringmauer umgebene Fischerkirche, die am höchsten Punkt der Stadt steht.

Mit dem Schiff kommt man in knapp 1,5 h nach Podersdorf zurück. Abfahrtszeiten: vom 28. April bis zum 15. Juli und vom 20. August bis zum 2. September am Mittwoch und Samstag sowie an Sonn- und Feiertagen um 10 Uhr und 16 Uhr, vom 16. Juli bis zum 31. August täglich um 10 Uhr und 16 Uhr, vom 3. bis zum 30. September am Samstag sowie an Sonn- und Feiertagen um 10 Uhr und 16 Uhr.

Info: Tel. ++43(0)2683/5538.

PURBACH AM SEE

8

Der Kirschblüten-Radweg
Raderlebnis im Blütenmeer

Ausgangspunkt: Purbach am See, 128 m. Zufahrt auf der Autobahn A 4 bis zur Abfahrt Neusiedl am See, 15 km auf der B 50 nach Purbach am Neusiedler See – oder auf der A 3 bis zum Knoten Eisenstadt und auf der B 50 bis Purbach.
Charakter: einfache Radtour am Fuße des Leithagebirges mit kurzen Anstiegen in den hügeligen Weingärten. Sehenswert: Purbacher Türke (1532), Wehrmauer mit Türkentoren (1630–1634), historische Kellergasse mit 80 Weinkellern (1850).
Streckenlänge: 45 km; Markierung B 12.
Höhenunterschied: ca. 110 m.
Einkehr: Gasthöfe, Jausenstationen und Buschenschenken entlang der Route.
Karte: KOMPASS Nr. 215.
Reise-Atlas: Seite 12.

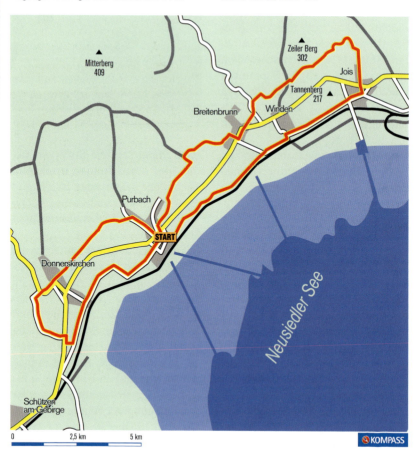

DER KIRSCHBLÜTEN-RADWEG

Frei wie die Graugänse ...

Ein besonderes Erlebnis ist der **Kirschblütenweg** nordöstlich der burgenländischen Hauptstadt Eisenstadt. Über 10.000 Kirschbäume säumen diese Radroute; sie verströmen von Mitte April bis Mitte Mai ihren angenehmen Duft. Vom Bahnhof Purbach fährt man rechts zum Seewirt, quert die Geleise der Eisenbahn und radelt am Campingplatz vorbei wieder zur Bahntrasse und weiter in die Rosengasse und Hofgasse. Rechts abbiegend führt der breite Kirschblüten-Radweg zur Bahn-Haltestelle Breitenbrunn und der Bahn entlang über Winden am See in das Winzerdorf Jois. Hier lohnt sich ein kleiner Rundgang. Sehenswert sind die Pfarrkirche mit ihren Barockstatuen (1757), alte Bildstöcke, Kellergasse und Weinlehrpfad und das Ortskundliche Museum mit dem Bezirksschulmuseum.

Wir radeln durch den Ort und queren dann in nördlicher Richtung die Bundesstraße 50, biegen beim Greinerkreuz nach Westen ab und folgen der Beschilderung des Kirschblüten-Radweges (B 12) durch Wein- und Obstgärten am Fuße des Leithagebirges zur Seeblicksiedlung. Weiter geht's nach Breitenbrunn. Beim Türkenturm gelangt man in die Eisenstädter Straße und nahe der Post in die Kellergasse. In leichter Steigung geht's zum Tenauriegel hinauf (202 m). Hinunter nach Purbach am See. Bei der Einmündung in die B 50 führt der Radweg scharf rechts durch die Sandgasse zum Waldgasthof Spitz und westlich nach Donnerskirchen zum Schwimmbad. Die Route folgt nun dem Wolfsbrunnbach zur B 50, dann 600 m auf der Straße und immer nahe der Eisenbahn zurück zum Bahnhof Purbach.

BURGENLAND

ST. MARGARETHEN IM BURGENLAND

9

Der Puszta-Radwanderweg
Prächtige Aussicht auf den Neusiedler See

Ausgangspunkt: St. Margarethen im Burgenland, 151 m. Zufahrt von Wien: A 2 bis Knoten Guntramsdorf; A 3 bis Knoten Eisenstadt, S 31 Richtung Eisenstadt bis Abfahrt Trausdorf, B 52 nach St. Margarethen.
Charakter: einfache Radwanderung durch die herrliche Umgebung von Mörbisch, Rust und Oggau. Reisepass mitnehmen!
Streckenlänge: 41 km; gut beschildert.
Höhenunterschied: ca. 90 m.
Einkehr: Gasthöfe, Jausenstationen und Buschenschenken entlang der Route.
Karte: KOMPASS Nr. 215.
Reise-Atlas: Seite 12.

Die Festspielgemeinde St. Margarethen mit ihren eindrucksvollen Kultur- und Naturdenkmälern liegt in der Ruster Hügellandschaft. Wohl am bekanntesten ist der Römersteinbruch, einer der ältesten und größten Steinbrüche Europas, dessen Sandstein für den Bau des Stephansdoms und der Ringstraßengebäude in Wien verwendet wurde. Steinplastiken internationaler Künstler prägen seit 1959 das Bild des Römersteinbruchs.

Der Routenverlauf: Vom Ortszentrum in St. Margarethen fährt man auf der Nebenstraße in südwestlicher Richtung bis Siegendorf im Burgenland (5 km). Am östlichen Ortsrand zweigt links der Puszta-Radwanderweg ab. Er folgt nun etwa 2 km lang der Route des Zentralalpen-Weitwanderweges 02. Während dieser dann nordöstlich abzweigt, führt der Puszta-Radwanderweg noch ca. 3 km bis zur ungarischen Grenze. Hier mündet er in den internationalen Radverbindungsweg B 31 ein. Kurz führt die

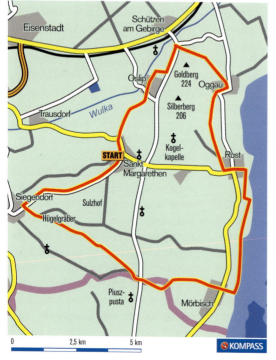

36

DER PUSZTA-RADWANDERWEG

Manchmal lohnt sich ein Blick nach oben – in diesem Fall zu den Weißstörchen

Route nun über ungarisches Staatsgebiet (Durchfahrt tagsüber von 1. Mai bis 2. November gestattet).
Nach einigen Minuten Fahrzeit passiert man wieder die Grenze zu Österreich und erreicht oberhalb von Mörbisch einen der schönsten Aussichtspunkte über dem Neusiedler See (246 m). Hier lohnt es sich, abzusteigen und den Blick auf den Steppensee und in die ungarische Tiefebene hinein zu genießen.

Anschließend geht's durch die Weinberge flott hinunter in das reizvolle Radlerdorf Mörbisch am See, das durch seine Seefestspiele, seine alten Gassen und seinen Wein bekannt ist. Auf dem Neusiedler-See-Radweg (B 10) fährt man weiter in die sehenswerte Freistadt Rust und nahe am Schilfgürtel nach Oggau. Gegenüber der Kirche führt der Radweg in nordwestlicher Richtung nach Schützen am Gebirge und zurück zum Ausgangsort.

EISENSTADT

10

Auf den Buchkogel, 443 m
Vom Schlosspark zur Aussichtswarte

Ausgangspunkt: Eisenstadt, 182 m, Schloss Esterházy; Parkplätze im Stadtgebiet. Zufahrt von Wien auf der A 2 und der A 3 bis zum Knoten Eisenstadt. Von Mattersburg auf der S 31 oder B 50.
Charakter: gemütliche Wanderung am bewaldeten Höhenrücken des Leithagebirges. Sehenswürdigkeiten: Schloss Esterházy, Haydnmuseum, Burgenländisches Landesmuseum, Feuerwehrmuseum, Weinmuseum.
Gehzeit: 4–4,5 h.
Höhenunterschied: 265 m.
Einkehr: unterwegs keine.
Karte: KOMPASS Nr. 215.
Reise-Atlas: Seite 11.

Eine Besichtigung der burgenländischen Landeshauptstadt Eisenstadt und ihrer Sehenswürdigkeiten lässt sich gut mit einer Wanderung ins Leithagebirge verbinden. Diese bewaldete Hügelkette erstreckt sich über eine Entfernung von 35 km zwischen der Brucker und der Wiener Neustädter Pforte im Südosten des Wiener Beckens.
Aufstieg: Vom Esterházyplatz in Eisenstadt führt die Wanderung am Schloss Esterházy (dem Wahrzeichen von Eisenstadt) links vorbei und durch den Schlosspark zur Gloriette-Allee. Bei einer Weggabelung

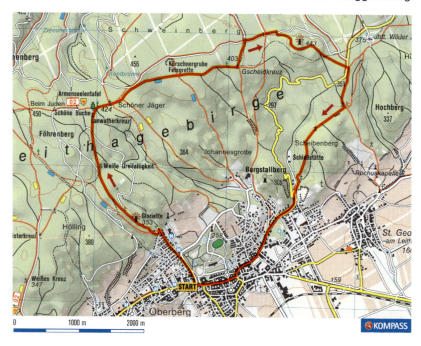

NATIONALPARK NEUSIEDLER SEE

Aufmerksame Wanderer entdecken vielleicht auch Feldhasen.

hält man sich rechts der Gloriette zu und wandert sanft ansteigend über die „Weiße Dreifaltigkeit" zum Lanwatherkreuz hinauf.
Durch Buchen- und Eichenbuschwälder gelangt man in kurzer Zeit zum „Schönen Jäger". Am blau markierten Weg geht's gemächlich an der burgenländisch-niederösterreichischen Landesgrenze entlang zum Gscheidkreuz, 403 m.
Kurz in nördlicher Richtung, dann auf dem rot-gelb markierten Burgenland-Weitwanderweg nach Osten bis zur nächsten Wegkreuzung. Auf dem rechts abzweigenden Weg steigt man zur Aussichtswarte Buchkogel hinauf. An den ersten warmen Frühlingstagen blühen hier an den Sonnenhängen schon Schneeglöckchen und Küchenschellen.
Der **Rückweg** führt auf dem Burgenland-Weitwanderweg zur asphaltierten Straße Eisenstadt – Stotzing, der man 100 m nach rechts folgt.

Kurz danach geht's auf dem Waldweg zu einem Wegweiser hinunter und über den Scheibenberg nach Eisenstadt zurück.

Die Haydnkirche

Die im Westen des Kalvarienbergs anschließende Berg- oder Haydnkirche wurde zwischen 1715 und 1803 nach Plänen von Fürst Paul I. Esterházy erbaut. Von der einst viel größer geplanten Wallfahrtskirche wurde nur die Apsis vollendet und zur heutigen Kirche gestaltet. Joseph Haydn war von 1761 bis 1790 Kapellmeister am Hof der Fürsten Esterházy. Als er 1761 nach Eisenstadt übersiedelte, wohnte er im „Musikerhaus" (heute Pfarrheim) neben der Bergkirche. Im Gotteshaus sind die vom Komponisten gespielte „Haydnorgel" und der Grabstein Joseph Haydns (gestorben 1809 in Wien) zu sehen. 1932 wurde unter dem Nordturm das Haydn-Mausoleum errichtet.
Info: www.haydnkirche.at

Nationalpark
Donau-Auen

Der „Donau-Dschungel" im Abendlicht – mit Nationalparkbetreuern lässt er sich auch vom Wasser aus erkunden (kleines Foto).

NATIONALPARK DONAU-AUEN

Mit der „schönen blauen Donau" verbindet die Welt die Musikstadt Wien. Weniger bekannt ist die Tatsache, dass nicht einmal 8 km vom Wiener Stephansdom entfernt, noch auf Wiener Stadtgebiet, eine ganz besondere Naturlandschaft beginnt. Der Nationalpark Donau-Auen, zwischen der österreichischen Bundeshauptstadt Wien und der slowaki-

Sonnenuntergang über Hainburg

schen Metropole Bratislava gelegen, bewahrt auf 9300 ha Fläche die letzte große Flussauenlandschaft Mitteleuropas.

Kostbare Natur für Generationen.
Die Donau, die hier auf einer Strecke von ca. 36 km noch ohne Stauhaltung dahinfließt, bildet die Lebensader des Nationalparks. Während der Hochwasserphasen schafft der Fluss neue Schotterbänke, fräst Steilwände aus dem Ufer und transportiert Nährstoffe in den Auwald. Sinkt das Wasser wieder, gedeihen Fauna und Flora neu. Dieses dynamische Wechselspiel mit Pegelschwankungen von bis zu 7 m bewirkt, dass Flussauen zu den artenreichsten Lebensräu-

men der Erde gehören. „Stirb und werde" – das scheint hier das Generalmotto zu sein.

Wunderbare Welt am Wasser.
Das Schutzgebiet ist Rückzugsraum für seltene Arten: mehr als 800 höhere Pflanzenarten gedeihen hier – mehr als 30 Säugetier- und 100 Brutvogelarten, acht Reptilien-, 13 Amphibien-, 60 Fisch- und tausende Insektenarten. Eisvogel, Seeadler, Flussregenpfeifer, Hundsfisch, Sterlet, Biber und Europäische Sumpfschildkröte zählen zu den „Wappentieren" des Nationalparks.
Als botanische Kostbarkeiten finden sich die Schwarzpappel, zahlreiche Orchideenspezies und die echte Wilde Weinrebe, Stammform aller Kulturreben.

Die Wildnis kehrt zurück.
Anders als in anderen Nationalparks muss der Mensch in den Donau-Auen eingreifen, damit die Wildnis wirklich wild sein kann.
Würde man eine der wesentlichen Leitlinien für Nationalparks – keine menschlichen Eingriffe! – hier starr regieren lassen, ginge der typische Auwaldcharakter mit der Zeit verloren. Ein Schwerpunkt im Naturschutz-Management des Nationalparks liegt daher in Gewässervernetzungs- und Uferrückbaumaßnahmen, um die Altarme wieder besser an die Dynamik des Flusses anzubinden, natürliche Uferlandschaften neu zu schaffen und damit das Wesen der Au langfristig zu erhalten.

NIEDERÖSTERREICH/WIEN

Ein vielfältiges Besucherangebot ermöglicht persönliche Naturerlebnisse gemeinsam mit Nationalparkbetreuern. Geführte Exkursionen mit thematischen Schwerpunkten sowie Projektwochen für Schulklassen können gegen Voranmeldung gebucht werden. Bootstouren auf verträumten Altarmen und auf der Donau laden ein, sich der Landschaft vom Wasser aus zu nähern. Es lohnt sich aber auch, die Donau-Auen auf eigene Faust kennenzulernen. Wanderungen sind im Nationalpark Donau-Auen das ganze Jahr über möglich – und jede Jahreszeit hat ihren eigenen Reiz.

Der Nationalpark Donau-Auen bietet ein durchgängiges Besucherleitsystem zur Information und Orientierung. Infostellen und -elemente in mehreren Nationalpark-Gemeinden dienen als Anlaufstellen für die Besucher.

Neue Einsichten und umfassende Information bietet das schlossORTH Nationalpark-Zentrum in Orth an der Donau. Besonders empfehlenswert ist ein Besuch der Nationalpark-Ausstellung „DonAUräume". Sie verspricht spannende Rauminszenierungen – und als Besucher entdeckt man bislang nie gezeigte Perspektiven der Donau-Auen. Aussichtsturm, Bio-Bistro, Shop und ein attraktives Wegenetz in der gleich anschließenden Aulandschaft laden zum Besuch ein. Im Erlebnis-Freigelände „Schlossinsel" erwarten Sie zudem Gehege, Pflanzungen und eine einzigartige begehbare Unterwasserstation.

Auch er fühlt sich in der Au wohl!

Donau-Auen

schlossORTH Nationalpark-Zentrum
2304 Orth an der Donau, Tel. ++43 (0)2212/3555, www.donauauen.at
Öffnungszeiten: von März bis September täglich 9–18 Uhr, im Oktober täglich 9–17 Uhr, von November bis März telefonische Auskünfte Montag bis Freitag 8–13 Uhr.

Nationalpark-Infostellen
Schloss Eckartsau: 2305 Eckartsau, Tel. ++43(0)2214/2335-18.
Nationalparkhaus Lobau: Forstamt der Stadt Wien, Dechandweg 8, 1220 Wien, www.wien.gv.at/wald
Hainburg: Stadtgemeinde, Tel. ++43 (0)2165/62111.
Bad Deutsch-Altenburg: Tourismusbüro, Erhardgasse 2, Tel. ++43(0)2165/ 62900-11.
Auen Informations Zentrum (AIZ): Uferstraße 1, 2292 Stopfenreuth, Tel. ++43 (0)2214/2232.

ORTH AN DER DONAU

11

Der große Orther Rundwanderweg
Wege zwischen Wald, Wasser und Wiesen

Ausgangspunkt: Orth an der Donau, 150 m, Parkplatz beim Schloss Orth. Zufahrt mit dem Bus von Wien-Kagran (Haltestelle direkt vor dem Schloss).
Charakter: einfache und erlebnisreiche Wanderung durch die verschiedenen Abschnitte der Donauauen (Hartholz- und Weichholzau, Altarme, Wiesen, Hochwasserschutzdamm). Der große Orther Rundwanderweg ist 6,5 km lang und gelb markiert.
Gehzeit: 2 h.
Höhenunterschied: geringfügig.
Einkehr: in Orth an der Donau.
Karte: KOMPASS Nr. 205, 211.
Reise-Atlas: Seite 4.

Eine Welt am Wasser: Die fast freie Abflussdynamik der Donau prägt die riesigen Auwälder, die sie zwischen Wien und Bratislava begleiten. Wer sie mit ihren Alt- und Seitenarmen, Tümpeln, Inseln und Schotterbänken kennenlernen möchte, braucht nur beim Nationalpark-Zentrum zu starten. Der Orther Rundwanderweg entführt Sie in die „weiche Au", die der Fluss noch regelmäßig überschwemmt, und in die weiter vom Wasser entfernte „harte Au", in der mehr Hartholz gedeiht, aber auch zu Wiesen und Heißländen auf wasserdurchlässi-

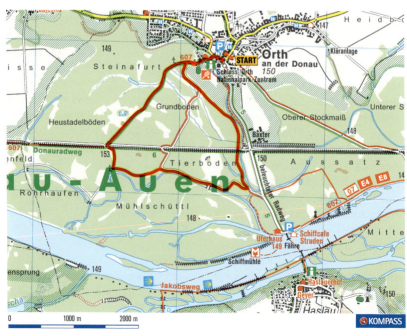

DER GROSSE ORTHER RUNDWANDERWEG

gem Sand- und Schotterboden. Nichts davon bleibt ewig – alles ist einem ständigen Wandel unterworfen.

Der große **Orther Rundwanderweg** führt vom Parkplatz schräg gegenüber dem Schloss über die Straße (Jägergrundgasse), beim Gasthaus Binder vorbei und Richtung Nationalpark-Tor (symbolisiert durch zwei Holzpiloten). Der gelben Markierung folgend gelangt man zur „Bildstockeiche", die ca. 100 Jahre alt ist. Die weitere Strecke führt durch dichten Auwald (Hartholzau), der u. a. von Eschen und Eichen bestockt ist. Anhand der mit dichtem Schilfwuchs bedeckten Mulden im Gelände kann man noch die alten Verläufe der Donauarme vor der Regulierung erkennen. Wir verlassen den Wald und erreichen eine große Wiese, die vor allem im Sommer den Eindruck einer afrikanischen Savannenlandschaft vermittelt. Mit der Überschreitung des Hochwasserschutzdamms verlässt man die abgedämmte Au und begibt sich ins Überflutungsgebiet. Den nächsten Fixpunkt bildet eine gigantische, mehrstämmige Eiche, die sogenannte Tanzeiche, deren Alter auf etwa 150 Jahre geschätzt wird. In der Folge tun sich immer wieder Blicke zu einem Augewässer auf. Wir wandern stellenweise auf einem Wiesenweg dahin. Am Schnittpunkt mit einer Forststraße erreicht man eine Schwarzpappel mit ca. 9 m Stammumfang. Entlang der Straße und begleitet von einem Augewässer (Kleine Binn) erreicht

Start- und Zielpunkt: Schloss Orth

man eine große Wiese mit Blick auf den Hochwasserschutzdamm. Ein kurzes Stück rechts abbiegend kommt man zu einer Brücke – hier genießt man einen schönen Blick auf den Seitenarm der Donau, der direkt an den Strom angebunden ist (LIFE-Projekt Gewässervernetzung Orth). Dem Wasserstand der Donau entsprechend ist eine Durchströmung feststellbar. Achtung: Bei Hochwasser ist diese Brücke – so wie auch die umliegende Aulandschaft – meterhoch überschwemmt. Wir kehren auf den gelb markierten Weg zurück und durchwandern in weiterer Folge einen hochstämmigen Auwald (Eschen, Pappeln). Dann biegen wir scharf links auf einen schmalen Aupfad ab, der zum Hochwasserschutzdamm führt. Von dort bieten sich schöne Einblicke in die Faden, einen verlandenden Donau-Altarm. Mit Glück und einem guten Fernglas lassen sich hier oft Sumpfschildkröten beobachten. Wir folgen der gelben Markierung (parallel zur blauen Markierung) weiter landeinwärts und gelangen durch die Hartholzau wieder zum Ausgangspunkt zurück.

NIEDERÖSTERREICH

ORTH AN DER DONAU

12

Die Fadenbachrunde
Im Reich der Sumpfschildkröte

Ausgangspunkt: Orth an der Donau, 150 m, Parkplatz beim Schloss Orth. Zufahrt mit dem Bus von Wien-Kagran (Haltestelle direkt vor dem Schloss).
Charakter: kurzer, aber sehr erlebnisreicher Spaziergang durch verschiedene Bereiche der Donauauen. Weglänge 1,5 km, Markierung violett. Vor der Begehung sollte man unbedingt das schlossORTH Nationalpark-Zentrum besuchen.
Gehzeit: 45 Min.
Höhenunterschied: eben.
Einkehr: in Orth an der Donau.
Karte: KOMPASS Nr. 211.
Reise-Atlas: Seite 4.

Der Wegverlauf: Zunächst gehen wir ins Nationalpark-Zentrum. Nach seiner Besichtigung überqueren wir eine Holzbrücke und betreten das Freigelände des Nationalpark-Zentrums. Nach einer weiteren Holzbrücke beginnt der eigentliche Weg: Auf einer Länge von etwa 300 m bewegen wir uns hier zwischen einem verlandenden Altarm, der hinter Sträuchern liegt, und einem Acker. Danach erreichen wir den Auwald. Die Bäume neben dem Weg sind von wirklich imposanter Größe. Auf der nächsten Brücke geht's über einen Altarm (reizvolle Einblicke). Beachten Sie das stehende und im Wasser liegende Totholz, das im Naturhaushalt für viele Arten eine große Rolle spielt. Die weitere Route durchmisst den Auwald – es handelt sich dabei um einen relativ schmalen und nur stellenweise mit Grobkorn befestigten Weg, was den Eindruck eines „Wildnispfades" verstärkt. Bald erreicht man wieder eine Holzbrücke. Die anschließende Wegetappe verläuft parallel zur blauen Markierung und führt zum Hochwasserschutzdamm, von dem wir einen schönen Blick in die Faden (Altarm) genießen. Hier können wir Sumpfschildkröten, aber auch Biber, Bisamratten, Graureiher oder den Eisvogel beobachten.
Dann wandern wir auf dem Hochwasserschutzdamm ca. 50 m nach Osten zurück. Links abbiegend erreichen wir wieder die violette Markierung. Dieser durch dichten Auwald folgend wird die zuletzt erwähnte Brücke erreicht. Von dort gelangen wir auf dem bereits geschilderten Weg zum Ausgangspunkt zurück.

Hier lebt sie noch, die schon selten gewordene Sumpfschildkröte.

ECKARTSAU
13

Die Eckartsauer Donaurunde
Grüne Wildnis am großen Strom

Ausgangspunkt: Eckartsau, 147 m, Schloss Eckartsau. Zufahrt mit dem Bus von Wien-Kagran (Haltestelle im Ortszentrum).
Charakter: abwechslungsreiche Wanderung durch verschiedene Landschaftsbilder der Donauauen (Weglänge 8,5 km). Ausgedehnte Auwiesen geben Zeugnis von der einstmaligen jagdlichen Bedeutung der Au rund um das ehemals kaiserliche Schloss. Gelbe Markierung.
Gehzeit: 2–2,5 h.
Höhenunterschied: geringfügig.
Einkehr: in Eckartsau.
Karte: KOMPASS Nr. 205, 211.
Reise-Atlas: Seite 4.

Die **Eckartsauer Donaurunde** beginnt auf dem Marktplatz. Wir überqueren eine Brücke (Standbild des heiligen Nepomuk) und kommen in den Schlosspark (Nationalpark-Tor), der im Stil eines englischen Landschaftsgartens angelegt ist. Über eine Steinbrücke queren wir den Fadenbach und gelangen in die Maria-Theresien-Allee, die zur Donau führt. Die Hartholzau ist vor allem im Frühjahr sehr reizvoll, dann breitet sich hier ein Blütenmeer von Schneeglöckchen, Gelbstern und Gelbem Windröschen aus. Nach ca. 500 m erreicht man den Hochwasserschutzdamm und begibt sich – der Maria-Theresien-Allee folgend – in das Überschwemmungsgebiet. Am Ende der Allee eröffnet sich der Ausblick auf eine große Wiese. Die mit alten Eichen durchsetzten Wiesen im Bereich von Eckartsau sind teilweise jahrhundertealt und wurden für die Hofjagden genutzt. Das anschließende Altwasser kann über einen kurzen Steindamm gequert werden, dabei sollte man immer auf die Möglichkeit der Beobachtung von Schildkröten achten – sie nehmen auf Baumstämmen, die im Wasser liegen, gern ein Sonnenbad.

An der Wegkreuzung markiert eine Pilote den Weg nach rechts. Der weitere Verlauf unserer Wanderung bietet viel Abwechslung zwischen

DIE ECKARTSAUER DONAURUNDE

Auen-Blicke: Die Eckartsauer Donaurunde präsentiert den „Donau-Dschungel" in allen Facetten.

kurzen Waldstücken und großen Wiesen (im Mai Orchideenblüte, im Herbst Herbstzeitlosen). Die folgende Pilote weist den Weg zur Donau, es ist aber auch die Abkürzung über einen Wiesenweg geradeaus möglich. An der Donau angelangt, geht man entlang des Treppelweges, der das Ufer begleitet, stromaufwärts. Bei der nächsten Pilote wiederum scharf rechts abbiegen (Rastplatz). Der Weg führt über eine große Wiese und durch hochstämmigen Auwald zum Hochwasserschutzdamm zurück. Nach seiner Überquerung folgen ein Waldstück und eine Koppel für die Rinderhaltung (Beweidungsprojekt). An der Brücke über den Fadenbach verlässt man die Au (Nationalpark-Tor). Rechts am Sportplatz vorbei gelangt man zum Schlosspark.

HAINBURG AN DER DONAU

14

Hundsheimer Berg, 480 m
Geschichtsträchtiger Trockenrasen

Ausgangspunkt: Hainburg an der Donau, 161 m.
Charakter: einfache, kulturhistorisch und naturkundlich überaus interessante Wanderung auf problemlosen, aber stellenweise recht steilen Wegen und Pfaden.
Gehzeit: ca. 3 h.
Höhenunterschied: 320 m.
Einkehr: unterwegs keine, Gasthöfe und Cafés in Hainburg.
Karte: KOMPASS Nr. 205, 211.
Reise-Atlas: Seite 4.

Der Schlossberg der liebenswerten, aber wehrhaft befestigten Stadt Hainburg wird vom Braunsberg und dem höheren Hundsheimer Berg überragt. Auf Letzterem befand sich eine bedeutende keltische Wallburg; der Erdwall der dazugehörigen Siedlung ist sogar noch zu erkennen.

Aufstieg: Vom Hainburger Hauptplatz (Zugang vom Personenbahnhof nach dem Wegweiser „Altstadt" durch das Fischertor und die Blutgasse) gehen wir zunächst auf der Ungarstraße zum Ungartor (Parkplatz). Nun nach rechts und im sanften Aufstieg der Stadtmauer entlang („Am Stadtgraben") und am Friedhof vorbei. Steiler in einigen

HUNDSHEIMER BERG

Hochwasser bei Hainburg – im Hintergrund der Hundsheimer Berg

Kehren auf den Schlossberg zur tausendjährigen Heimoburg. Dieses Wahrzeichen der Stadt bietet eine schöne Aussicht. Jenseits – also auf der Südseite – geht's zum Sportplatz hinunter. Kurz nach rechts zum Sportweg und auf diesem links zur Hummelstraße (hierher gelangt man auch direkt vom Wiener Tor). Sie leitet uns links zum Waldrand hinauf. Dort folgen wir rechts der gelb-weißen Markierung (Schranken) bis zur folgenden Kreuzung: kurz nach links und gleich wieder rechts abbiegen – dann geht's auf einem Waldweg zum Weißen Kreuz empor. Rechts Richtung Gipfel, dann in einer scharfen Rechtskurve geradeaus weiter über die Stufen hinauf und auf einem schmalen Pfad zum nahen Waldrand. Rechts über die Anhöhe zum Gipfelkreuz auf dem Hundsheimer Berg und zur Hundsheimer Hütte (Unterstand). Seit langem stehen die einmaligen Trockenrasen des Hundsheimer Berges als Reservat des WWF unter strengem Schutz.

Abstieg auf der anderen Seite geradeaus hinab, bis wir eine gelb-weiße Markierung erreichen. Dem Wegweiser „Hainburg" folgend zu einer Wegteilung im Wald. Nach rechts und in Kehren zu den ersten Häusern abwärts. Bald erreicht man wieder die Hummelstraße. Auf dieser links zum Wiener Tor und rechts ins Stadtzentrum.

Ruine Röthelstein

Am Fuße des 348 m hohen Braunsbergs, des zweiten Hainburger „Hausbergs", verspricht eine Wanderung zur Ruine Röthelstein herrliche Blicke in die Auwald-Wildnis jenseits der Donau. Wir folgen vom Parkplatz Donaulände in Hainburg einem 3,5 km langen, gelb markierten und botanisch sehr interessanten Rundweg. Er führt stromabwärts, durch ein Nationalpark-Tor und entlang der abfallenden Felsen des Braunsberges (zwei Tunnels). Der Hangwald und die Felsensteppe reichen fast bis zur Donau, die Vegetation ist anders als in der angrenzenden Au. Dann geht's bergauf (von einer Nationalpark-Pilote führt ein Abstecher zur Ruine Röthelstein). Ca. 150 m nach der Abzweigung scharf rechts auf einen schmalen Waldweg abbiegen. Entlang einer Geländekante (herrliche Ausblicke) nach Hainburg zurück.

SCHÖNAU AN DER DONAU

15

Der Rundwanderweg Schönau
Das alte Flussbett der Donau

Ausgangspunkt: Schönau an der Donau (Gemeinde Groß-Enzersdorf), 153 m. Zufahrt mit dem Bus von Wien-Kagran.
Charakter: kurze und erlebnisreiche Wanderung durch den Aubereich östlich der Lobau (Weglänge ca. 2 km), bei der die Spuren der Überschwemmungen besonders eindrucksvoll zu erleben sind. Der Weg ist gelb markiert, aber bei Hochwasser nur beschränkt bzw. gar nicht begehbar (Lebensgefahr!).
Gehzeit: 30 Min.
Höhenunterschied: geringfügig.
Einkehr: in Schönau.
Karte: KOMPASS Nr. 205, 211.
Reise-Atlas: Seite 3.

Der **Rundwanderweg Schönau** beginnt am Parkplatz im Ort. Über den Rückstaudamm und neben einem sumpfigen Weidenwald gelangt man zum Nationalpark-Tor (Beginn der gelben Markierung). Auf den beiden 3 m hohen Holzsäulen sehen Sie die Pegelstände vergangener Hochwasserereignisse. Der Weg führt über eine asphaltierte Traverse (Steindamm) zum Hochwasserschutzdamm. Hier bieten sich schöne Ausblicke auf ein großes Seitengerinne, das vor der Donauregulierung noch der Hauptarm der Donau war.
Ausgedehnte Schilfbestände mit reicher Vogelwelt sind ein sicheres Zeichen für die fortschreitende Verlandung dieser einstmals durchströmten Gewässer. Beim Überschreiten des Hochwasserschutzdammes lohnt es sich, die interessante Pflanzenwelt entlang dieses größten Trockenrasenbiotops im Osten Österreichs und die damit verbundene Vielfalt an Insekten – vor allem Schmetterlingen – zu bewundern.
Die anschließenden Auwälder bieten ein völlig anderes Bild. Die jährlichen Überschwemmungen bedingen, dass nur Spezialisten unter den Pflanzen Fuß fassen können. In der Baumschicht ist daher die Silberweide dominant. Der vom Hochwasserschutzdamm zum Donauufer verlaufende Fußweg führt

DER RUNDWANDERWEG SCHÖNAU

Ein Gewitter zieht über den Donau-Auen auf. Das kleine Foto zeigt einen Seeadler.

entlang einer Traverse durch Weidenwälder, welche bei Hochwasser überflutet sind. Die nach dem Abklingen des Hochwassers zurückbleibenden Wasserstellen bieten einen besonderen optischen Reiz. Trotz der starken Durchströmung bei Hochwasser zeigen auch diese Gewässerbereiche, bedingt durch die Donauregulierung, eine Verlandungstendenz. Aus diesem Grund wurde ein Gewässervernetzungsprojekt durchgeführt, die aufstauenden Traversen durchbrochen und Einströmmöglichkeiten entlang des Donauufers geschaffen. Auf dem Weg zur Donau überquert man eine Brücke (Vernetzungsprojekt). Am Ufer des Stroms genießt man einen Blick auf das gegenüberliegende Schotterufer, das teilweise mit umgestürzten Bäumen übersät ist. Nun wandern wir auf dem Treppelweg zur nächsten Traverse, von der wir uns landeinwärts wenden. Auch dieses Bauwerk ist im Zuge der Gewässervernetzung durchbrochen und mit einer Brücke versehen worden. Die Spuren des strömenden Wassers in Form von Schotterumlagerungen sind hier bereits deutlich erkennbar. Neben dem Wasser, den umgestürzten Weiden und den Schotterflächen bieten sich gute Möglichkeiten zur Tierbeobachtung (Reiher, Kormorane, Enten).

Am Ende der Traverse wird der Auwald erreicht, hier sollte man das Augenmerk auf einzelne Exemplare der Schwarzpappel richten: Diese Baumart steht bereits auf der Roten Liste der gefährdeten Pflanzenarten. Bald erreichen wir wieder den Hochwasserschutzdamm. Von dort geht's stromaufwärts zum Ausgangspunkt zurück.

WIEN

16

Durch die Lobau
Napoleon & Naturwunder

Ausgangspunkt: Groß-Enzersdorf, 156 m, Hauptplatz. Endstation der Buslinie 26 A von Wien.
Charakter: einfache Wanderung ohne besondere Anforderungen.
Gehzeit: 2,5 h.
Höhenunterschied: geringfügig.
Einkehr: Gasthöfe bei der Esslinger Furt und in Groß-Enzersdorf.
Karte: KOMPASS Nr. 205, 211.
Reise-Atlas: Seite 3.

Ein besonders schöner Bereich des Nationalparks Donau-Auen liegt im Stadtgebiet von Wien: die Lobau. Wanderwege, das Lobaumuseum und ein breites Freizeitangebot – von geführten Wanderungen über Bootsexkursionen bis zur Kutschenfahrt – bringen den Besuchern diese einmalige Naturlandschaft am Rande der Millionenstadt nahe. Doch so friedlich ist es hier nicht

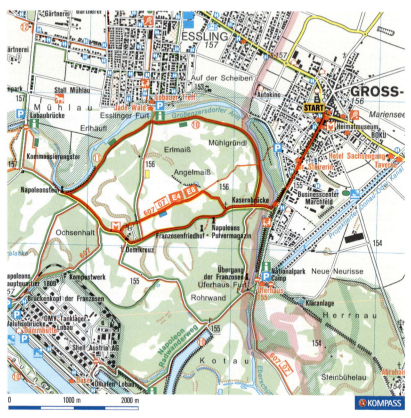

immer zugegangen: 1808 schlug Napoleon vor der Schlacht bei Aspern sein Hauptquartier gegenüber dem heutigen Donaukraftwerk Freudenau auf. Der 11 km lange „Napoleonwanderweg", der von der einstigen Übergangsstelle der französischen Truppen in die Lobau bis zum damaligen Brückenkopf führt, berührt einige geschichtsträchtige Orte wie den Friedhof der Franzosen oder ihr Pulvermagazin, die durch obeliskartige Gedenksteine gekennzeichnet wurden (3,5 h).

„Stadt-Urwald" im Abendlicht: unterwegs in der Lobau

Die **Lobau-Rundwanderung:** Für ein erstes Kennenlernen der Oberen Lobau empfiehlt sich eine kürzere Rundwanderung im nördlichen Abschnitt des Augebiets. Wir gehen auf der Rathaus- und der anschließenden Lobaustraße zur Kasernbrücke, die am Rande der Lobau den Groß-Enzersdorfer Arm übersetzt. Man kann nun der breiten Straße Richtung Lobaumuseum folgen (zwei kurze Abstecher führen links zur Stelle von Napoleons Pulvermagazin und zum Friedhof der gefallenen Franzosen). Eine weitere Möglichkeit ist es, kurz nach der Brücke rechts abzuzweigen und nach der Markierung der Weitwanderwege 07, E 4 und E 8 durch den Wald dorthin zu wandern.

Das Lobaumuseum (samt Wurzelstation und Lehrtümpel) ist auf jeden Fall einen Besuch wert. Weiter geht's zum nahen Napoleonstein. Dort wenden wir uns nach rechts und wandern dem Groß-Enzersdorfer Arm entlang zur Esslinger Furt.

Zuletzt gehen wir auf dem markierten Weg Nr. 10 durchs Mühlgründl zur Abzweigung bei der Stadlerfurt bzw. zur Kasernbrücke – von beiden Punkten gelangen wir wieder ins Ortszentrum von Groß-Enzersdorf zurück.

WIEN – HAINBURG AN DER DONAU

17

Der Donauradweg
Naturerlebnis aus der Sattelperspektive

Ausgangspunkt: Wien.
Charakter: einfache Radwanderung auf asphaltierten Wegen und Straßen, Streckenlänge 73 km.
Etappen: Wien – Orth an der Donau 30 km – Eckartsau 7 km – Hainburg an der Donau 13 km.
Höhenunterschied: geringfügig.
Einkehr: Gasthöfe in allen Orten am Weg.
Karte: KOMPASS Nr. 205, 211.
Reise-Atlas: Seite 3/4.

Der Donauradweg ist die unbestrittene Nr. 1 unter Österreichs Radfernrouten. Sein östlicher Abschnitt führt mitten durch den Nationalpark – Grund genug, die Naturschönheiten am großen Fluss auch einmal aus der Sattelperspektive zu betrachten.

Wien – Orth an der Donau: Wir starten unsere Radtour in die Auwälder an der Donau im Nordwesten der Wiener Innenstadt, am Praterstern. Bei diesem Verkehrsknotenpunkt geht's in einer Unterführung zur Prater-Hauptallee, die durch den Wiener Prater führt, der vor allem durch seinen Vergnügungspark (Wurstlprater) und das Riesenrad bekannt wurde. Auf der Prater-Hauptallee zur Südosttangente der Autobahn. Dann überquert man auf dem nordseitigen Radweg der Praterbrücke die Donau und die Donauinsel. Am anderen Ufer geht's in einer Linksschleife hinunter zum Hubertusdamm, dem man in südöstlicher Richtung folgt. Am Ufer der Neuen Donau führt der Dammweg stromabwärts zum Tanklager der OMV, wo man scharf links die Raffineriestraße quert und zur Lobgrundstraße abbiegt. Vor der Rechtskurve zweigt links der Weg zum Lobaumuseum ab. Auf der

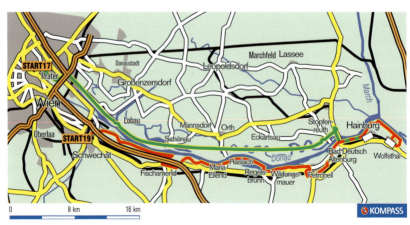

56

Rast und Ruh – und ein kleines Picknick dazu …

Lobgrundstraße zu einem Schranken, danach auf dem Radweg am Ölhafen vorbei auf den Hubertus- oder Marchfelddamm. Nach 8 km zu einem Seitenarm der Donau, der überquert wird. Rechts wieder zum Marchfelddamm und 7 km zur nächsten Kreuzung. Rechts zur Fähre Orth an der Donau – Maria Ellend (April bis Ende Oktober täglich 9–18 Uhr) und zum Restaurant „Humer's Uferhaus". Ein ganz besonderes Erlebnis ist die Boots-Überfuhr zur Schiffsmühle mit einer historischen „Tschaike". 1,5 km nördlich des Donauufers liegt Orth an der Donau.

Orth an der Donau – Hainburg: Von der Wegkreuzung südlich des Marktes radelt man am Marchfelddamm 7 km durch die Aulandschaft zur Kreuzung bei Eckartsau. Ein Besuch des Ortes bietet Einkehrmöglichkeit und Sehenswertes wie das Barokkschloss, in dem Kaiser Karl I. am 11. November 1918 abdankte.

Vor Stopfenreuth endet der asphaltierte Dammweg und mündet in eine Naturstraße, die kurz links, dann rechts am Ort vorbei bis zur Donaubrücke führt. Man fährt unter der Brücke hindurch und biegt links zur Hauptstraße hinauf, die man vorsichtig quert und wo man auf dem rechtsseitigen Radstreifen der Spannbrücke nach Bad Deutsch-Altenburg hinüberfährt. Der moderne Kurort ist für die Wirkung seiner starken Jod-Schwefel-Quellen (Rheumakur) weit über die Grenzen Österreichs hinaus bekannt. Ein Ausflug zum Archäologischen Park Carnuntum in das 4 km entfernte Petronell-Carnuntum ist sehr empfehlenswert. Die vielen Baudenkmäler aus der Römerzeit, die authentischen Rekonstruktionen und fachkundigen Führungen lassen römische Geschichte zum Erlebnis werden. Dennoch wird es wieder Zeit, sich auf den Sattel zu schwingen und den letzten Tourabschnitt zu beginnen. Vom Archäologischen Museum in Bad Deutsch-Altenburg fährt man unter der Spannbrücke durch und auf dem autofreien Sträßchen zum Bahnhof Hainburg. Leicht ansteigend und durch das Ungartor gelangt man ins Zentrum der Stadt.

WOLFSTHAL – BERG

18

Königswarte, 344 m
Österreichs östlichster Berg

Ausgangspunkt: Wolfsthal zwischen Hainburg und Bratislava, 150 m, Bahnhof.
Charakter: sehr abwechslungsreiche Wanderung auf problemlosen Wegen durch Wälder und regionstypische Trockenrasen-Vegetation.
Gehzeit: 2,5–3 h.
Höhenunterschied: 200 m.
Einkehr: in Wolfsthal.
Karte: KOMPASS Nr. 205, 211.
Reise-Atlas: Seite 4.

Nur 344 m hoch und doch ein Unikum: Der bewaldete Höhenzug zwischen Wolfsthal und Berg ist sozusagen das Ostkap Österreichs. Geologisch gehört er schon zu den Karpaten, die in der Porta Hungarica zwischen Hainburg und Bratislava von der Donau durchschnitten werden. Im Jahr 2000 errichtete die Gemeinde Berg auf dem Gipfel die östlichste Aussichtswarte des Landes. An klaren Tagen reicht die Aussicht von dort oben bis zu den Kleinen Karpaten in der Slowakei, weit in die ungarische Puszta hinein und natürlich über die nähere Umgebung in Österreich, wo vor allem der benachbarte Hundsheimer Berg, die Auwälder an der Donau und der March, die Windkraftwerke auf der Parndorfer Platte, der Seewinkel und der ferne Schneeberg ins Auge stechen.

Aufstieg: Wir starten beim Bahnhof Wolfsthal, der Endstation der Schnellbahn S 7 von Wien (seit 1955 endet hier die ehemalige Pressburgerbahn), und gehen auf der Hauptstraße nach links, Richtung Grenzübergang Berg. Die Markierung des Grenzlandweges Nr. 907 leitet uns zunächst knapp 2 km neben der Fahrbahn dahin, dann biegen wir beim Fernheizwerk rechts auf die Betriebsstraße ab. Bald geht's rechts zu Weingärten, von denen wir den Ausblick auf das nahe Bratislava genießen. Dann wandern wir rechts in einen Waldgraben und zur Abzweigung zur nahen Ruine der Pottenburg hinauf. Das Gemäuer, von dem noch Teile der Ringbefestigung und der Bergfried

erhalten sind, entstand im 12. Jahrhundert als Grenzfestung gegen die Ungarn. Wir steigen etwas steiler an und erreichen eine Forststraße, auf der wir scharf nach links weitergehen. Bald sind die Militäranlagen und die Königswarte auf dem Gipfel zu sehen.

Abstieg: Wir verlassen nun den Weitwanderweg und marschieren nach der grünen Markierung im welligen Auf und Ab über heideartige Trockenrasen-Wiesen nach Westen, also Richtung Hindlerberg. Im Waldsattel davor mündet links ein von Berg heraufziehender Karrenweg ein. Auf diesem rechts (unmarkiert, Überstieg) zur Rohrwiese. Weiter geht's über Wiesengelände zu einer Straße, auf der man bald wieder nach Wolfsthal gelangt. Man kann natürlich auch von Berg oder Edelstal auf markierten Wegen zur Königswarte hinaufsteigen.

Variante: Drei abwechslungsreiche und mit Rastplätzen versehene Wanderwege erwarten Sie auf der Südseite der Erhebung, in der Weinbaugemeinde Berg: „Königswarte – Hindlerberg (grün markiert, Gehzeit 3 h), „Zu den Weinrieden" (gelb markiert, 45 Min.) und „Altes Haus" (blau markiert, 1,5–2 h). Start am oberen Ende des Kirchbergweges, wo eine Infotafel alle Wandermöglichkeiten präsentiert.

WOLFSTHAL – SCHWECHAT

19

Auf dem Jakobsweg
Von Wolfsthal nach Schwechat

Ausgangspunkt: Wolfsthal, 150 m, Bahnhof. Zufahrt vom Bahnhof Wien Mitte mit der Schnellbahn S 7. Von Schwechat mit der Schnellbahn zurück bzw. nach Wien.
Charakter: einfache Wanderung in zwei oder mehr Tagesetappen auf Straßen, Feldwegen und Wanderpfaden.
Gehzeit: Wolfsthal – Petronell – Regelsbrunn 6–7 h, über Fischamend nach Schwechat ca. 7 h.
Höhenunterschied: geringfügig.
Einkehr: Gasthöfe in allen Orten am Weg.
Routenkarte: auf Seite 56.
Karte: KOMPASS Nr. 205, 211.
Reise-Atlas: Seite 3/4.

Über 800 km hinweg verbindet der Österreichische Jakobsweg, der Auftakt der großen europäischen Pilgerroute nach Santiago de Compostela, die Donau mit dem Rhein. Auf seinen ersten Etappen erlebt man die Einsamkeit der Auwälder; zwischendurch begegnet man aber auch bedeutenden Kulturdenkmälern.

1. Etappe: Wir starten am Tor der Jakobuskirche von Wolfsthal und gehen zunächst auf der Hauptstraße Richtung Wien (nach Westen) bis zu einer Marienstatue, von der wir rechts der Markierung des Ostösterreichischen Grenzlandweges 07 folgen. Auf einer Nebenstraße – erst links, dann rechts abbiegend – zum Wiesenkreuz an der Donau (schöner ist es, von der ers-

ten Straßenteilung rechts in die Schlossau zu gehen, bei der Donau links abzuzweigen und an den „Drei Eichen" vorbeizuwandern). Nun geht's dem Strom entlang, bis am jenseitigen Ufer die March einmündet (schöner Blick zur Burg Devín/Theben). Kurz links durch den Auwald, an der Ruine Röthelstein vorbei und schließlich auf dem Treppelweg neben der Donau nach Hainburg (Bahnhof).

2. Etappe: Weiter geht's über Bad Deutsch-Altenburg (Bahnhof) nach Petronell-Carnuntum (Bahnhof) und zum Heidentor. Davor jedoch rechts zum Petroneller Amphitheater, rechts kurz Richtung Ortszentrum und wieder nach links zur Großen Therme. Davor links auf einer Forststraße in den Wald, bei der nächsten Wegteilung (EVN-Häuschen) links und dem Waldrand entlang in die Ortschaft Wildungsmauer. Von der Kirche rechts zur Donau, dort links auf dem stellenweise verwachsenen Treppelweg neben einem Altarm der Donau und zuletzt kurz zur Jakobskirche in Regelsbrunn hinauf (Bahnhof).

Wieder hinab zum Altarm, der überquert wird, dann links auf dem Treppelweg der Donau entlang. Nun geht's lange zwischen dem Strom und dem Auwald dahin. Jenseits des Altarms verbirgt sich die Ortschaft Haslau (sie wäre in einem

AUF DEM JAKOBSWEG

20 Min. langen Abstecher links über die Traverse erreichbar; Bahnhof). Weiter geht's neben dem Ufer, das bei Niederwasser ausgedehnte Schotterflächen zeigt. Vorbei an den Hütten der Daubelfischer mit ihren Senknetzen gelangen wir zu einer Pilote bei einer Abzweigung. Am gegenüberliegenden Ufer sieht man eine große Insel in der Donau, die erst um 1980 entstanden ist – ein Zeugnis für die große landschaftsgestaltende Kraft, die der Donaufluss noch heute besitzt. Links führt eine Route nach Maria Ellend (Bahnhof) – der blau markierte Weg verläuft auf einer Traverse über einen Altarm und dann zwischen einem Steilhang (Gestade) und einem feuchten Graben bis zum dortigen Nationalpark-Tor.

Der Jakobsweg folgt dagegen dem Strom zur Mündung der Fischa. Links auf einem anfangs schwach ausgeprägten Pfad, der etwas vom Ufer entfernt verläuft, zu einem asphaltierten Weg. Auf diesem nach rechts, bald wieder auf der Schotterfahrbahn weiter und schließlich unter der Autobahn durch nach Fischamend (Bahnhof).

3. Etappe: Wir gehen von der Kirche im Ortszentrum rechts auf der Brücke über die Fischa, nochmals unter der Autobahn durch und Richtung Donau durch den Wald. Kurz vor dem Gasthaus zum rostigen Anker biegen wir scharf nach links ab. Wir übersetzen den Bach auf einem Steg und marschieren erst auf einem Waldpfad, dann auf einem Wiesenweg dem Altwasser entlang zum Donauufer. Auf dem Treppelweg (alle Wege, die links abzweigen, ignorieren) bis zur Mündung der Schwechat, die wir nun begleiten. Im Anschluss geht's auf einem Schotterfahrweg dahin, an der Kläranlage vorbei und zur Straße Richtung Mannswörth. Rechts zu diesem Ort, bei der Ortstafel jedoch rechts abzweigen (Gatter) und etwa 300 m auf dem Dammweg weiter, bis man links durch eine Allee wieder zur Schwechat kommt. Bei einem Haus vor dem Fluss nach links und neben dem Ufer weiter. Die Straße zum Alberner Hafen queren, unter der Autobahn durch und ins Stadtzentrum von Schwechat, in dem Sie ebenfalls eine Jakobuskirche erwarten.

NIEDERÖSTERREICH

HAINBURG – BREITENBRUNN
20

Von der Donau zum Neusiedler See
Auf dem Zentralalpenweg durchs Flachland

Ausgangspunkt: Hainburg an der Donau, 161 m. Zugverbindung von Wien (ab Bahnhof Wien Mitte mit der Schnellbahn S 7). Rückfahrt von Breitenbrunn ebenfalls mit der Bahn.
Charakter: einfache Wanderung auf Straßen, Feldwegen und Wanderpfaden.
Gehzeit: 1. Etappe Hainburg – Parndorf 5–6 h, 2. Etappe nach Neusiedl am See 2,5 h.
Höhenunterschied: geringfügig.

Einkehr: Gasthöfe und Cafés in allen Orten am Weg.
Karte: KOMPASS Nr. 205, 211.
Reise-Atlas: Seite 4.

Zugegeben: Vom Hochgebirge ist auf den ersten Etappen des Zentralalpen-Weitwanderweges nichts zu sehen – und doch zählen die sanften Erhebungen des Leithagebirges in geologischer Hinsicht schon zum 1200 km langen Zentralalpenbogen.

1. Etappe: Wer will, kann gleich zu Beginn den Hundsheimer Berg „überalpinieren" – der „offizielle" Zentralalpenweg 02 führt jedoch vom Hainburger Hauptplatz durch die Blutgasse und das Fischertor zum Personenbahnhof. Links die Donaulände entlang, bis die Markierung nach rechts zu einem Nebenarm der Donau weist. Auf dem asphaltierten Donauradweg bis zur großen Brücke. Unter der Fahrbahn durch, dann nach links und kurz zur Straße. Auf dieser nach rechts, an einem Steinbruch vorbei zum Museum von Bad Deutsch-Altenburg und links ins Ortszentrum (Bahnhof).

Den Markierungen 02 und 999 folgend, erreichen wir den nordwestlichen Ortsrand. Weiter in den Auwald, bei der folgenden Abzweigung nach links und zum Amphitheater von Bad Deutsch-Altenburg.

NATIONALPARK DONAU-AUEN

62

Links zur Straße, die überquert wird, und weiter durch die Felder bis zur Bahnlinie. Nach rechts und entlang der Schienen zum Bahnhof Petronell-Carnuntum. Rechts kommt man nach 500 m ins Ortszentrum. Davor zweigt links eine Seitenstraße ab, die am Sportplatz vorbeiführt. Sie führt jenseits der Hauptstraße und der Bahnlinie zum „Heidentor". Nach links und über Straße und Bahn zum Schaffelhof. Dort verlassen wir den Weg Nr. 999 und wandern südwärts neben dem Oberfeld zur Straße Hollern – Rohrau. Diese überqueren, kurz nach rechts und dann links zur Leitha, die hier bei Rohrau auch die Landesgrenze zum Burgenland bildet. Links über den Fluss, an einem Gutshof vorbei und zwischen den Feldern gerade nach Süden, wobei man dem niedrigen Wall der „Alten Schanze" bis Parndorf folgt.

2. Etappe: Von der Bahnstation Parndorf am südlichen Ortsrand marschieren wir zur Straße Parndorf – Neusiedl am See. Auf dieser kurz nach rechts, dann wieder links abbiegen und neben Weingärten zur Fortsetzung der „Alten Schanze". Der Markierung 02 folgend zur Ostautobahn, unter der wir durchgehen. Durch Weingärten erreichen wir eine Nebenstraße, auf der wir links an einer Schottergrube vorbeigehen. Schließlich rechts ins Ortszentrum von Neusiedl am See.

Variante: Vom Hauptplatz auf der Oberen Hauptstraße Richtung Bahnhof. Wo die Wiener Straße nach Parndorf abzweigt, gehen wir

Kleine Wunder am großen Weg ...

links durch die Teichgasse Richtung Golfplatz und weiter zum Bahnviadukt. Dahinter geradeaus weiter, unter der Hochspannungsleitung durch und am Rande der Joiser Seewiesen dahin (rechts ein kurzer Abstecher zur Bahnhaltestelle Jois und ins Ortszentrum von Jois). Rechts nach Winden hinauf. Bei der Bahnhaltestelle wieder nach links und auf dem Radweg neben den Geleisen weiter, bis wir schließlich rechts nach Breitenbrunn (2,5 h) gelangen. *Infos* über alle Weitwanderwege erhalten Sie bei der Sektion Weitwanderer des Österreichischen Alpenvereins, Tel. ++43(0)1/4938408 oder ++43(0)664/2737242, www.alpenverein.at/weitwanderer

Nationalpark
Thayatal

Die weiten Wälder an der Thaya und einer ihrer Bewohner: der Uhu (kleines Foto)

NATIONALPARK THAYATAL

Entlang der Thaya, unmittelbar an der Staatsgrenze, erstrecken sich zwei Nationalparks: Thayatal auf der österreichischen und Podyjí auf der tschechischen Seite. Ersterer umfasst eine Fläche von 1330 ha, das nördlich benachbarte Schutzgebiet ist 6300 ha groß. Im Schatten des Eisernen Vorhangs blieb das Thayatal zwischen Vranov und der süd-

Schwarzstorch

mährischen Stadt Znojmo (Znaim) weit gehend von menschlichen Einflüssen verschont.

Grenzenlos schön. So konnte eines der schönsten Durchbruchstäler Europas seine Ursprünglichkeit bewahren. Ohne Zweifel war die Natur hier Gewinner im Kalten Krieg – Fischotter, Schwarzstorch, Smaragdeidechse oder Edelkrebs standen hier quasi unter Militärschutz. Während sich das Granitgestein der Böhmischen Masse hob, schnitt sich die Thaya bis zu 150 m in den Untergrund ein. So entstand neben tiefen Talmäandern ein einzigartiges geologisches Phänomen, der Umlaufberg. Der Fluss umschlingt diesen 1,25 km langen Berg fast zur Gänze; an seiner engsten Stelle, dem sogenannten Überstieg, ist er nur 100 m breit. Auch der wichtigste Seitenbach in diesem Gebiet, die Fugnitz, blieb als typischer Waldviertler Urgesteinsbach bis heute großteils erhalten. Der Schluchtwald des Kajabachs ist ein weiterer wichtiger Bestandteil des Tals, das durch eine Vielzahl an wertvollen Biotopen geprägt ist.

Naturvielfalt auf engstem Raum.
Diese Vielfalt an Lebensräumen lässt sich durch das Vorhandensein von saurem und basischem Gestein, vor allem aber durch die besondere Geomorphologie erklären. Jeder Hang weist eine andere Exposition auf. Auf den durch die starke Sonneneinstrahlung sehr trockenen und warmen Südhängen sind Eichen- Hainbuchenwälder zu finden.
Auf den schattigeren Nordhängen dominieren Buchenwaldgesellschaften, in denen auch Bergahorn, Eiben und Bergulmen zu finden sind. In der Krautschicht wachsen Türkenbund, Seidelbast und Weißes Waldvögelein. Alte Bäume mit starken Seitenästen nutzt der scheue Schwarzstorch für die Anlage seines Horstes. Die Rotföhre zeigt sich als ein Relikt aus der Eiszeit; ihr natürliches Vorkommen hat sie nur auf sehr felsigen Standorten. Auf den steilen Oberhängen wird der Wald schütter und geht auf Felsstandorten in artenreiche Trockenrasen über. Um hier zu überleben, bildeten die Pflanzen dichte Be-

Wasser und Wälder prägen die beiden Nationalparks an der Thaya.

haarung sowie wachsüberzogene Blätter und Stängel, aber auch schmale, zerteilte Blätter aus. Botanische Raritäten wie die Bunte Schwertlilie und das Helmknabenkraut, aber auch seltene Tiere wie die Smaragdeidechse und der Schwarze Apollo sind hier zuhause. Seine Artenvielfalt verdankt das Tal aber auch seiner Lage an einer ausgeprägten Klimagrenze. Hier treffen das trockene pannonische Klima des Weinviertels und die kühleren, feuchteren Witterungsverhältnisse des Waldviertels aufeinander.

Leben an der Grenze. Im Gebiet der beiden Nationalparks konnten bis jetzt 1287 Pflanzenarten festgestellt werden. Im tschechischen Teil wurden 152 Vogelarten und 65 Säugetiere beobachtet, darunter 17 Fledermausarten. Fischotter, Würfelnattern, Kammmolche und Seeadler (als Wintergäste) profitieren vom intakten Flussökosystem. Schwarzstorch, Äskulapnatter, Weißrückenspecht und Russischer Bär (ein Schmetterling) verbergen sich in den naturnahen Waldbeständen. Auch die Trockenrasen und Felsstandorte sind ein wichtiger Lebensraum für gefährdete Arten: Schlingnatter, Uhu und Plumpschrecke sind hier zu finden. Besonderheiten wie Hohe Perlgras, das Weichhaarige Federgras und die Dickfußsegge galten in Österreich als ausgestorben – hier im Thayatal entdeckte man sie wieder.

Thayatal & Podyjí

Nationalpark Thayatal, Nationalparkhaus
2082 Hardegg, Tel. ++43(0)2949/7005, www.np-thayatal.at
Öffnungszeiten: von April bis September täglich 9–18 Uhr, März, Oktober und November täglich 10–16 Uhr.

Nationalpark Podyjí, Besucherzentrum
67102 Čížov 176, www.nppodyji.cz
Öffnungszeiten: im Juni täglich 9–17 Uhr, im Juli und August täglich 9–19 Uhr, im April, Mai, September und Oktober Samstag und Sonntag 9–17 Uhr.

HARDEGG

21

Zur Hardegger Warte
Ein grenzenloses Naturerlebnis

Ausgangspunkt: Stadt Hardegg, 308 m, Thayabrücke.
Charakter: einfache Rundwanderung auf guten Wegen durch stellenweise steiles Waldgelände.
Grenzübergang: Öffnungszeiten 1. April bis 31. Oktober 6–22 Uhr, 1. November bis 31. März 8–20 Uhr. Nur für Fußgänger und Radfahrer (Staatsbürger eines Mitgliedsstaates der EU, EWR-Bürger, Schweizer Staatsbürger und deren Familienangehörige).
Gehzeit: 3 h.
Höhenunterschied: 150 m.
Einkehr: Gasthaus in Čížov, Gasthof Thayabrücke und Gasthof Hammerschmiede in Hardegg.
Karte: KOMPASS Nr. 204, 2073.
Reise-Atlas: Seite 3.

Unsere erste Thayatal-Wanderung führt zu einer überdachten Aussichtswarte auf tschechischer Seite, zur **Hardegger Warte**, die von Hardegg aus am gegenüberliegenden Felsen zu sehen ist. Wenn Sie die Brücke überschritten und den tschechischen Grenzposten passiert haben, zweigt links ein markierter und schmaler Steig ab. Dieser windet sich entlang der Thaya flussaufwärts bis zu einem kleinen Bach. Besonders interessant an diesem Streckenabschnitt sind der Blick über die Wehr nach Hardegg und die naturnahe Vegetation, die während der Zeit des Eisernen Vorhangs nahezu unberührt blieb. Einige Betonbunker zeugen noch von der früheren Befestigung. Beim Bach wendet man sich gemäß der weiß-grün-weißen Markierung nach rechts, folgt dem Taleinschnitt hinauf und steigt durch den Wald zur Hochfläche an.

Oben am Waldrand leitet die Markierung wieder nach rechts, bis man eine asphaltierte Straße erreicht. Von dort lohnt sich ein Abstecher links nach Čížov (ca. 1 km), wo sich eine Informationsstelle des tschechischen Nationalparks (Ná-

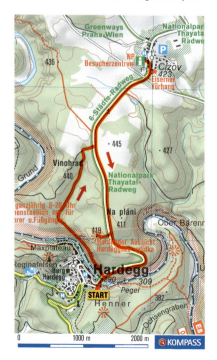

ZUR HARDEGGER WARTE

Im Herbst erstrahlt der Wald um die Hardegger Warte wie Gold. Unten zeigt sich ein Fischotter.

rodní park Podyjí) befindet. Als Mahnmal wurde dort ein Rest des Eisernen Vorhangs mit einem Wachtturm stehengelassen.
Rechts führt die Straße wieder Richtung Hardegg. Nach ca. 1 km zweigt – gut markiert – der 200 m lange Stichweg zur Hardegger Warte ab. Die Aussicht von dort sollten Sie sich nicht entgehen lassen, denn die Warte steht am höchsten Punkt dieses Talabschnitts. Es eröffnet sich ein imposanter Blick auf das bis zu 150 m tief eingeschnittene Tal der Thaya und die Stadt Hardegg, über der die mächtige Burganlage mit ihren mittelalterlichen Türmen und Wehrmauern thront. Das Leben im Grenzland war zu allen Zeiten beschwerlich. Seine Bewohner schürften nach Edelmetall, gerbten Felle, wirkten als Binder oder Tuchmacher. Bis ins vergangene Jahrhundert hinein wurde Perlmutt verarbeitet. Nur eine Drechslerei im nahen Felling führt heute diese Tradition noch fort. Wir gehen wieder zurück und die Straße bergab, dann erreichen wir bald den sanierten Grenzübergang an der Brücke, der 1990 wieder geöffnet wurde.

Fischotter

HARDEGG
22

Zum Umlaufberg I
Zauberhafte Wege zur Ruine Kaja

Ausgangspunkt: Merkersdorf, 406 m (3 km südöstlich von Hardegg).
Charakter: abwechslungsreicher Rundwanderweg mit vielen Möglichkeiten, die artenreiche Flora und Fauna des Nationalparks Thayatal kennenzulernen. Gerade an heißen Sommertagen sind die kühlen Laubwälder an der Thaya ein ideales Ausflugsziel.
Gehzeit: 3,5–4 h.
Höhenunterschied: 150 m.
Einkehr: unterwegs keine; Café und Restaurant im Nationalparkhaus.
Karte: KOMPASS Nr. 204, 2073.
Reise-Atlas: Seite 3.

Etwa 3 km östlich von Hardegg hat die Thaya in Millionen Jahren ein unvergleichliches Tal geschaffen. Die Orientierung fällt dort zunächst nicht ganz leicht, da der Fluss mit engen Schlingen zwei gegenüberliegende Umlaufberge umfließt. Erst mit Hilfe der Wanderkarte kann man sich Klarheit über die Himmelsrichtungen verschaffen.

Der Rundweg: Etwa 1 km vom Nationalparkhaus Hardegg entfernt findet man den kleinen Ort Merkersdorf. Von dort wandert man zunächst kurz Richtung Kaja und biegt gegenüber dem Kinderspielplatz nach links bergauf ab. Ein Hohlweg führt auf das Merkersdorfer Feld und schließlich in den Schwarzwald, der bereits zum Nationalpark Thayatal gehört. Bald geht der Weg in einen Steig über. Auch der Wald verändert sich: Statt Fichtenbestand findet man lichte Laubbaumvegetation; Nadelhölzer sind in diesem Teil des Thayatales nur in den seltensten Fällen natürliche Bestände. Überall, wo auf kleinen Schlagflächen Licht einfällt, setzt sich zunächst eine Strauchschicht mit Holunder, Brombeere, Waldrebe und vereinzelt Birke durch. Darauf folgen Eiche, Hainbuche, Feldahorn und Linde.

Wo der Wald einen herrlichen Ausblick ins Thayatal frei gibt, lädt eine Bank zum Verweilen ein. Danach

Geheimnisvolles Gemäuer hoch über der Thaya: die Burgruine Kaja

führt der Pfad in Serpentinen zur Thaya hinunter. Während einen im Frühjahr Leberblümchen und Bärlauch empfangen, dominiert im Herbst die Farbenpracht der Laubwälder. Am Thayatalweg angelangt sollte man sich die Wanderung um den Umlaufberg auf keinen Fall entgehen lassen. Ein kurzer Abstecher zu dem Aussichtspunkt am Überstieg zahlt sich auf jeden Fall aus. Danach wandern wir flussabwärts bis zum Kajabach. Der Weg führt nun rechts durch das romantische Schluchttal des Kajabaches bis zur Burgruine Kaja. Im Kajabach leben seltene Krebse und auch der Fischotter ist hier unterwegs. Die Flusskrebse führen ein für uns verborgenes Leben, da sie nachtaktiv sind. Erst in der Dämmerung verlassen sie ihre Verstecke zur Nahrungssuche. Ihr Vorhandensein deutet aber auf eine besonders hohe Lebensraumqualität hin.

Die Burgruine Kaja ist nach Jahrhunderten des Verfalls nun dank der Initiative eines gemeinnützigen Vereins wieder zu besichtigen. Die Feste Kaja wurde 1150 erstmals urkundlich erwähnt und war im Lauf ihrer wechselvollen Geschichte auch einmal im Besitz der Babenberger. Jeden ersten Sonntag im Juli findet hier das weithin beliebte „Kaja-Fest" statt und während der Öffnungszeiten ist die Burg bewirtschaftet. Führungen: Tel. ++43 (0)2949/8255. Von der Burgruine führt der Weg am Kajaparkplatz vorbei und wieder nach Merkersdorf zurück.

HARDEGG

23

Zum Umlaufberg II
Der schöne Zugang von Hardegg

Ausgangspunkt: Stadt Hardegg, 309 m, Thayatalbrücke.
Charakter: abwechslungsreiche Wanderung auf breiten Waldwegen und schmalen Pfaden, die stellenweise Trittsicherheit erfordern. Achtung: Bei Hochwasser können einzelne Abschnitte überflutet sein!
Gehzeit: 4 h.
Höhenunterschied: 200 m.
Einkehr: unterwegs keine; Gasthöfe in Hardegg oder im Café-Restaurant im Nationalparkhaus.
Karte: KOMPASS Nr. 204, 2073.
Reise-Atlas: Seite 3.

Wer zu den Quellen der Thaya wandern möchte, muss ins westliche Waldviertel und nach Südböhmen vordringen. Auf der 235,4 km langen Strecke bis zu ihrer Mündung in die March wechselt sie mehrmals zwischen Österreich und Tschechien hin und her. Der Umlaufberg bei Hardegg ist das interessanteste geomorphologische Phänomen, das sie gebildet hat. Die Wasserkraft der Thaya wurde jahrhundertelang von Getreidemühlen, Hammerwerken und „Walkern" (Tuchmachern) genützt. Diese Wanderung lässt uns den Zauber dieses Flusses erleben.

Der Wegverlauf: Von der Thayabrücke folgt unsere Route der Thaya nach Osten zum Gabrielensteig, der kurz und etwas steiler nach oben führt. Nachdem man den Steilhang bewältigt hat, geht

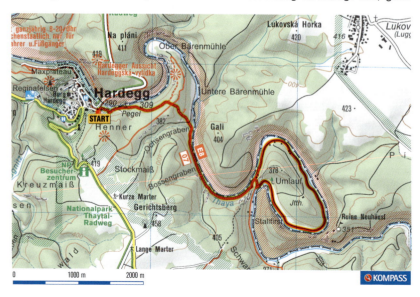

ZUM UMLAUFBERG II

Zwischen Fels und Wald geht's dem Umlaufberg entgegen.

man bis zu einer Weggabelung, von der man rechts abbiegt. Nach der Kreuzung mit dem Fahrweg folgt man dem Weg zum Ende des Ochsengrabens hinunter.

Nach dem Überqueren der Unteren Bärmühlwiese beginnt die „unruhigere" Wanderstrecke – auf dem schmalen, steinigen Weg sind nun Trittsicherheit und gutes Schuhwerk erforderlich. Die Route verläuft direkt neben dem Fluss, und zwar unter den Resten von Lindenurwäldern. Auch die Eiben, die man vereinzelt entdeckt, sind hier heimisch. Man gelangt zu einem neuen Hangsteg, den die Nationalparkverwaltung errichtet hat, damit man hier auch bei höherem Wasserstand problemlos wandern kann. Geradeaus, vorbei an den Fischerhütten, folgt man weiterhin der Thaya, die in diesem Bereich ein ganzes Felsmassiv umrundet. Zahlreiche romantische Plätze laden zur Rast und zum Naturbeobachten ein. Das ganze Jahr über finden hier Naturinteressierte und Fotografen Besonderheiten und farbenfrohe Motive.

Vorbei an einer riesigen Bildeiche gelangt man zum Aufstieg auf einen tollen Aussichtsfelsen. Für die kurze Mühe belohnt der eindrucksvolle Blick über das tief eingeschnittene Tal der Thaya. Flussaufwärts ist auf tschechischer Seite die Ruine Neuhäusl zu erkennen. Und während sich die Laubbäume im Sommer in unterschiedlichen Grüntönen zeigen, taucht sie der Herbst in die intensivste Farbenpracht.

Vom Überstieg kann man Richtung Hardegg zurückkehren oder nach Merkersdorf weitergehen.

RETZ – HARDEGG
24

Der Nationalpark-Thayatal-Radweg
Bikeerlebnis beiderseits des Flusses

Ausgangspunkt: Retz, 252 m.
Charakter: interessante Radtour entlang des ehemaligen Eisernen Vorhanges. Wegbeschaffenheit: im tschechischen Teil des Nationalparks meist unbefestigte Fahrwege, im Retzer Land asphaltierte, aber wenig befahrene Landesstraßen. Fahrradverleih: Tourismusverband Retz, Hauptplatz 30, Tel. ++43(0)2942/2700.
Grenzübergang: Öffnungszeiten 1. April bis 31. Oktober 6–22 Uhr, 1. November bis 31. März 8–20 Uhr. Nur für Fußgänger und Radfahrer (Staatsbürger eines Mitgliedsstaates der EU, EWR-Bürger, Schweizer Staatsbürger und deren Familienangehörige).
Streckenlänge: 40 km, durchgehend in beiden Richtungen beschildert (Markierung: weiße Blume auf grünem Schild).
Einkehr: Gasthöfe in Retz, Čížov und Hardegg, Nationalpark-Besucherzentrum.
Karte: KOMPASS Nr. 204, 2073.
Reise-Atlas: Seite 3.

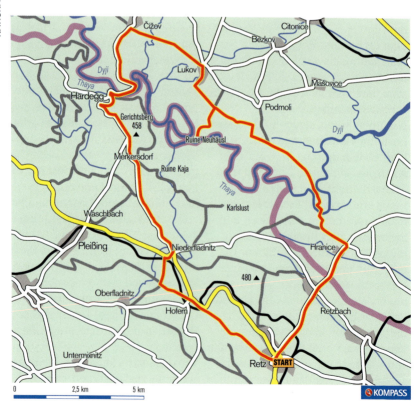

DER NATIONALPARK-THAYATAL-RADWEG

Zwischen Himmel und Thaya: die neue Hängebrücke über den Fluss

Seit mehr als 900 Jahren ist die Thaya ein Grenzfluss. Zahlreiche Burgen und Ruinen zeugen von der konfliktreichen Vergangenheit dieser Region, während die „leeren" Gebiete entlang des einstigen Eisernen Vorhangs an die jüngste Geschichte erinnern. Wie gut, dass man das Land um die beiden Nationalparks heute wieder unbeschwert mit dem Rad erkunden kann.

Der Routenverlauf: Von Retz aus radeln wir auf der Znaimer Straße über Ober- und Mitterretzbach zur Staatsgrenze. Dahinter fahren wir durch Hnanice und – links abzweigend – zur neuen (und etwas schwankenden) Hängebrücke, die bei Devet mlýnu (Neun Mühlen) über die Thaya führt. Es folgt ein lang gezogener Anstieg. Auf der Anhöhe angekommen, sehen wir links und rechts die Thaya fließen. Nun folgt unsere Route dem ehemaligen Verlauf des Eisernen Vorhangs durch den Wald. Nach dem Muldenbach (Zlebský potok) radelt man links zur Ruine Neuhäusl (Nový Hrádek). Hier bietet sich ein prächtiger Ausblick auf die waldgesäumten Thayaschlingen und ihre Umlaufberge. Die einst stolze Burg wurde im Dreißigjährigen Krieg von den Schweden zerstört. Heute finden hier nur noch die Tiere des Nationalparks ein Zuhause: Neben Eidechsen und Äskulapnattern fühlen sich in den dunklen Nischen auch zahlreiche Fledermausarten sehr wohl. Die Besichtigung der Ruine Neuhäusl ist täglich von Mai bis August 10–12 und 13–18 Uhr möglich, im September samstags und sonntags.

Zurück am markierten Radweg folgt man diesem links nach Čížov. Im dortigen Besucherzentrum des Národní park Podyjí erhält man einen Einblick in die Artenvielfalt dieses Schutzgebietes.

Danach führt der Radweg nach Hardegg. An der Thaya angelangt, passiert man die Grenzbrücke. Besonders lohnend ist der Besuch der Ausstellung „NaturGeschichten – ThayaTales" im Nationalparkhaus Hardegg, das man auf der Straße Richtung Retz erreicht. Dort ist auch ein Café-Restaurant untergebracht, das zur Stärkung einlädt. In Merkersdorf kann man der Ruine Kaja noch einen Besuch abstatten (siehe Tour 22). Über Niederfladnitz führt der Radweg schließlich wieder nach Retz zurück.

NIEDERÖSTERREICH

HARDEGG
25

Der Hardegger Rundwanderweg
Durch die kleinste Stadt Österreichs

Ausgangspunkt: Stadt Hardegg, 309 m, Orientierungstafel im Wartehäuschen beim Aufgang zur Burg.
Charakter: einfache und abwechlungsreiche Rundwanderung.
Gehzeit: 1,5 h.
Höhenunterschied: 100 m.
Einkehr: Gasthaus Hammerschmiede (Übernachtungsmöglichkeit), Gasthaus Thayabrücke.
Karte: KOMPASS Nr. 204, 2073.
Reise-Atlas: Seite 3.

Diese kurze Wanderung bietet eine ideale Möglichkeit zum Kennenlernen des Thayatal-Städtchens.
Der Wegverlauf: Von der Orientierungstafel führen zwei Wege ins Tal – beide ziehen zur Fugnitzbrücke hinunter. Nach der Überquerung der Brücke spaziert man rechts in eine Sackgasse. An ihrem

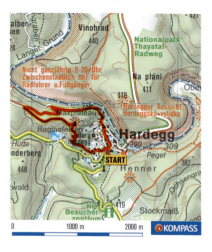

Ende folgt man einem Wegweiser und gelangt zum Fuß des Reginafelsens, der aus Kalksilikaten mit Quarzeinlagerungen besteht. Aufgrund seiner Härte konnte er der immensen Auswaschungskraft der Fugnitz trotzen.
Der Pfad führt dann in einer langen Kehre durch den Wald den Berg hinauf. Bei der folgenden Weggabelung hält man sich geradeaus und kommt zum Reginafelsen, der oben mit einem Eisengeländer gesichert ist und einen herrlichen Panoramablick über die „Vorstadt" und die Burg bietet.
Nun geht's wieder bis zur Weggabelung zurück und rechts den Berg hinauf. Der Wald besteht hier hauptsächlich aus Eichen und Hainbuchen, durchsetzt mit Sträuchern wie dem Gelben Hartriegel, der Kornelkirsche und dem Liguster. Wegen der kalkhaltigen Gesteine findet man hier Blumen und Kräuter, die sonst nur in den Kalkvoralpen anzutreffen sind, aber auch Orchideen wie die Grünliche Waldhyazinthe.
Bei der nächsten Kreuzung folgt man dem Weg geradeaus den Berg hinauf bis zu einem Gedenkstein, der an einen Sommergast im vorigen Jahrhundert erinnert. Er hat sich besonders um den Ausbau der Wanderwege verdient gemacht. Wenig später gelangt man zum

DER HARDEGGER RUNDWANDERWEG

Im Zentrum dieser kurzen Rundwanderung: die Burg Hardegg

Maxplateau, wo sich eine Sendeanlage des ORF befindet. Von dort bietet sich ein grandioser Ausblick über die Burganlage und die beiden Stadtteile. Auf einer Felsklippe über der Thaya errichtet, bildete die Burg Hardegg eine starke Grenzfeste. Schon im 10. Jahrhundert bestand hier eine kleine Wehranlage, die das Gebiet vor Einfällen feindlicher Scharen schützte. Nach einer wechselvollen Geschichte begann Johann-Carl Fürst Khevenhüller-Metsch im letzten Jahrzehnt des 19. Jahrhunderts mit der Sanierung der mächtigen Burganlage. Er hatte 1864 bis 1867 in Mexiko an der Seite Kaiser Maximilians gegen die Aufständischen gekämpft und richtete daher ein Museum zu Ehren Maximilians von Mexiko und zur Erinnerung an das österreichisch-mexikanische Freiwilligenkorps ein.

Der Weg zurück zur Stadt führt nun über den Forstweg am westlichen Ende des Plateaus am Rücken des Nassberges entlang. An der nächsten Kreuzung mit einer Forststraße biegen Sie in diese rechts ein und gelangen so über den Nordhang zum Alten Badeplatz in die Stadt zurück.

Hardegg

Die kleinste Stadt Österreichs (89 Einwohner) entstand im 11. Jahrhundert als typische Burgsiedlung. Ihr Name leitet sich von den althochdeutschen Wörtern hard (= Wald) und egg (= Fels, Stein) her. Im Jahre 1290 erwähnte eine Urkunde den Ort erstmals als Stadt. Seit der Öffnung der Grenze (1990) bildet der Ort wieder ein „Tor" zum Nachbarstaat Tschechien. Besondere Sehenswürdigkeiten sind die 1145 erstmals genannte Burg über der Stadt (einst die größte Wehranlage Niederösterreichs, Maximilian-von-Mexiko-Museum und prachtvolle Waffensammlung) sowie das westlich von Hardegg gelegene Barockschloss Riegersburg.
Info: www.tiscover.at/hardegg

HARDEGG – VRANOV

26

Auf Besuch im Národní park Podyjí
Der weite Weg nach Vranov nad Dyjí

Ausgangspunkt: Stadt Hardegg, 309 m, Thayatalbrücke.

Charakter: begeisternde Tageswanderung in den tschechischen Teil des Nationalparks. Die Tour verlangt Ausdauer; vergessen Sie nicht, Proviant und Erfrischungen für zwischendurch mitzunehmen.

Grenzübergang: Öffnungszeiten 1. April bis 31. Oktober 6–22 Uhr, 1. November bis 31. März 8–20 Uhr. Nur für Fußgänger und Radfahrer (Staatsbürger eines Mitgliedsstaates der EU, EWR-Bürger, Schweizer Staatsbürger und deren Familienangehörige).

Gehzeit: 6–7 h.

Höhenunterschied: 350 m.

Einkehr: in Hardegg und Vranov.

Karte: KOMPASS Nr. 204, 2073.

Reise-Atlas: Seite 2/3.

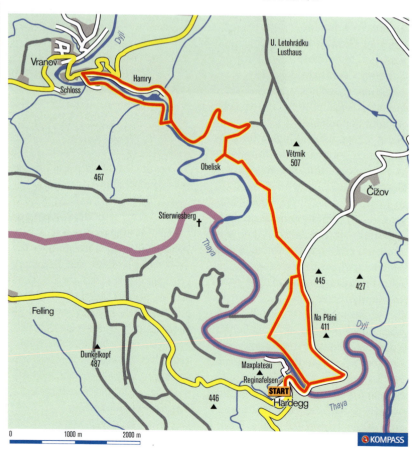

AUF BESUCH IM NARODNI PARK PODYJÍ

Diese Tour führt Sie durch den tschechischen Thayatal-Nationalpark. **Der Weg nach Vranov:** Von Hardegg wandern wir über die Thayabrücke auf tschechisches Staatsgebiet. Gleich danach zweigt links ein schmaler Steig ab. Entlang der Thaya gelangt man flussaufwärts zu einem Graben. Von dort führt die zunächst weiß-grün-weiße Markierung mäßig ansteigend zu einer Hochfläche hinauf. Dort folgen wir der asphaltierten Straße, die nach Cízov führt, nach links. Kurz darauf biegen wir aber wieder links ab und wandern nach der Markierung über offenes Gelände. Der Weg mündet in eine Forststraße ein und führt uns wieder ins Durchbruchstal der Thaya. 100 m und tiefer hat sich die Thaya hier ins harte Gestein eingegraben. Dennoch findet man auch immer wieder kleinere Uferwiesen, auf denen man gelegentlich Schwarzstörche auf der Suche nach Futter beobachten kann. Auch Fährten des scheuen Fischotters sind im Uferbereich gelegentlich zu sehen. Er gehört zur Familie der Marder; einst hat man ihn als Nahrungskonkurrenten und auch wegen seines dichten Pelzes gnadenlos verfolgt. Mit bis zu 50.000 Härchen pro Quadratzentimeter gehört sein Pelz zum dichtesten im ganzen Tierreich. Ausgewachsene männliche Tiere wiegen bis zu 14 kg. Auf der Suche nach Nahrung können sie in einer Nacht Strecken bis zu 20 km zurücklegen. Ein kleiner Abstecher links zum Aussichtsplatz beim Obe-

lisken verspricht einen prächtigen Blick auf die herrlichen Buchenwälder. Nach der Umgehung von zwei Seitengräben führt der Weg kurz vor Vranov zur Thaya hinab. Bei Dyje wechselt man auf einer neuen Holzbrücke an das andere Ufer. Nun trennt uns nur mehr ein kurzes Stück vom Markt Vranov nad Dyjí.

Rückweg: Es empfiehlt sich, auf demselben Weg zurückzuwandern. Als Variante bietet sich kurz vor Hardegg die Gelegenheit, links in den Ort Čížov zu wandern und das dortige Nationalparkhaus zu besuchen. Auch die Hardegger Warte lohnt einen Abstecher. Diese Tour ist auch als Rundwanderung über Felling/Podmyce möglich.

NIEDERÖSTERREICH

Vranov nad Dyjí

Die Burg Vranov (Frain) an der Thaya taucht erstmals im Jahre 1100 in den Chroniken auf. Nach einem Brand wurde sie ab 1687 von Johann Bernhard Fischer von Erlach zu einem monumentalen Barockschloss umgestaltet. Besonders sehenswert ist sein ellipsenförmiger Ahnensaal. Führungen: Tel. ++42(0)51529/6215. Die erste Erwähnung der Siedlung Frain geht auf das Jahr 1323 zurück. Zwischen 1790 und 1882 bestand dort eine Fabrik für Steingut, das wegen seiner künstlerischen Gestaltung im In- und Ausland begehrt war. An die Vertreibung der deutschen Bewohner im Jahre 1945 erinnert das Heimatkreuz bei Felling nordwestlich von Hardegg. *Info:* www.fotos-geschichten.at

HARDEGG 27

Zum Einsiedler
Eine der schönsten Nationalpark-Wanderungen

Ausgangspunkt: Stadt Hardegg, 309 m, Thayabrücke.
Charakter: Diese Rundwanderung, die auf guten Wegen und Pfaden verläuft, zählt zu den schönsten Ausflugszielen in der Umgebung Hardeggs.
Gehzeit: 2,5–3 h.
Höhenunterschied: 150 m.
Einkehr: unterwegs keine, Gasthöfe in Hardegg.
Karte: KOMPASS Nr. 204, 2073.
Reise-Atlas: Seite 3.

Zum Einsiedler: Zunächst folgt der Weg der Thaya bis zum Gabrielensteig, der nach oben auf die Hangkante führt. Nach kurzer Zeit gelangt man zu einer Weggabelung, an der man den nach links führenden, schmaleren Weg wählt. In der Folge genießt man mehrmals eine großartige Sicht auf die Burg Hardegg. Der Pfad führt der Hangoberkante entlang zur Oberen Bärenwiese. Dort biegt man links ab und geht an einer ehemaligen Feuerstelle vorbei, bis man schließlich vor einer gemauerten Felsbehausung steht. Sie befindet sich mitten in einer fast senkrechten, direkt aus der Thaya aufragenden Felswand in 5 m Höhe. Spuren einer Feuerstelle am schrägen Felsenboden und ein Rauchabzug belegen, dass dies einmal eine Dauerunterkunft war. Vorhandene Riegellöcher weisen auf die Verschließbarkeit der Fensteröffnungen des Raumes hin, der eine beachtliche Größe aufweist.

Eine Sage weiß zu berichten, dass hier zur Zeit der Kreuzzüge, als noch rundum Urwald bestand, der Einsiedler Uto von Hardtenstein gelebt hat. Er soll den Hardeggern auch zu einer Silbermine verholfen haben, die am gegenüberliegenden Hang zu finden ist. Das Silberbergwerk brachte den Hardegger Bürgern lange Zeit hindurch großen Wohlstand. Den Einsiedler aber fanden die Bergknappen eines Morgens, als das Frühjahr schon Einzug ins Tal gehalten hatte, erfroren am Fuße jenes Kreuzes, das er bei

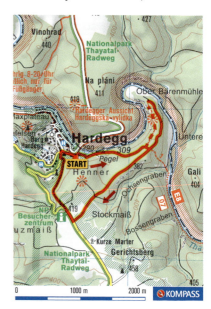

ZUM EINSIEDLER

In diesen Felslöchern soll der Hardegger Einsiedler gehaust haben.

seiner Ankunft in Hardegg auf der Höhe oberhalb seiner Klause errichtet hatte. Das Silberbergwerk wurde bald nach dem Tod des Einsiedlers aufgegeben. Im Frühjahr blühen auf dem Grab des Einsiedlers die ersten Schneeglöckchen. Hier kann man nur mehr ein paar Meter weitergehen, dann versperren steile Felsen den Weg.

Rückweg: Man geht also dem Waldrand entlang zur Oberen Bärenwiese zurück. Gleich daneben mündet ein Fahrweg ein (es steht dort ein Schild, das an die Grenze in der Flussmitte erinnert). Dieser Waldstraße folgt man bergauf und immer geradeaus, bis man nach ca. 2 km freies Gelände erreicht. Der Weg führt neben dem Waldrand weiter zu einer kleinen Wiese. Kurz bevor man die Straße erreicht, zweigt man auf den sogenannten Kirchensteig ab, der in nördlicher Richtung nach Hardegg zurückführt.

HARDEGG
28

Der Hennerweg
Die lehrreiche „Hausrunde" im Nationalpark

Ausgangspunkt: Nationalparkhaus Thayatal südlich von Hardegg, 419 m.
Charakter: Dieser 1,8 km lange, eindrucksvolle und ganzjährig begehbare Themen-Rundweg eignet sich besonders für Wanderungen mit Kindern (kinderwagentauglich).
Gehzeit: 30 Min.
Höhenunterschied: kaum Steigungen.
Einkehr: Restaurant-Café Thayatal im Nationalparkhaus.
Karte: KOMPASS Nr. 204, 2073.
Reise-Atlas: Seite 3.

Auch der Flusskrebs liebt die Thaya.

Die Besonderheit dieses kurzen Themenweges ist, dass man auch ohne Führung viel Interessantes über den Nationalpark Thayatal erfährt. Der Weg ist gut gestaltet und spricht beim Gehen alle Sinne an. So erfährt man z. B., welche Funktionen und Aufgaben ein Nationalpark erfüllt, aber auch viele Details über die naturräumlichen Besonderheiten des Thayatals. „Henner" nennen die Einheimischen übrigens den bewaldeten Hügel südöstlich von Hardegg.

Der **Hennerweg** beginnt am Waldrand gegenüber dem Nationalparkhaus und verläuft zu Beginn gleich wie der Einsiedlerweg (Kirchensteig, siehe Tour 27). Nach einem kurzen Stück teilt sich die Route. Der Hennerweg führt rechts weiter, vorbei an alten, urigen Eichen. Nach etwa 10 Min. Gehzeit gelangt man auf eine Forststraße, die zu einem Aussichtspunkt führt. Von dort genießt man einen herrlichen Blick auf die nahe Stadt Hardegg und die Flussschleifen der Thaya mit ihren besonderen Lebensräumen.

Danach geht's ein kurzes Stück zum Forstweg zurück. Auf diesem zum Waldrand weiter. Schließlich gelangt man auf einem Feldweg wieder zum Nationalparkhaus.

DER HENNERWEG

Das wendige Symboltier aller Apotheken: die seltene (und ungiftige) Äskulapnatter

Vielfalt und Besonderheiten im Thayatal

Die Ufer der Thaya, die weiten Wälder und die Trockenrasen im Nationalpark Thayatal sind Rückzugsgebiete für eine artenreiche, vielerorts schon seltene und oft auch bedrohte Fauna. Dazu zählen nicht nur so spektakuläre, fast schon exotisch gefärbte Vogelarten wie Eisvogel und Schwarzstorch oder auffällige Reptilien wie die Smaragdeidechse und die Äskulapnatter, sondern auch „heimliche" Bewohner unter Wasser – wie etwa die Flusskrebse. Wird ein Gewässer von einer Krebspopulation bewohnt, ist dieses Habitat von hohem Naturschutzwert. Früher waren Krebse in fast allen europäischen Gewässern heimisch. Heute sind sie selten geworden – insbesondere der vom Aussterben bedrohte Edelkrebs.

Unscheinbar, aber außergewöhnlich ist auch die Flechtenflora im Nationalpark. Mehr als 500 Arten wurden bisher festgestellt, darunter einige, die man in Österreich und Mitteleuropa noch nicht fand. Flechten sind eine Symbiose aus Alge und Pilz. Sie sind wahre Überlebenskünstler. Sie überstehen lang andauernde Trockenheit ebenso wie arktische Temperaturen.

Es sind die Geologie und die von Menschenhand wenig gestörten Standorte, die das Thayatal zu einem der artenreichsten Gebiete Österreichs machen.

Wasser, Wald und Wände: Hochtor und Reichenstein beherrschen das Admonter Becken. Das kleine Foto zeigt die Enns im Gesäuse-Eingang.

Nationalpark Gesäuse

NATIONALPARK GESÄUSE

Gesäuse – ein Name mit Klang! Im obersteirischen Ennstal, zwischen Hieflau und Admont, steht man vor Kalkwänden, die wie mit einem Donnerschlag aus dem Boden schießen – und am Ufer eines Flusses, der von von Zeit zu Zeit geradezu gewalttätig wird. Das Sausen und Brausen der Enns bricht sich noch hoch droben im Echo der Fels-

Ein Nationalpark für Schwindelfreie (Peternpfad)

wände und fand auch in der Lautmalerei der Menschen Widerhall: Seit dem 16. Jahrhundert ist der Begriff „Gseis" belegt.

11.054 ha dieser Landschaft – alpine Flächen, Almwiesen, Wald und den letzten naturnahen Flussabschnitt der Enns – schützt Österreichs jüngster Nationalpark. Die drei Farben seines Logos symbolisieren diese Lebensräume: Über dem blauen Wasser und dem grünen Streifen der Bäume und Pflanzen zeigt es die graue Zone des Dachsteinkalks. Dort finden sich die bis über 2300 m hohen Gipfel der Ennstaler Alpen, die durch den Einschnitt der Ennsschlucht und das Johnsbachtal in drei Bereiche geteilt werden: Im Norden erhebt sich die Buchsteingruppe mit dem Tamischbachturm, im Südosten prunkt die Hochtorgruppe mit einer bis zu 1000 m hohen Nordwestwandflucht von der Planspitze bis zum Ödstein und im Südwesten bildet die Reichensteingruppe die Kulisse über dem Stift Admont.

Lebenskünstler in Fels und Wald. Die Pflanzenwelt der Gesäuseregion zeichnet sich durch besondere Artenfülle aus. In der Gipfelregion, aber auch weiter unten in Rinnen und Gräben wechseln Felsspaltenvegetation mit Schuttfluren, alpine Matten und Zwergstrauchgesellschaften mit Latschenfeldern. Zwei Gewächse, die gerne in steinigen Hängen gedeihen, sind die Zierliche Federnelke und die Clusius-Primel. Die Charaktertiere des Gesäuses sind die Gämsen, ausgezeichnete Kletterer und widerstandsfähige „Hungerkünstler". Über den Gipfeln kreisen oft Steinadler; die imposanten Vögel haben bis zu 2 m Flügelspannweite.

Auch der Wald soll sich im Gesäuse wieder dynamisch und natürlich entwickeln. Wir finden dort alte Baumpersönlichkeiten und abgestorbene Stämme, stehendes und liegendes Totholz: Lebensräume für bedrohte Pflanzen und Tiere, von Flechten bis zu verschiedenen Fledermausarten, von holzabbauenden Pilzen bis zu seltenen Käfern. Hier erfüllten vor allem Spechte wichtige ökologische Aufgaben: Sie sind

„Höhlenbaumeister" für zahlreiche andere Tiere. Hier leben u. a. auch hoch spezialisierte „Bergarten" wie der Dreizehen- oder der sehr seltene Weißrückenspecht.

Im Tal der Enns bestehen noch Auwälder mit Weiden und Grauerlen. Weiter oben faszinieren die Lärchen-Zirben-Wälder der Hochregion sowie die Dolomit-Föhrenwälder am Fuße des Gebirges. Mittendrin liegen die „grünen Inseln" der Almen. Die Flora ihrer sonnigen Wiesen – verschiedene Enzian- und Hahnenfußarten, Trollblumen oder Wolfs-Eisenhut, aber auch verschiedene Orchideen – bietet vielen Insekten und Schmetterlingsarten Heimat.

Wasser-Wunder. Beeindruckende Schauspiele bietet das Wasser im Gesäuse – etwa im Hartelsgraben, wo es zur Zeit der Schneeschmelze über Kaskaden donnert und aus vielen Öffnungen in den Felswänden quillt. Aufgrund des ständig feuchten Klimas hat sich hier ein schöner Schluchtwald ausgebildet. Die Lebensader des ganzen Gebiets bildet jedoch die Enns, die „wilde Tochter der Berge", wie sie der Alpinpionier Heinrich Heß einst nannte. Das Hochwasser im Frühjahr, aber auch sommerliche Unwetter lassen sie hoch anschwellen – dann donnern schier unglaubliche Wassermassen über die Katarakte im „Gesäuse-Eingang", eine felsige Engstelle bei Weng, die durch einen Lehrpfad erschlossen ist. Mitgeführtes Geschiebe und Material der Seitenbäche führen zur Bildung von Schotterbänken, die auch eingewanderten „Schwemmlingen" Asyl bieten.

Die folgenden Wanderungen und Bergtouren führen Sie durch all diese Bereiche und zu vielen Naturwundern zwischen dem wilden Wasser und den Wolken, die um die schönsten Gipfel im Osten der Alpen streichen.

Die Gämse, ein Kletterkünstler im Gesäuse

Gesäuse

Nationalpark-Infobüro Admont
8911 Admont, Hauptstraße 35,
Tel. ++43(0)3613/21160-20,
www.nationalpark.co.at
Öffnungszeiten: von Mai bis Oktober Montag bis Freitag 8–18 Uhr, Samstag und Feiertag 10–16 Uhr; von November bis April Montag bis Freitag 8–17 Uhr.

Nationalpark Pavillon Gstatterboden
Geologieausstellung, von 1. Mai bis 31. Oktober 10–18 Uhr geöffnet.

Forschungswerkstatt im Weidendom
In den Sommermonaten, Öffnungszeiten und Programm im Infobüro Admont.

GSTATTERBODEN

29

Der Rauchbodenweg
Wo einst die Kohlenmeiler schwelten

Ausgangspunkt: Gstatterboden, 577 m. Rückfahrt mit Bahn oder Bus (Xeismobil) möglich, Tel. ++43(0)3613/2406 oder 4170, www.xeismobil.at
Charakter: landschaftlich sehr schöne Talwanderung auf einem Fahrweg.
Gehzeit: 1–1,5 h.
Höhenunterschied: gering, nur eine stärkere Steigung bei Gstatterboden.
Einkehr: Nationalpark Pavillon in Gstatterboden, Gasthof Bachbrücke (im Winter geschlossen).
Karte: KOMPASS Nr. 206.
Reise-Atlas: Seite 9.

Der Rauchbodenweg verläuft am orographisch linken (nördlichen) Ennsufer zwischen Gstatterboden und der Bahnstation Johnsbach, und zwar auf einem 3,5 km langen, durchwegs gut befestigten Fahrweg. Somit empfiehlt er sich als ideales Ausflugsziel für Familien mit Kindern. Dieser Naturerlebnisweg wurde vor Jahren vom Alpenverein mit verschiedenen Erlebnisstationen ausgestattet, die viel Wissenswertes zum Thema Wald vermitteln. Diese Punkte sprechen alle Sinne an und sind nach drei Kategorien gegliedert: „Schau mal", „Fühl mal" und „Wusstest du, dass ...". Der Nationalpark Gesäuse wird diesen Erlebnisweg mit zusätzlichen Stationen erweitern. Die Route selbst bietet faszinierende Einblicke in die Nordabstürze der gegenüber gelegenen Hochtor- und der Reichensteingruppe. Der Name des Rauchbodens, den man unterwegs überquert, erinnert übrigens an die zahlreichen Holzkohlenmeiler, in denen man hier das Brennmaterial für die stets gefräßigen Hammerwerke an der Eisenstraße herstellte.

Der Rauchbodenweg ist kaum zu verfehlen. Er beginnt bei der Ennsbrücke am westlichen Ortsrand von

DER RAUCHBODENWEG

Interessante Details aus der Ennschlucht (oben) und der legendäre „Gesäusezug" (unten)

Gstatterboden, und zwar bei der Hinweistafel zum Buchsteinhaus (dessen Zustieg bald rechts abzweigt). Dann führt er stets oberhalb der Enns und der Bahnlinie bis zur Bahnstation Johnsbach. Es lohnt sich jedoch, über den Ennssteg unterhalb der Haltestelle in die Lettmairau zu gehen – dort erwarten Sie der interessante Au-Erlebnispfad und der „Weidendom" (siehe Tour 30). Die ÖBB-Haltestelle Johnsbach sollte eigentlich bereits aufgelassen werden. Es ist ein Verdienst des Projektes „Xeismobil", dass diese für Wanderer sehr wichtige Ein- und Ausstiegsstelle im Herzen des Gesäuses erhalten blieb. Wer nicht auf der gleichen Route zurückwandern möchte, fahre also mit der Bahn nach Gstatterboden zurück – oder rufe den Xeismobil-Rufbus. Dieser verkehrt nach Fahrplan, jedoch nur auf Anforderung, die zumindest eine Stunde vor der Fahrt erfolgen muss.

GSTATTERBODEN

30

Der Au-Erlebnispfad
Naturwunder in der Lettmairau

Ausgangspunkt: Gasthof Bachbrücke zwischen Admont und Gstatterboden, 590 m (bei der Abzweigung nach Johnsbach). Zufahrt auch mit Bahn oder Bus (Xeismobil), Tel. ++43(0)3613/2406 oder 4170, www.xeismobil.at
Charakter: ebener, stellenweise auf breiten Stegen angelegter Themenweg im Herzen des Gesäuses, in Teilbereichen mit Kinderwagen und Rollstuhl befahrbar. Der Nationalpark bietet hier auch geführte Wanderungen an.
Gehzeit: ca. 30 Min., man sollte sich für alle Stationen jedoch 1–2 h Zeit nehmen.
Höhenunterschied: keiner.
Einkehr: Nationalpark Pavillon in Gstatterboden, Gasthof Bachbrücke (im Winter geschlossen).
Karte: KOMPASS Nr. 206.
Reise-Atlas: Seite 9.

Das Waldstück bei der Mündung des Johnsbachs in die Enns, im Brennpunkt zwischen der Buchstein-, der Hochtor- und der Reichensteingruppe gelegen, gilt als hervorragendes Beispiel einer intakten Auenlandschaft an der Enns. Daher eignete es sich besonders gut für die Errichtung eines inhaltlich anspruchsvollen und abwechslungsreichen Erlebnispfades zum Thema „Auenökologie". An zahlreichen, nach modernen naturpädagogischen Kriterien konzipierten Erlebnisstationen und auf reizvollen Aussichtsplattformen über der Enns erfährt man viel über den Lebensraum am Fluss, den Unterschied zwischen der „harten" und der „weichen" Au oder die Bedeutung des regelmäßigen Hochwassers für diese Ökosysteme. Um spannende Einblicke in die Landschaft zu ermöglichen, andererseits aber das Betreten des weichen Bodens abseits des Weges zu vermeiden, entschloss sich die Nationalparkverwaltung in Zusammenarbeit mit den Steiermärkischen Landesforsten, den Lehrpfad als Stegkonstruktion zu errichten – man schwebt hier also über dem Auenboden.

Der Wegverlauf: Gleich zu Beginn sind Ihre Kräfte gefordert, denn ein überdimensionaler Bodenbohrer, mit dem ein über 2 m hohes Bodenprofil entnommen werden kann, zeigt eindrucksvoll, wie der Auenboden aufgebaut ist. Die unterschiedlichen Schichten zeugen von den immer wiederkehrenden Hochwasserfluten der Enns. Weiter geht's zu einem

DER AU-ERLEBNISPFAD

Wundersames im Herzen des Gesäuses: der Steg durch die Lettmairau und der Weidendom

riesigen Spieltisch, an dem man Flusssysteme nachbauen kann. „Selbst gefördertes" Wasser strömt über Felskatarakte oder über Schotterflächen – so lernt man die Dynamik von Fließgewässern auf ebenso spielerische wie eindrucksvolle Weise kennen. Anschließend gönne man sich ein wenig Ruhe. Auf der Baumbank unter einer alten Buche sitzend haben Sie die Wahl, mit Vivaldis „Vier Jahreszeiten" zu meditieren oder die Geschichte der Buche in der Lettmairau aktiv mitzugestalten.

Zuletzt wandern Sie auf dem Steg durch den Auwald. Aus der – für die Tierwelt sicheren – Entfernung lassen sich selbst sensible Vögel wie Flussuferläufer oder Wasseramseln beobachten. Erstere legen ihre gut getarnten Eier auf Schotterinseln ab – entdecken Sie welche? Dass auch Totholz lebt, zeigen die abgestorbenen und umgestürzten Bäume, die in der Lettmairau kreuz und quer herumliegen – und nicht weggeräumt werden. Sie bieten Lebensraum für unterschiedlichste Tier- und Pflanzenarten, etwa für den blau leuchtenden Alpenbockkäfer.

Am Ende gelangen Sie in die Forschungswerkstatt im Weidendom. Dieses faszinierende Bauwerk an der Enns hat Wurzeln geschlagen und Blätter getrieben, denn es besteht aus lebenden Weidenruten. Seine Kuppeln bilden einen ungewöhnlichen Rahmen für die atemberaubend schöne Berglandschaft ringsum.

GSTATTERBODEN

31

Ins Haindlkar
Alpingeschichte unter dem Felszirkus

Ausgangspunkt: Parkplatz und Bushaltestelle Haindlkar, 603 m, an der Gesäuse-Bundesstraße zwischen Gstatterboden und Gasthof Bachbrücke. Rückfahrt von dort per Bus (Xeismobil), Tel. ++43(0)3613/2406 oder 4170, www.xeismobil.at

Charakter: landschaftlich besonders beeindruckende Hüttenwanderung in hochalpiner Umgebung. Der Rundweg über die Gsengscharte ist schwieriger („rot") und erfordert Trittsicherheit. Bitte unbedingt beim Hüttenwirt nachfragen, ob der Weg begehbar ist.

Gehzeit: zur Haindlkarhütte 1–1,5 h, Abstieg 45 Min. (Rundweg über die Gsengscharte und den Gasthof Bachbrücke 2,5 h).

Höhenunterschied: bis zur Hütte 500 m (über die Gsengscharte 120 m mehr).

Einkehr: Haindlkarhütte, eventuell Gasthof Bachbrücke (im Winter geschlossen).

Karte: KOMPASS Nr. 206.

Reise-Atlas: Seite 9.

Für Wanderer war im Haindlkar lange Zeit Endstation: Abgesehen vom Weg über die Gsengscharte ins Johnsbachtal gibt es hier kein Fortkommen, ohne Hand an den Fels zu legen. 1923 eröffnete die Wiener Alpenvereinssektion Reichenstein eine erste Hütte im Haindlkar, die jedoch sogleich einer Staublawine zum Opfer fiel. Doch schon im folgenden Sommer stand wieder eine Hütte unter einem großen Felsblock, der sie bis heute vor Lawinen schützt. Hier konnte man Inflation, Massenarbeitslosigkeit und Bürgerkrieg eine Zeitlang vergessen – nicht nur bei kühnen Klettertouren, die den Ruf der „Wiener Schule des Alpinismus" prägten, sondern auch mit Blödel-Olympiaden. Nach dem Zweiten Weltkrieg kamen die Bergsteiger wieder in größerer Anzahl, und so eröffnete man 1960 eine dritte, größere und modernere Hütte, die einige Gehminuten oberhalb der alten steht.

Aufstieg: Der Weg Nr. 658 schlängelt sich erst durch schütteren Wald, dann zwischen Schutt und Latschen gegen die riesige Nordwandflucht empor.

Abstieg auf der gleichen Route.

Variante: Von der Hütte ist die

INS HAINDLKAR

Auf dem Roßkuppengrat – hoch über dem Haindlkar

Gsengscharte durch einen schutterfüllten Graben rasch erreicht. Dahinter geht's sehr steil und stellenweise steinig abwärts; nach Unwettern ist der Steig oft beschädigt. Unten im Johnsbachtal folgt man dem Sagenweg nach rechts zum Gashof Bachbrücke hinaus. Dann heißt es auf der Bundesstraße 20 Min. zum Ausgangspunkt zurückmarschieren – oder man wendet sich an den Xeismobil-Rufbus.

Frauenschuh

Der Peternpfad

Von der Haindlkarhütte gelangt man in 5 h auf einem verborgenen Steig mitten durch die fast 1000 m hohen Felswände zur Hesshütte hinüber. Der Peternpfad erinnert an einen sagenhaften Wilderer, der diese unglaubliche Route entdeckt haben soll. Die Bezeichnung „Pfad" ist allerdings übertrieben: Einige Passagen erfordern die Beherrschung des 2. Kletter-Schwierigkeitsgrades – und einen festen Blick in die Tiefe.

Die Haindlkarhütte

GSTATTERBODEN

32

Tamischbachturm, 2035 m
Der Panoramaberg im Gesäuse

Ausgangspunkt: Gstatterboden, 577 m.
Charakter: beliebte und einfache Bergwanderung auf Forststraßen, Waldpfaden und gut markierten Bergsteigen.
Gehzeit: zur Ennstaler Hütte 3 h, auf den Gipfel weitere 1,5 h, Abstieg 3 h.
Höhenunterschied: 1450 m.
Einkehr: Ennstaler Hütte.
Karte: KOMPASS Nr. 206.
Reise-Atlas: Seite 9.

„Tamisch" heißt auf gut Steirisch so viel wie verrückt oder auch wild. Und das soll jener Berg sein, der „die bequemste Bergfahrt im Gesäuse" (Heinrich Hess) bietet? Der Begriff bezieht sich auf den Tamischbach, der unter der fast 1000 m hohen Nordwand entspringt und nach Unwettern durchaus unberechenbar wird. Die wirkliche Gefahr droht aber auf der anderen Seite, gegen Hieflau hin. Pfeilgerade zielen dort Kare und Steilrinnen zur Enns hinab – und mit dem ersten Schnee kommen die Lawinen. Die schlimmste Katastrophe ereignete sich am 8. Februar 1924, als der Bahnhof mit solcher Wucht verschüttet wurde, dass für vier Eisenbahner, zwei Fuhrleute und ein Pferdegespann jede Hilfe zu spät kam.

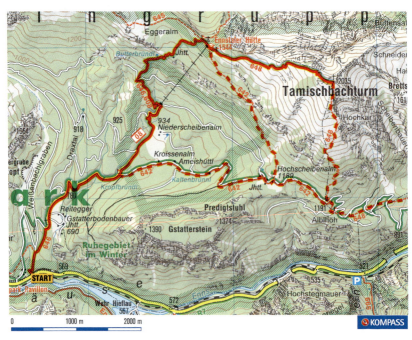

TAMISCHBACHTURM

Über der Ennstaler Hütte zeigt der Tamischbachturm seine weniger „tamische" Seite.

Davon wissen die wenigsten, die das berühmte Panorama vom Gipfel genießen – vom Böhmerwald bis zu den Julischen Alpen, vom Schneeberg bis zu den Tauern und zur Ennstaler Hütte, dem ältesten Schutzhaus im Gesäuse. 1885 hat Heinrich Hess seinen 9 x 7 m großen Urbau eröffnet. Sein Luxus bestand in einem Herd, Tischen und Bänken sowie zehn Schlafstellen – für Damen und Herren natürlich säuberlich getrennt.

Aufstieg: Der gut beschilderte Weg Nr. 646 beginnt unterhalb der Hubertuskapelle in Gstatterboden, führt durch das Weißenbachtal zur Wiese des einstigen Gstatterbodenbauern und peilt dann auf der Forststraße die Niederscheibenalm an. Im Anschluss geht's steil zum Butterbründl hinauf und kurz zur aussichtsreich gelegenen Ennstaler Hütte weiter, 1544 m.

Der Gipfelsteig Nr. 648 führt nach rechts und über die Waldgrenze hinaus. Er umgeht die kleine und die große „Schnecke" (zwei Felsformationen) und zieht über das Feldl zu den obersten Gipfelfelsen.

Abstieg auf der gleichen Route.

Variante: Wenn Sie den „Knieschnaggler" nicht fürchten, können Sie auch direkt über den steilen Südgrat hinabwandern. Von der Hochscheibenalm kommt man entweder links auf der Forststraße nach Hieflau oder rechts zur Niederscheibenalm zurück. Es gibt auch einen markierten Jagdsteig (Nr. 645 A) von der Ennstaler Hütte zur Hochscheibenalm.

Mountainbiketour Hochscheiben
Naturerlebnis auf zwei Rädern

Ausgangspunkt: Gstatterboden, 577 m.
Charakter: 15,7 km lange und recht sportliche Mountainbiketour auf beschilderten Forststraßen.
Fahrzeit: ca. 2,5 h.
Höhenunterschied: ca. 700 m; durchschnittliche Steigung 15 %, maximale Steigung 27 %.
Einkehr: in Hieflau.
Karte: KOMPASS Nr. 206.
Reise-Atlas: Seite 9.

Die Natur in all ihren Facetten zu erleben und sich viel Zeit für ihre Schönheit zu nehmen – das ist auch für die meisten Mountainbiker das oberste Ziel. Daher realisierte der Nationalpark Gesäuse auch gekennzeichnete Radwege und Mountainbikestrecken, etwa über die Hochscheibenalm und durch das Johnsbacher Almgebiet.

Die **Hochscheibentour** führt von Gstatterboden kurz Richtung Hieflau. Doch schon unter der Hubertuskapelle biegen wir links ab. Wir radeln auf den Stiglboden und in den breiten Weißenbachgraben hinein. Nach zwei scharfen Kehren gelangt man zum Reichenfelserkreuz und zum idyllisch gelegenen Gstatterbodenbauern. Nun steigt die Strecke etwas stärker an und führt am Kropfbründl vorbei. Bald darauf erreichen wir – nach einer Weggabelung – die bewirtschaftete Kroißenalm, wo es bodenständige Schmankerln zur Stärkung für das anschließende, etwas anspruchsvollere Teilstück gibt. In der Folge hat man beim Kalten Brünndl noch einmal Gelegenheit, den Durst zu stillen. Dann erreichen wir die Hochscheibenalm, 1189 m. Hier

Geschafft: Die Hochscheibenalm belohnt Biker mit einem tollen Buchsteinblick.

lässt sich bei einer Rast der herrliche Ausblick nach Süden genießen – zur Planspitze und zum Hochtor. Im Westen bildet der Große Buchstein mit seinem riesigen ostseitigen Kar, dem sogenannten Hinterwinkel, eine grandiose Kulisse.

Von der Hochscheibenalm geht's nun 1 km zum Kühmoarboden weiter. Auf 1191 m Seehöhe befindet sich hier der höchste Punkt der Bikestrecke. Die folgende Abfahrt zielt nach Hieflau. Dabei haben wir zweimal die Möglichkeit, an schönen Aussichtsplätzen anzuhalten, um die Sicht zum Lugauer und den Tiefblick nach Hieflau, aber auch das Panorama der fernen Eisenerzer Alpen und der Hochschwabgruppe zu genießen. Mit etwas Glück lassen sich im riesigen, südlich des Tamischbachturms gelegenen Scheibenbauernkar Gämsen bei ihren Kletterkünsten beobachten. Es geht weiter bergab – bis zu einem Parkplatz knapp vor Hieflau, der den östlichen Ausgangspunkt der Mountainbiketour Hochscheiben markiert.

Nicht weit davon entfernt, auf der sogenannten Lend, befindet sich das Hieflauer Köhlerzentrum, ein nach außen hin als Kohlenmeiler erscheinendes Bauwerk, in dem sich historisch Interessierte einige Jahrhunderte zurückversetzen lassen. Fast vergessene Tätigkeiten wie die schwere Holzarbeit, die gefährliche Holztrift, die Flößerei und die Köhlerei erscheinen vor unserem geistigen Auge, aber auch anderes Tagwerk von anno dazumal.

Um die Radrunde zu schließen, fahren wir auf der Bundesstraße Richtung Admont durchs Gesäuse und am Stausee vorbei. Nach 8 km sind wir wieder in Gstatterboden.

STEIERMARK

GSTATTERBODEN

34

Zum Buchsteinhaus, 1546 m
Mit jedem Schritt wird die Aussicht schöner

Ausgangspunkt: Gstatterboden, 577 m.
Charakter: beliebte und einfache Hüttenwanderung mit toller Aussicht; gut markierte Wege und Steige.
Gehzeit: Aufstieg 2,5 h, Abstieg 1,5 h.
Höhenunterschied: 1000 m.
Einkehr: Buchsteinhaus.
Karte: KOMPASS Nr. 69, 206.
Reise-Atlas: Seite 9.

Der Große Buchstein ist eine solitäre Erscheinung im Bereich der Ennstaler Alpen – er trägt nämlich als einziger Berg ein kleines, vollständig verkarstetes und sanft nach Nordosten geneigtes Gipfelplateau. Ansonsten ist er, wie es sich im Gesäuse eben gehört, allseits mit wilden Felsabstürzen gewappnet.

Um den Bergsteigern die Mühen der strammen Buchstein-Touren zu lindern und ihnen bei Wettersturz ein Dach über dem Kopf zu bieten, bemühte sich die Wiener Alpine Gesellschaft „Krummholz" schon 1909 um die Bewilligung für einen Schutzhüttenbau am Brucksattel. Das Vorhaben gelang dann den Naturfreunden – zwar erst 1924, dafür aber weiter oben am Krautgartl,

ZUM BUCHSTEINHAUS

schon knapp unterhalb der Felsen und mit einer spektakulären Prachtsicht zu den gegenüber aufragenden Hochtor-Wänden. Bis heute bietet das Haus beste Versorgung, echte Hüttenromantik – und eine der aussichtsreichsten Klosettanlagen der Alpen.

Der Große Buchstein – und rechts sein spitzer „kleiner Bruder"

Aufstieg: Der Startpunkt bei der Ennsbrücke am westlichen Ortsrand von Gstatterboden ist durch eine große Tafel gekennzeichnet. Man folgt ein Stück dem Naturerlebnisweg Rauchboden, zweigt dann rechts ab und steigt auf dem schönen Weg durch die Waldhänge und über den felsgesäumten Kühgraben, der bei Unwettern ziemlich ungemütlich werden kann, zum Brucksattel an. Dort auf der Forststraße nach rechts, dann zweigt der obere Teil des Hüttenweges ab. Wer seine 21 Kehren mit einem kräftigen Holzscheit unterm Arm geschafft hat, darf sich auf ein unvergleichliches Hüttenziel freuen. Mountainbiker haben hier – auch wenn es manche Führer anregen – nichts verloren!

Abstieg auf der gleichen Route.

Variante: Der weitere Aufstieg auf den Großen Buchstein ist eine anspruchsvolle und daher „schwarze" Bergtour. Man folgt dem gut angelegten Steig Nr. 641 durch steiles Latschengelände auf die felsige Schulter unter dem Buchstein-Westgrat. Von dort geht's links am Fuße der Westabstürze weiter – durch sehr steiles Schrofen- und Schuttgelände, das einen sauberen Tritt erfordert. Unterhalb der Admonter Frauenmauer erreicht man den von St. Gallen heraufziehenden Steig Nr. 644, dem man rechts über steile Felsstufen zum weiten Gipfelplateau hinauffolgt (Steinschlaggefahr). Rechts zum nahen Gipfelkreuz, 2224 m. Klettergewandte Bergsteiger wählen vielleicht den ebenfalls markierten, aber sehr steilen und nur stellenweise gesicherten Wengerweg (Kletterschwierigkeit 2) als direkten Gipfelzustieg.

Der **Abstieg** erfolgt am besten auf dem Normalweg.

Buchstein-Klettersteig

Der technisch nur mäßig schwierige und gut gesicherte Klettersteig über das luftige Südwandband des Großen Buchsteins ist einer der schönsten „Eisenwege" über dem Gesäuse. Diese an Wochenenden stark frequentierte Route zweigt unter dem Westgrat rechts ab und endet mit einer ungesicherten Passage unter dem Türnitzkreuz östlich des Gipfels.

Info: www.xeis.at

STEIERMARK

JOHNSBACH

35

Der Johnsbacher Sagenweg
Eine Zeitreise unter den Gesäusegipfeln

Ausgangspunkt: Gasthof Bachbrücke zwischen Admont und Gstatterboden, 590 m.
Charakter: einfache und reizvolle Talwanderung auf guten Wegen. Rückfahrt per Bus (Xeismobil), Tel. ++43(0)3613/2406 oder 4170, www.xeismobil.at

Gehzeit: 1–1,5 h (Rückweg 1 h).
Höhenunterschied: 170 m.
Einkehr: Gasthöfe in Johnsbach, Gasthof Bachbrücke (im Winter geschlossen).
Karte: KOMPASS Nr. 69, 206.
Reise-Atlas: Seite 9.

„Ich habe nirgends die schreckliche Zerstörung, das gräßliche Umherliegen der Felsentrümmer, die zackigen, ausgewaschenen, nackten und starrenden Felsengipfel, die Pyramiden und Säulen und Schäfte, die zertrümmerten Trophäen und Statuen der Natur gesehen, wie ich sie in diesem Thale sah ..." Als der Schriftsteller Franz Sartori anno 1811 seine „Neueste Reise durch Österreich, Salzburg, Berchtesgaden, Kärnthen und Steyermark" unternahm und dabei auch ins Johnsbachtal wanderte, empfand man das Gebirge noch als Bedrohung. Eine Generation später, bei Peter Rosegger, klingt die Beschreibung des südlichen Gesäuse-Seitentals schon ganz anders: „Diesen Weg empfänglichen Gemütes in der Abendkühle oder in der Morgenfrische zu wandeln gehört zu den höchsten und reinsten Genüssen – unstreitig." Der Zauber der Kontraste prägt das Johnsbachtal bis heute. Im gut 5,5 km langen Durchbruch zwischen dem Admonter Reichenstein und dem Ödstein erwarten Sie bizarre und sa-

Wilde Gesäusewelt: Auf dem Johnsbacher Sagenweg wandert man durch eine schroffe Felsszenerie.

genumwobene Dolomittürme. Freuen Sie sich also auf Begegnungen mit einem steinernen Schulmeister, dem buckligen Schneider und einer felskantigen Sennerin.

Der Johnsbacher Sagenweg beginnt bei der Abzweigung der Straße ins Johnsbachtal und führt unter dem „Hellichten Stein" (Echostein) zur Einmündung des Gsenggrabens. Auf Tafeln erfahren Sie die Sagen, die sich um die seltsamen Steinfiguren hoch über der Route ranken. Kurz auf der Straße über die Brücke, dann geht's zwischen der Fahrbahn und dem Bach taleinwärts. Unter wilden Felsformationen gelangt man zu einem kurzen Straßentunnel. Dahinter überquert man eine weitere Brücke – dann ist man beim Donnerwirt in Johnsbach angelangt. Der Nationalpark Gesäuse wird den Sagenweg in den nächsten Jahren mit Erlebnisstationen zu den Themen Geologie und Sagenwelt erweitern.

Zurück auf der gleichen Route oder per Bus.
Variante: Es lohnt sich auch die Verlängerung der Wanderung, und zwar auf dem erst ansteigenden, dann aber flach über den oberen Talboden dahinführenden Schattseitenweg bis zum traditionsreichen Gasthof Kölblwirt; unterwegs verleitet ein kurzer Abstecher zum Kneippen im klaren Gebirgswasser.

Johnsbach

Das kleine Gesäusedorf zwischen dem Ödstein, dem Admonter Reichenstein und den Eisenerzer Alpen besaß schon im Jahre 1310 eine Kirche. Auf dem Friedhof rund um das schlichte Gotteshaus fanden auch viele Bergsteiger, die auf den Gesäusebergen umgekommen waren, ihre letzte Ruhestätte. Ein stimmungsvoller Bibelweg mit meditativen Texten führt von dort auf die Pfarrmauer (hin und retour 1 h).
Info: www.johnsbach.at

JOHNSBACH

36

Zur Mödlinger Hütte
Im Banne des Reichensteins

Ausgangspunkt: Johnsbach, Gasthof Donnerwirt, 753 m.
Charakter: beliebte und einfache Hüttenwanderung auf Waldpfaden, Almwegen und Forststraßen.
Gehzeit: zur Mödlinger Hütte 2 h (Abstecher zum Heldenkreuz und zurück 1,5–2 h), auf den Spielkogel 1 h, Abstieg jeweils 2 h (Variante: von der Mödlinger Hütte über den Anhartskogel und durch den Sebringgraben nach Johnsbach 4 h).
Höhenunterschied: bis zur Hütte 770 m (Variante insgesamt 1200 m).
Einkehr: Mödlinger Hütte.
Karte: KOMPASS Nr. 69, 206.
Reise-Atlas: Seite 9.

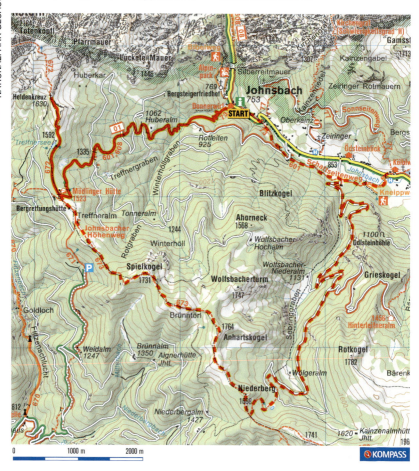

Der Admonter Reichenstein im Reich der Mödlinger Hütte (links dahinter das Sparafeld)

In alten Sagen, die sich um den „reichen Stein" zwischen Admont und Johnsbach ranken, geht's immer wieder um Goldbründln und Schatzhöhlen. Selbst Heinrich Hess, der Alpin-Erschließer der Gesäuseberge, berichtete von Steig- und Leiterresten in der Südflanke des Reichensteins, mit deren Hilfe ein „Walscher" Gold gesucht haben soll. Eines Tages, so heißt es, sei er zur Sennerin auf der Treffneralm gekommen und hätte ihr seine Fundstelle zeigen wollen. Die Maid war jedoch gerade mit dem Kühemelken beschäftigt, so dass die Pretiosen bis heute auf ihre Entdeckung warten.

Glänzende Augen bekommen die Bergsteiger bis heute beim Anblick des Reichensteins. Besonders schön zeigt er sich über dem Almrücken zwischen Johnsbach und dem Paltental. Seit 1914 steht dort die Mödlinger Hütte.

Aufstieg: Der Weg zu diesem gemütlichen Schutzhaus – ein Teil der Weitwanderwege 01 und 08 – beginnt beim traditionsreichen Donnerwirt in Johnsbach und führt über die einstige Huberalm hinauf. Nördlich der Hütte empfehlen sich der winzige Treffnersee, die unheimlichen Erdlöcher im ausgelaugten Gipsuntergrund des Bürgls und das zum Andenken an die gefallenen Mitglieder der Mödlinger Alpenvereinssektion errichtete Heldenkreuz für einen kurzen Abstecher.

Abstieg auf der gleichen Route.

Variante: Der „Johnsbacher Höhenweg" führt über den südlich aufragenden Spielkogel, 1731 m, den Anhartskogel, 1764 m, und den Niederberg, 1688 m – eine herrliche Panoramaroute! Im Sattel vor dem Blasseneck links abzweigen und auf einem markierten Steig über die Wölgeralm in den Sebringgraben hinab. Auf der Forststraße ins Johnsbachtal, durch das man links auf dem Schattseitenweg zum Ausgangspunkt zurückkehrt.

JOHNSBACH

37

Der Johnsbacher Almweg
Auf den Spuren der ersten Siedler

Ausgangspunkt: Johnsbach, Gasthof Kölblwirt im hinteren Talbereich, 860 m.
Charakter: einfache Alm- und Waldwanderung auf Forststraßen und Pfaden.
Gehzeit: ca. 4 h.
Höhenunterschied: je nach Wegwahl zwischen 500 m und 600 m.
Einkehr: Gasthof Kölblwirt, Kölblalm, Ebneralm.
Karte: KOMPASS Nr. 69, 206.
Reise-Atlas: Seite 9.

Die ersten Johnsbacher dürften aus der Radmer oder vom Paltental über die grünen Höhen der Eisenerzer Alpen gekommen sein. Ausgrabungen belegen, dass im hinteren Johnsbachtal schon in der Bronzezeit nach Kupfererzen gegraben wurde. Das Stift Admont intensivierte den Abbau von Blei, Silber, Kupfer, Kobalt und Quecksilber, der im 16. Jahrhundert seine größte Blütezeit erlebte. Damals zählte Johnsbach 1200 Einwohner – heute sind es rund 200. Erinnerung an die alten Zeiten rufen auch die Johnsbacher Almen hervor. Da und dort verbringt das Vieh noch den Sommer auf den Bergweiden im Osten des Tals. Dort, am Fuße der einsamen Jahrlingmauern, findet man kleine Paradiese im Wald. Und dank der traditionellen Bewirtschaftung sind dort noch heute manche Natur-Kostbarkeiten zu entdecken.

Aufstieg: Vom Kölblwirt wandern wir zunächst auf der kaum befahrenen Asphaltstraße taleinwärts – man könnte auch noch ein Stück mit dem Auto fahren, zur Einstimmung ist das „Warmlaufen" im ro-

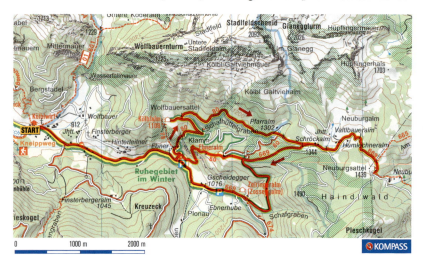

DER JOHNSBACHER ALMWEG

Aus dem Flugzeugfenster zeigen sich die Johnsbacher Almen als grüner „Fleckerlteppich".

mantischen Waldtal aber lohnender. Nach 2 km (kleiner Parkplatz) zweigen wir links ab und gehen zum Bauernhof Ebner hinauf. Nach dem Haus des Wurzelschnitzers betreten wir eine enge Felsklamm mit zwei Tunnels. Bei der folgenden Abzweigung links weiter; bald darauf lohnt sich der kurze Abstecher nach links zur 900 Jahre alten Hütte der Kölblalm. Unsere Route folgt jedoch rechts der Forststraße, die hoch über dem Schafhüttelgraben und unter einem Wasserfall vorbei zur Pfarralm emporzieht. Von der benachbarten Schröckalm kann man weiter durch das Johnsbacher Almrevier bis zum Neuburgsattel hinaufwandern – dort tut sich ein Blick über das Radmertal auf.

Abstieg zurück zur Schröckalm, wo links – nach Südwesten – ein markierter Waldweg zur Ebneralm abzweigt. Dieser teilt sich am Waldrand oberhalb der Almhütte. Geradeaus erreicht man die gemütliche Einkehrstation, von der man dann wahlweise auf einer kurvenreichen Forststraße oder dem alten Almweg durch eine steile Felsflanke zum Ebnerhof absteigen kann. Eine dritte Möglichkeit bietet der Karrenweg, der oben am Waldrand abzweigt und im Bogen oberhalb der Zeiringeralm (Zosseggalm) zum Gscheidegger, dem höchstgelegenen Hof im hintersten Johnsbachtal, hinabzieht.

JOHNSBACH

38

Hesshütte – Zinödl, 2191 m
Das Herzstück der Gesäuseberge

Ausgangspunkt: Johnsbach, Gasthof Kölblwirt im hinteren Talbereich, 860 m.
Charakter: lange Bergwanderung auf guten, aber stellenweise steilen und felsigen Steigen; im Gipfelbereich ist Trittsicherheit erforderlich. Wer die Variante durch das Sulzkar ins Auge fasst, sollte von der Hartelsgrabenmündung per Bus (Xeismobil) zurückfahren, Tel. ++43(0)3613/2406 oder 4170, www.xeismobil.at
Gehzeit: zur Hesshütte 3 h, auf den Hochzinödl 1,5 h, Abstieg nach Johnsbach 3,5 h (Variante: von der Hesshütte durch den Hartelsgraben nach Hieflau 4–4,5 h).
Höhenunterschied: 1350 m.
Einkehr: Gasthof Kölblwirt, Hesshütte.
Karte: KOMPASS Nr. 69, 206.
Reise-Atlas: Seite 9.

flächen im Gipfelbereich deuten darauf hin, dass hier – mehr als 2100 m über dem Meer – vermutlich schon die Illyrer Kupfer verhüttet haben. Das gastliche Etappenziel am Fuße des Zinödls erinnert an den Wiener Fabrikanten Heinrich Hess, der im 19. Jahrhundert die alpine Erschließung der Gesäuseberge einleitete.

Die Tour von Johnsbach auf den Hochzinödl gehört zu den „Klassikern" im Gesäuse. Der seltsame Name des Berges kommt aus dem Slawischen („senedul") und bedeutet so viel wie „Heugrund". Brach-

NATIONALPARK GESÄUSE

106

HESSHÜTTE – ZINÖDL

Zinödl und Sulzkarhund

Zur Hesshütte: Der breite Wanderweg Nr. 601 führt am Wolfbauer-Wasserfall vorbei, überspringt unter der wilden Felskulisse des Ödsteins und des Festkogels einige Steilstufen und bietet dazwischen Almböden zum Verschnaufen – zuletzt auf der Stadlalm. Dort ist das stattlich ausgebaute Hüttenziel schon in Sicht, ebenso wie sein „Hausberg", der dem Hochtor östlich gegenübersteht.

Der **Aufstieg zum Zinödl** erfolgt auf dem rechts abzweigenden Steig Nr. 662, der durch die immer steilere Latschen-, Gras- und Schrofenflanke auf den Grat und links zum Gipfelkreuz führt. Die Aussicht ist einzigartig – hinüber zur schroffen Felsarena um das Hochtor, südwärts zu den einsamen Jahrlingmauern und nicht zuletzt in die Tiefe zum winzigen Sulzkarsee.

Abstieg auf der gleichen Route. Länger, aber schöner ist es, dem Pfad Nr. 662 über die nordwärts abfallende Hochfläche des Zinödls zum Aussichtspunkt der „Gass" zu folgen. Direkt über der Gesäuseschlucht schwenkt man dort scharf nach links, um quer durch steile Latschenhänge wieder zur Hesshütte zurückzukehren.

Variante: Wer auch den Sulzkarsee besichtigen möchte, muss bei der Abzweigung südlich der Hesshütte links einschwenken und zum 1822 m hoch gelegenen Sattel neben der sagenumwobenen Felsformation des Sulzkarhundes hinaufsteigen. Jenseits geht's ins Sulzkar hinab – das kleine Wasserauge liegt rechts etwas versteckt im Wald. Von der Sulzkaralm auf der Forststraße in den wildromantischen Hartelsgraben, durch den man links ins Ennstal hinauswandert.

STEIERMARK

ADMONT
39

Kalbling, 2196 m
Das Felshorn über der Kaiserau

Ausgangspunkt: Kaiserau südlich von Admont, 1094 m, Mautstelle. Zufahrt am besten mit Xeismobil, Tel. ++43(0)3613/2406 oder 4170, www.xeismobil.at
Charakter: abwechslungsreiche Bergtour auf guten Steigen; kurze ausgesetzte Passagen im Gipfelbereich erfordern Trittsicherheit und Schwindelfreiheit.
Gehzeit: zur Oberst-Klinke-Hütte 1,5 h, auf den Kalbling 2 h, Abstieg 2,5 h (Variante: Übergang zum Sparafeld oder zur Riffel jeweils 30 Min.).
Höhenunterschied: 1200 m (bzw. 1300 m).
Einkehr: Oberst-Klinke-Hütte.
Karte: KOMPASS Nr. 69, 206.
Reise-Atlas: Seite 9.

Ganz im Westen, hoch über dem 1000-jährigen Benediktinerstift Admont, zeigen sich die Gesäuseberge noch einmal in ihrer ganzen Pracht.

Über dem Hochtal der Kaiserau reckt sich der Kalbling in die Höhe – ein begehrter Kletterberg, der aber auch für trittsichere Bergwanderer einen Durchstieg bereithält. „Calbingalb" nennt ihn eine Urkunde aus dem Jahre 1131 – das hat nichts mit dem Rindernachwuchs zu tun, sondern deutet auf eine „kalwe", auf eine kahle Stelle, hin. Seit dem Beginn des 19. Jahrhunderts wagten sich auch Admonter Mönche mit Nagelschuhen, Botanisiertrommel und unhandlichen physikalischen Messgeräten auf seine Spitze. So stieg etwa Albert Muchar am 2. August 1814 mit Gefährten auf den „Großkalbling", um Vermessungen durchzuführen.
Aufstieg: Wir tun es ihm gleich und starten schon in der Kaiserau. Die

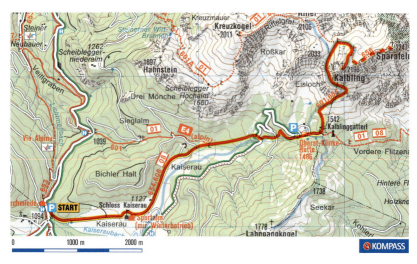

Die Reichensteingruppe über dem nebelgefütterten Ennstal, gesehen vom Buchstein-Anstiegsweg

Mautstraße zur Oberst-Klinke-Hütte spart motorisierten Wanderern zwar fast die halbe Gehzeit, man würde aber dafür auf das beschauliche Herangehen an diesen wunderschönen Berg verzichten. Vom groß ausgebauten Schutzhaus wandern wir ins nahe Kalblinggatterl. Dort zweigt der Gipfelsteig Nr. 655 links ab und führt über Latschen- und Schutthänge an die Südwand heran. Auf einer schmalen Terrasse geht's um den Felsaufbau herum ins Gruberach, eine Mulde. Will man auf den Kalbling-Gipfel, biegt man bald rechts ab.

Der **Abstieg** erfolgt auf der Anstiegsroute.

Variante: Geht man von der Abzweigung oberhalb des Gruberach geradeaus weiter, kommt man aufs nahe, 2247 m hohe Sparafeld, dessen felsdurchsetzte Gipfelflanke sich tatsächlich „spör" (mittelhochdeutsch für rau oder trocken) zeigt. Von dort zeigt sich der benachbarte Reichenstein von seiner wildesten Seite. Auch die Riffel kann man „mitnehmen", indem man vom Gruberach kurz nach links ansteigt.

Stift Admont

„In Adamundi Valle" – im Ennstal westlich der Gesäuseberge – wurde im Jahre 1074 ein Kloster geweiht. Daraus entwickelte sich das Stift Admont, das heute zu den größten Wirtschaftsbetrieben der Steiermark zählt. Dazu kommen vielfältige geistliche und kulturelle Aufgaben der Patres. Als besondere Schätze birgt das Stift die größte Klosterbibliothek der Welt, die in barocker Pracht erstrahlt, und das kontrastreichste Privatmuseum Österreichs.
Info: www.stiftadmont.at

WENG

40

Grabnerstein, 1847 m
Blumenwunder am Rande des Nationalparks

Ausgangspunkt: Buchauer Sattel, 861 m, nördlich über Weng. Zufahrt auch mit Xeismobil, Tel. ++43(0)3613/2801 oder ++43(0)3632/7710, www.xeismobil.at
Charakter: schöne Bergwanderung auf Fahrwegen und Steigen. Die Variante über das Admonter Haus ist eine „schwarze" Tour (gesicherter Klettersteig).
Gehzeit: zur Grabneralm 1,5 h, auf den Grabnerstein 1,5 h, Abstieg 2,5 h (Grabneralm – Admonter Haus 1,5 h, Klettersteig auf den Grabnerstein 1 h).
Höhenunterschied: 950 m.
Einkehr: Grabneralm, Admonter Haus.
Karte: KOMPASS Nr. 69, 206.
Reise-Atlas: Seite 9.

Der Grabnerstein, der felsige östliche Ausläufer der Haller Mauern, gehört zwar nicht zum Nationalparkgebiet, bietet aber eine herrliche Aussicht dorthin. Und er gilt als der schönste Blumenberg der Steiermark. Am üppigsten blüht es auf seiner Gipfelwiese zwischen Mai und Mitte Juli; neben Massen von Almrausch findet man knapp unter seinem Gipfel sogar Narzissen. Die interessante Alm-Geschichte des Berges dokumentieren die Schautafeln des Almlehrpfades, der bei der Grabneralm beginnt.

Aufstieg: Von der Buchauer Straße gehen wir auf der alten Buchauer Straße nordwestwärts zum Schwarzbauer-Gehöft, dort rechts auf den Wanderweg Nr. 636 abbiegen und über die Wiese. Unter der Hochspannungsleitung durch und auf dem von links einmündenen Karrenweg durch den Waldhang empor, bis man eine Forststraße erreicht. Auf dieser links weiter, bei der folgenden Abzweigung links bleiben und bald auf einem Abkürzungsweg über den Katzengrabenkogel zur obersten Straßenteilung. Dort nach links und durch den erst bewaldeten, dann freien Hang über dem Waflinggraben zu den Grabneralmwiesen. Rechts zum nahen Grabneralmhaus hinauf, 1395 m.

Rechts abzweigen und auf einem alten Almweg durch schütteren

Der Grabnerstein aus der Vogelperspektive – links sanft abdachend, rechts felsig und schroff

Wald zum Kleinboden aufwärts. Zwischen Latschen über den Graben unter der markanten Jungfernscharte, auf die Kuppe des Zilmkogels und links durch das Bärenkar zu den oberen Wiesen der Grabnerstein-Südabdachung. In einer weiten Kehre zu einem verfallenen Stall und zum nahen Kreuz auf dem Grabnerstein-Gipfel. Im Zentrum des Panoramas steht natürlich der gegenüber aufragende Buchstein.
Abstieg auf der gleichen Route.
Variante: Von der Grabneralm zieht der Weg Nr. 636 durch Wiesen und Latschenhänge unter der schroffen Admonter Warte ins Grabnertörl hinauf. Dort steht das Admonter Haus, 1723 m. Nach dem kurzen, aber wegen der Aussicht sehr schönen Abstecher auf die Admonter Warte geht man auf dem beschilderten Jungfernsteig flach durch Gras und Schutt zu den Felsen des Grabnersteins. Über ausgesetzte, aber gesicherte Passagen neben der „Steinernen Jungfer" erreicht man den Gipfel. Abstieg auf dem Normalweg zur Grabneralm.

Die Haller Mauern

Der 16 km lange Gebirgskamm, der sich im Norden des Admonter Beckens erhebt, wurde nach dem Dorf Hall benannt – und trägt damit die Erinnerung an die Nutzung von Salzquellen. Markierte Steige führen nur auf seine westlichen und östlichen Eckpunkte wie den Großen Pyhrgas, 2244 m, den Scheiblingstein, 2197 m, oder den Hexenturm, 2172 m. Letzterer bietet mit dem gesicherten Hexensteig einen luftigen „Eisenweg", der in der Scharte hinter dem benachbarten Natterriegel beginnt (vom Admonter Haus 2,5 h, Abstieg 2 h). Das schroffe Herzstück der Haller Mauern ist „alpines Niemandsland", in dem die Natur sich selbst überlassen bleibt.
Info: www.xeis.at

Der Natterriegel

STEIERMARK

RADMER

Lugauer, 2218 m
Das „Matterhorn der Gesäuseberge"

Ausgangspunkt: Radmer an der Hasel, 896 m.
Charakter: anspruchsvolle Bergtour auf guten Wegen und stellenweise steilen und felsigen Steigen, die Trittsicherheit und Schwindelfreiheit erfordern. Wer die Überschreitung durchführt, fährt per Bus (Xeismobil) zurück, Tel. ++43(0)3637/212 oder ++43(0)676/5870031, www.xeismobil.at
Gehzeit: Aufstieg 3,5 h, Abstieg 2,5 h (Variante: über den Nordostgipfel nach Radmer an der Stube insgesamt 4 h).
Höhenunterschied: 1300 m (bzw. 1400 m).
Einkehr: unterwegs keine.
Karte: KOMPASS Nr. 69, 206.
Reise-Atlas: Seite 9.

Der südöstliche Eckpfeiler der Gesäuseberge trägt seinen seltsamen Namen zu Recht: Er „lugt aua", weil er all seine Vorberge weit überhöht.
Aufstieg: Wir gehen vom Gasthaus Zum Lugauer kurz taleinwärts, biegen beim Feuerwehrhaus vor dem Schloss Greifenberg rechts nach der Markierung Nr. 668 ab und folgen der Zufahrtsstraße zu einem Hof hinauf. Rechts auf dem Weg zwischen Zäunen über die Wiese zu ihrem oberen Rand, dort nochmals rechts abzweigen (nicht über die Brücke!) und in Kehren über einen Waldrücken aufwärts. Über die

Zweimal Lugauer: oben Radmer an der Stube, unten der Blick vom Südwestgipfel zum Hochtor

Schutthalde zu den Felsen unter dem G'spitzten Stein und auf einem schmalen, aber gesicherten Band nach links schräg durch die Wand. Zuletzt durch sehr steiles Wald- und Wiesengelände (Vorsicht bei einer Felsplatte!) in den Sattel, 1555 m, hinter dem sich das breite Haselkar öffnet. Rechts abzweigen und weiterhin mit der Nr. 668 durch Wald und Latschen auf die Lugauerplan. Dieser breite Wiesenhang wird nach oben hin immer steiler und schmaler. Ganz oben erreicht man einen felsigen Vorgipfel, von dem ein scharfer Grat zum nahen Kreuz auf dem Lugauer-Südwestgipfel, 2218 m, hinüberzieht.

Abstieg auf der gleichen Route.

Variante: Nach dem ausgesetzten, aber gesicherten Abstieg in die Lugauerscharte kann man auf der linken (westlichen) Seite des Verbindungsgrates zum Nordostgipfel, 2206 m, überwechseln. Auf dem Steig Nr. 667 durch die linke, sehr steile Felsflanke in die Latschenzone hinab und rechts zu einer Abzweigung vor dem Schoderkreuz. Rechts auf dem Steig Nr. 601 kurz zum Polster-Sattel, dahinter ins „Kammerl" hinunter und im Auf und Ab am Fuße des Lugauers dahin. Unter seiner Nordostkante steigt man durch Wald zum Sattel der Oberen Sulzbauernalm ab, überquert eine Forststraße und wandert weiter talwärts. Über der Pfarralm kürzt man die Kehre eines weiteren Forstweges ab und gelangt neben dem Sulzbach nach Radmer an der Hasel hinab, 729 m.

STEIERMARK

Nationalpark
Kalkalpen

Leben in der Wasserwildnis: Auch Feuersalamander (kleines Foto) finden in den Schluchten des Reichraminger Hintergebirges eine Heimat.

NATIONALPARK KALKALPEN

Wasser gibt's genug in den Tälern der Enns, der Steyr und im Garstnertal, und auch an schroffen Kalkfelsen herrscht kein Mangel: Die Voralpenlandschaft rund um den 20 km langen Kamm des Sengsengebirges und die Schluchten des Reichraminger Hintergebirges im Südosten Oberösterreichs zählt zu den Glanzstücken unseres Landes.

Leben in Wasser, Wald und Fels. Im 20.825 ha großen Nationalpark Kalkalpen regiert der Wald. In seinem Bereich findet man 30 verschiedene Waldgesellschaften – vom Auwald über Fichten-Tannen-Buchen-Mischwälder bis zur Krummholzregion. In ihrem Schutz gedeihen 1000 Arten von Blütenpflanzen, Moosen und Farnen, darunter Kostbarkeiten wie Pyramidenorchis, Frauenschuh, Knabenkraut, Steinröserl und Kugelblume, in der Felsregion auch Peterg'stamm, Enzian und Alpenrosen.

Diese Lebensräume geben wiederum 50 Säugetierarten, 80 Brutvogelarten und nicht weniger als 1600 verschiedenen Schmetterlingsarten eine Heimat. Schwarzstörche und Steinadler gleiten durch die Lüfte, der Auerhahn balzt im Frühjahr, Reh und Rothirsch sind hier zuhause. Sogar scheue Luchse und Braunbären streifen durch die wiederkehrende Wildnis.

Im Nationalpark Kalkalpen sprudeln mehr als 800 Quellen. Die zahlreichen, oft noch sehr naturnahen Bäche und Flüsse der Region bringen eine bunte Vielfalt an Insekten, Lurchen, Fischen und Vögeln mit sich. Große und kleine Naturwunder stehen mit dem nassen Element in Verbindung: die kilometerlange Konglomeratschlucht der Steyr, die sich zwischen Frauenstein und Grünburg noch weit gehend naturbelassen zeigt, oder periodisch aktive Karstquellen wie die „Teufelskirche", die in der Nähe von St. Pankraz unter einer frei stehenden Felsbrücke entspringt. Eines der schönsten „Wasserwunder" bildet die Schluchtenwelt im Reichraminger Hintergebirge. Ihr Herzstück ist die Große Schlucht. Hier hat sich ein gemütlich dahinmäandrierender Bach zunächst in weichere Bodenschichten eingegraben; als er härteres Gestein erreichte, musste er die einmal gewählte Bahn beibehalten.

Schützen & nützen. Viel Wasser trieb jahrhundertelang Räder für Hammerwerke, Mühlen und Schleifsteine an. Eisen, das vom Steirischen Erzberg kam, wurde hier zu Sensen, Messern und Waffen geschmiedet. An den stattlichen Hammerherrenhäusern lässt sich der einstige Wohlstand der Eisenverleger und Hammerherren noch heute ablesen. Damals ging man mit der Natur nicht immer schonend um, doch selbst in jüngster Vergangenheit wären ihr beinahe noch große Wunden zugefügt worden: Man plante hier Kanonen-Schießplätze und gewaltige Speicherkraftwerke. Engagierte Bürgerinnen und Bürger verhinderten dies.

Wasserwunder im Reichraminger Hintergebirge: auf dem Triftsteig durch die Große Schlucht

Naturerlebnis im Nationalpark.
Umso mehr bemüht man sich heute, die vielfältige Landschaft zwischen dem Gipfel des Hohen Nock (1963 m) und den beliebten Naturbadeplätzen am Reichramingbach auf naturschonende Weise zugänglich zu machen. Der reiche Naturraum und das vielfältige Kulturerbe wurden zu Grundlagen für eine nachhaltige Regionalentwicklung, die hier früher und intensiver einsetzte als anderswo.

Heute sind die drei Besucherzentren des Nationalparks die ersten Anlaufstellen für alle Freizeitaktivitäten – ob alleine oder in Gruppen, bei Sonne, Regen oder Schnee, per pedes, mit dem Rad oder zu Pferd. Man erhält dort Informationen über geführte Touren, Wander- und Bikerouten, Themenwege, Hütten und Unterkunftsmöglichkeiten – und natürlich über das Nationalpark-Hotel Villa Sonnwend bei Windischgarsten, ein Jugendstil-Juwel am Rande des Nationalparks.

Nationalpark Kalkalpen

Nationalpark Zentrum Molln
4591 Molln, Nationalpark Allee 1,
Tel. ++43(0)7584/3651,
www.kalkalpen.at
Ausstellung über geheimnisvolle und verborgene Wasser, Experimentierstationen, Tondiaschau und Geländereliefs.

Nationalpark Panoramaturm
4560 Windischgarsten, auf dem Wurbauerkogel, Tel. ++43(0)7562/20592-20,
www.wurbauerkogel.at
Ausstellung über die außergewöhnliche Tier- und Pflanzenwelt oberhalb der Waldgrenze, 360°-Panoramablick auf die Bergwelt der Nationalparkregion.

Nationalpark Besucherzentrum Ennstal
4462 Reichraming, Arzberg 3 (Kraftwerk Großraming), Tel. ++43(0)7254/8414-0,
www.kalkalpen.at
Ausstellung über die Waldwildnis des Nationalparks, Ausgangspunkt für Radtouren ins Ennstal und ins Hintergebirge.

REICHRAMING

42

Ins Reichraminger Hintergebirge
Radeln, Baden, Klettersteig-Feeling

Ausgangspunkt: Reichraming, Bahnhof, 359 m. Gute Bahnverbindung ab Linz/Steyr.
Charakter: insgesamt ca. 36 km lange Radwanderung ohne große Steigungen (hin und retour 36 km) plus Begehung eines

Romantische Rast am Großen Bach

mäßig schwierigen Klettersteiges, der absolute Trittsicherheit und Schwindelfreiheit erfordert (Kinder und Ungeübte ans Seil).
Gehzeit: Triftsteig samt Rückweg 1,5–2 h.
Höhenunterschied: Radstrecke 160 m, Triftsteig ca. 100 m.
Einkehr: unterwegs keine; Gasthöfe in Reichraming.
Karte: KOMPASS Nr. 70.
Reise-Atlas: Seite 9.

Eine ungewöhnliche Tour in eine ungewöhnliche Landschaft: Den „klassischen" Weg ins Reichraminger Hintergebirge, der auf der Trasse (und durch viele Tunnels) einer 1971 eingestellten Waldbahn verläuft, bewältigt man am besten per Drahtesel. Am Wendepunkt beginnt ein Klettersteig auf den Spuren der Holzknechte – nicht hoch hinaus, sondern tief drunten in der Großen Schlucht. Wer dabei ins Schwitzen kommt: Der Reichramingbach bietet zahlreiche Tümpel zum Schwimmen und Plantschen!
Radtour: Wir radeln zunächst ins Ortszentrum von Reichraming (Nationalpark-Infostelle) und weiter dem Reichramingbach entlang – erst auf Asphalt und ab dem Anzenbachschranken (Infohütte), bei dem wir rechts abzweigen, auf Schotterbelag. Bei der nächsten Abzweigung rechts über den Pleißabach. Nach 14 km durch die Engstelle der „Großen Klause" (zwei Tunnels). Nach weiteren 4 km – beim Rastplatz am Annerlsteg – parken und versperren wir die Drahtrösser.
Der Triftsteig: Hier beginnt der historische, als Klettersteig gesicherte Triftsteig, der durch die eindrucksvolle, 3 km lange Große Schlucht führt. Meist quert man die Felsflanken nur ein paar Meter über dem Bach, bis man das Herzstück des Nationalparks bei einer Brücke verlässt. Nach dem kurzen Abstecher links zum Schleierfall wandern wir auf der Forststraße zurück – über den Bach und durch einen Tunnel, dann rechts abzweigen und durch drei weitere, bis zu 300 m lange Tunnelröhren bis zum Annerlsteg.
Rückfahrt auf der gleichen Strecke.

INS REICHRAMINGER HINTERGEBIRGE

GROSSRAMING – BRUNNBACH

43

Zur Anlaufalm, 982 m
Die kleine und die große Hintergebirgsrunde

Ausgangspunkt: Brunnbach südwestlich von Großraming, 522 m. Zufahrt durch den Lumplgraben.
Charakter: Die kleine Hintergebirgsrunde verläuft auf Forststraßen und einfachen Pfaden im Tal- und Almbereich. Die große Hintergebirgsrunde ist eine „schwarze" Tour, die mit der Begehung des Triftstegs (Klettersteig) kombiniert werden kann.

Ausgesetzte und gesicherte Passagen (Triftsteig, Hochschlacht) erfordern Trittsicherheit und Schwindelfreiheit.
Gehzeit: kurze Tour 4–5 h, lange Tour 6–8 h.
Höhenunterschied: kurze Tour 500 m, lange Tour 1000 m.
Einkehr: Anlaufalm.
Karte: KOMPASS Nr. 70.
Reise-Atlas: Seite 9.

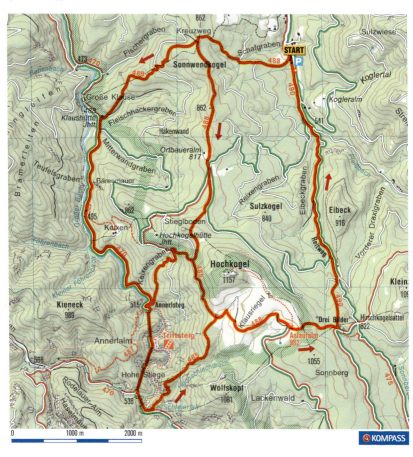

Wer nicht „klettersteigeln" will, kann auch im Wasser wandern: die Große Schlucht im Hintergebirge

Die vielleicht schönste Tagestour durch das Hintergebirge erschließt den zentralen Bereich dieses riesigen Waldgebiets. Zielpunkt ist in jedem Fall die im Sommer bewirtschaftete Anlaufalm (eigentlich Anlaufbodenalm) der Weidegenossenschaft Großraming. Sie entstand 1936 auf einer Windwurffläche unter dem Hochkogel.

Die kleine Hintergebirgsrunde: Vom Parkplatz am Ende der öffent-lich befahrbaren Straße im Brunnbachtal wandern wir auf dem Weg Nr. 488 – eine Forststraße kurz berührend – zum Kreuzweg-Sattel hinauf. Links abzweigen und auf dem Wanderweg Nr. 488 über einen Waldrücken nach Süden zur Wiese der Ortbaueralm. Auf der linken Forststraße ansteigen, kurz darauf rechts abbiegen und auf dem Steig über einen Sattel zu einer weiteren Straße, der man bis zu ihrem Ende folgt. Links hinauf, quer durch den steilen Westhang des Hochkogels zum Almboden und über diesen zur Anlaufalm. Nun gehen wir auf dem Weg Nr. 490 über eine bewaldete Anhöhe zu den „Drei Bildern". Dort links abbiegen und zur Forststraße, die neben dem Eibeckgraben steil nach Brunnbach hinabzieht. Unten auf der ebenen Asphaltstraße zum Startpunkt zurück.

Die große Hintergebirgsrunde führt vom Kreuzweg geradeaus nach der Markierung 489 auf einem Waldrücken westwärts zur Großen Klause hinunter (rechts kurzer Abstecher zur Klaushütte und durch einen Tunnel in die felsige Engstelle). Unser weiterer Weg folgt dagegen links der flachen Forststraße neben dem Großen Bach taleinwärts. Beim Annerlsteg ist die nächste Entscheidung fällig: Links führt ein steiler Pfad neben dem Keixengraben zur Anlaufalm hinauf. Geradeaus geht's dagegen durch drei lange Tunnels neben der Großen Schlucht zum Haselbach. Dort links und durch einen weiteren Tunnel zum Schleierfall. Spannender ist natürlich der mit Stahlseilen und Trittklammern gesicherte Triftsteig (siehe Tour 42), der kurz vor dem Schleierfall in die Straße mündet. Dort zeigt der Wegweiser „Anlaufalm – nur für Geübte" nach links. Wir steigen auf dem steilen, stellenweise felsigen und gesicherten Hochschlachtsteig auf eine Anhöhe, dann geht's über den Grat zwischen den Katarakten des Hochschlachtbaches und der Großen Schlucht (herrlicher Tiefblick) zum Weideboden der Anlaufalm hinauf. Auf dem beschriebenen Weg nach Brunnbach zurück.

OBERÖSTERREICH

GROSSRAMING – BRUNNBACH

Gamsstein, 1275 m
Im Reich der Gschwendtalm

Ausgangspunkt: Gschwendthöhe zwischen dem Lumplgraben und Brunnbach, 634 m. Zufahrt von Großraming.
Charakter: einfache Bergwanderung auf gut markierten Wegen bzw. einer Forststraße.
Gehzeit: zur Gschwendtalm 1,5 h, auf den Gamsstein 45 Min., Abstieg 1,5–2 h.
Höhenunterschied: 650 m.
Einkehr: Gschwendtalm.
Karte: KOMPASS Nr. 70.
Reise-Atlas: Seite 9.

Im Osten des Reichraminger Hintergebirges erheben sich die bis hoch hinauf bewaldeten Gipfel des Dürrensteigkammes. Almkogel und Bodenwies heißen seine beliebtesten Highlights, die zumeist vom Ennstal aus erstiegen werden. Der Gamsstein ist eine niedrigere Vorlagerung im Nordosten dieses Höhenzugs – klein, aber ganz besonders fein! Der Weg hinauf ist nicht schwer zu finden und auch für Kinder ein Erlebnis. Zur „Halbzeit" erwartet Sie eine gemütliche Almhütte und als Lohn für die Aufstiegsmühe winkt ein fantastisches Panorama von den Ennstaler Bergen über den Nationalpark Kalkalpen bis zu den Haller Mauern im Süden. Schon die Fahrt durch den Lumplgraben zum Startpunkt ist zauberhaft.

Aufstieg: Dann marschieren wir aus dem liebevoll gepflegten Bergbauernland um die Gschwendthöhe los, wobei es für die erste Etappe zwei Möglichkeiten gibt: den asphaltierten Güterweg, der nordwärts zum Langerhäusl führt und dann in eine Forststraße übergeht, oder den schmaleren, aber gut beschilderten und markierten Almweg, der um das Sandeck herum zur 954 m hoch gelegenen Alm hinaufzieht. Dort oben liegt Ihnen schon ein guter Teil des Reichraminger Hintergebirges zu Füßen. Nach einer zünftigen Einkehr – die Alm gehört zu den ursprünglichsten in Oberösterreich – nehmen wir den zweiten Teil des Weges unter die Wanderschuhe: Es geht zunächst über die steile Wiese hinter der Hütte bergauf, dann im Wald an einer Quelle vorbei und zuletzt

Die Gschwendtalm am Abend – mit Blick zum Größtenberg im Herzen des Hintergebirges

über eine steile Grasschneide auf den Gipfelgrat und zum Kreuz auf dem höchsten Punkt.
Abstieg auf der gleichen Route.

Variante: Vom Grat weist ein Schild auf den abzweigenden Weg zur Ennser Hütte und auf den Almkogel (siehe Tour 45).

GROSSRAMING

45

Almkogel, 1513 m
Die Schauwarte am Rande des Nationalparks

Ausgangspunkt: Parkplatz am Beginn der Forststraße nach dem Haus Bamacher in Oberpleißa, 759 m. Zufahrt von Großraming über die Ennsbrücke und der Beschilderung „Almkogel" oder „Ennser Hütte" folgen (6 km).
Charakter: beliebte Bergwanderung auf guten Wegen und Pfaden.
Gehzeit: auf den Almkogel 2,5 h, zum Burgspitz 45 Min., Abstieg 1,5 h (vom Bahnhof Großraming bis Bamacher ca. 1 h).
Höhenunterschied: 750 m.
Einkehr: Ennser Hütte.
Karte: KOMPASS Nr. 70.
Reise-Atlas: Seite 9.

Ein sprechender Name: Einst trug der Almkogel wirklich Hochweiden, die längst aufgegeben und vom Wald zurückerobert wurden. Geblieben ist jedoch die herrliche Aussicht von seinem Gipfel: Nirgendwo kann man sich einen besseren Eindruck von der Landschaft des Hinter- und Sengsengebirges verschaffen. Der Almkogel überhöht das Gewirr der Täler und Schluchten beträchtlich.

Aufstieg: Wir wandern nach der Beschilderung „Ennser Hütte, Almkogel" vom Bamacher los, überqueren bald eine Forststraße und marschieren durch den Mischwald in einen Graben. Nochmals die Forststraße querend, gelangen wir zu einer Jagdhütte (hier zweigt rechts ein markierter Steig zur Gschwendtalm ab).

Wir folgen aber dem Weg zur 1293 m hoch gelegenen Ennser Hütte und auf den Kamm zwischen Brunnbacheck und Almkogel (hier findet man auch eine botanische Rarität, das unscheinbar rot blühende Heilglöckchen). Wir halten uns nun nach rechts (Süden) und steigen auf dem Rücken zum Gipfelkreuz des Almkogels an.

Abstieg auf der gleichen Route.
Variante: lohnender Abstecher über das Brunnbacheck zum Burgspitz (herrliche Sicht ins niederösterreichische Voralpengebiet).

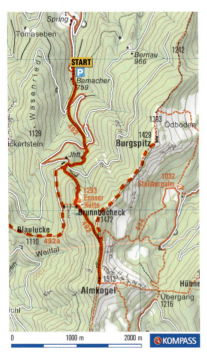

ALMKOGEL

Zauberhafter Almkogel: auf dem Weg zum Gipfel (oben) und die Ennser Hütte (unten)

KLEINREIFLING

46

Bodenwies, 1540 m
Eine Aussichtsloge über den Almen

Ausgangspunkt: Niglalm und Viehtaleralm, 823 m. Zufahrt von Kleinreifling.
Charakter: lange Rundwanderung über einen Bergkamm und auf Forststraßen; Vorsicht bei den schmalen und felsigen Stellen (nur bei trockenem Wetter losgehen).
Gehzeit: auf die Bodenwies 2–2,5 h, Abstieg zur Schüttbauernalm 1 h, zurück zum Ausgangspunkt 1,5–2 h.
Höhenunterschied: 800 m.
Einkehr: Viehtaleralm, Niglalm, Schüttbauernalm.
Karte: KOMPASS Nr. 70.
Reise-Atlas: Seite 9.

Die zwischen dem Reichraminger Hintergebirge und den Gesäusebergen aufragende Bodenwies zählt zu den exklusivsten Aussichtsbergen Oberösterreichs. Der kürzeste Zustieg führt von der Schüttbauernalm herauf – ich empfehle Ihnen jedoch die lange Überschreitung, die ein ganz besonderes Erlebnis ermöglicht: Der Anstieg auf dieser „Himmelsleiter" komplettiert den im Gipfelbereich durch einige Bäume verstellten Ausblick, ein paar Felsen erzeugen beim Abstieg wohliges Magenkribbeln und nach der gemütlichen Einkehr auf einer urigen Alm flaniert man durch ausgedehnte Wälder zum Startpunkt zurück.

Aufstieg: Wir wandern von der Liftstation nach der Markierung 495 neben der Skipiste zu einem flachen Sattel hinauf, folgen dann der Forststraße nach rechts und überqueren eine Kreuzung. Vorbei am Seekogel erreichen wir eine Abzweigung: rechts zur Jägeralm (Jagdhütte), dort links auf den beschilderten Wanderweg Nr. 496 abbiegen und

BODENWIES

– teils wieder auf der Forststraße – in den Sattel unter dem Dreispitz empor. Hier beginnt die Kammroute, die zum Ende einer Forststraße ansteigt (rechts zweigt hier der Pfad über den Dürrensteig-Kamm ab) und dann über die Aufschwünge der großteils bewaldeten Schneide emporzieht. Zuletzt über einen schütter bewaldeten Hang zum Gipfelkreuz der Bodenwies.
Abstieg: über den Kamm nach Süden – erst flach, dann steil. Einzelne Felstürme werden rechts umgangen, bis man das Sandgatterl erreicht. Hier scharf nach links und schräg durch die steile Waldflanke – zuletzt mehrmals die Forststraße querend – zur Hütte der Menaueralm. Rechts über den Almboden und einen flachen Sattel zur nahen Schüttbauernalm.

Wieder zurück zur Menaueralm, gleich danach jedoch rechts abbiegen und auf der Forststraße nach der Markierung 495 durch das sanft abfallende Waldgelände am Fuße der schroffen Bodenwies zur Viehtaleralm zurück.

Die Bodenwies zeigt Felszähne.

OBERÖSTERREICH

Der Borsee

Von den einst zahlreichen Klausen zum Transport geschlägerter Baumstämme besteht in Oberösterreich nur mehr eine einzige: die Schleifenbachklause zwischen Schönau an der Enns und der Bodenwies. Schon im 16. Jahrhundert baute man im engen Schleifengraben eine Stauanlage aus Lärchenholz, hinter der sich der kleine Borsee bildete. 1992 zerstörte ein Hochwasser die Reste dieses Baudenkmals, doch vier Jahre später baute man sie nach alten Plänen als Steinkastenklause wieder auf. Im nur 2–3 m tiefen Wasser des Sees hat sich eine reichhaltige Fauna und Flora angesiedelt, am südlichen Ufer entstand ein Niedermoor (von der Bahnhaltestelle Schönau ca. 1 h, von Kleinreifling über die Niglalm nach Schönau ca. 7 h).

Steinmarder

ROSENAU AM HENGSTPASS

47

Der Almweg am Hengstpass
Von Sünd' keine Spur

Ausgangspunkt: Almstube Karlhütte knapp unter dem Hengstpass (Richtung Unterlaussa), 910 m. Zufahrt von Windischgarsten oder Altenmarkt.
Charakter: einfache Alm- und Waldwanderung für die ganze Familie.
Gehzeit: Almweg 2 h, mit dem Abstecher zur Egglalm 1 h mehr.
Höhenunterschied: ca. 200 m.
Einkehr: Karlhütte, Laussabaueralm, Puglalm, eventuell Egglalm.
Karte: KOMPASS Nr. 70.
Reise-Atlas: Seite 9.

Auf der Alm, da gibt's ... Nein, die Sünd' gab es wirklich kaum, dafür blieb gar keine Zeit. „Die Arbeit war sehr hart", sagt die Resi, die seit mehr als 30 Jahren allsommerlich die Puglalm bewirtschaftet, „sie hat nichts damit zu tun, den ganzen Tag jodelnd im Dirndlkleid durch Almwiesen zu spazieren." Derlei Lustbarkeiten sind höchstens uns Wanderern vergönnt – z. B. auf dieser 4 km langen Rundtour.

Der Almweg: Wir wandern von der Karlhütte auf dem breiten Fahrweg zwischen den Weiden ins Tal des Laussabaches hinab. Der erste Blickpunkt: die Rotkreuzkapelle, die vor mehr als 100 Jahren von den Almleuten an einer heilsamen Quelle erbaut wurde. Kurz davor erreichen wir den historischen „Proviantweg", auf dem einst Eisen vom Erzberg ins Garstnertal und Lebensmittel retour transportiert wurden (siehe Kasten bei Tour 49). Folgen wir ihm nach rechts, kommen wir zur Egglalm.

Der Almweg folgt dem „Proviantweg" jedoch nach links und leitet uns neben dem munteren Bach zur nächsten Erlebnisstation: „Horch, der Bach". Bald danach erreichen wir die Wiesen um die gemütliche Laussabauernalm, die auf 780 m Seehöhe den tiefsten Punkt unserer

DER ALMWEG AM HENGSTPASS

Wer würde hier nicht gern einkehren? Die Puglalm unter der Kampermauer

OBERÖSTERREICH

Wanderung markiert. Gut gestärkt geht's weiter, und zwar zunächst zum nahen Aussichtspunkt, auf dem Tafeln das „Leben im Fels" der Kampermauer erklären. Wir überqueren die Straße und steigen durch den urigen Wald am Fuße des imposant-schroffen Berges zur Station „Auf der Weide" an. Der letzte Wegabschnitt zieht hinüber zur Puglalm – sie ist die dritte Versuchung zur Einkehr. Vorüber am Panoramablick, bei dem man die unglaubliche Wandlung der Landschaft „vom Meer zu den Kalkalpen" erfährt, gelangen wir schließlich wieder zum Ausgangspunkt zurück.

ROSENAU AM HENGSTPASS

48

Wasserklotz, 1505 m
Eine Aussichtswarte im südlichen Hintergebirge

Ausgangspunkt: Zickerreith am Hengstpass, 985 m. Zufahrt von Windischgarsten über Rosenau am Hengstpass oder von Altenmarkt bei St. Gallen.
Charakter: einfache Bergwanderung auf Forststraßen und guten Steigen, im Gipfelbereich sind jedoch Trittsicherheit und Schwindelfreiheit erforderlich.
Gehzeit: 1,5–2 h, Abstieg 1,5 h.
Höhenunterschied: 550 m; steiler Gipfelaufstieg.
Einkehr: Zickerreith, Puglalm und Karlhütte jenseits des Hengstpasses.
Karte: KOMPASS Nr. 70.
Reise-Atlas: Seite 9.

Der Wasserklotz erhebt sich ganz im Süden des Reichraminger Hintergebirges. Wer ihn ersteigt, wird mit einer überraschend weiten Aussicht belohnt: Im Westen zeigen sich das Tote Gebirge mit dem Großen Priel und das Sengsengebirge mit seinen einsamsten Bereichen, im Süden tritt die Zackenreihe der Haller Mauern auf, im Osten erscheinen die Gesäuseberge, das Hochschwabgebiet und das Ötscherland und im Norden breiten sich endlose Wälder gegen das Ennstal hin aus – an ganz klaren Tagen in weiter Ferne flankiert vom Böhmerwald und den Waldviertler Hügeln. Etwa 200 m südlich unter dem Gipfel klafft ein großes Felstor.
Aufstieg: Hinter der Zickerreith-Hütte zweigt eine Forststraße nach Norden ab, die zum Waldrand und hoch über einem Graben zur Wiese der Kreuzau hinaufführt. Geradeaus weiter, wieder durch Wald aufwärts und unter dem Zeitschenberg vorbei (bei allen Abzweigungen gerade auf der markierten Forststraße bleiben). Bald erreicht man die Weiden der Dörflmoaralm. Dort rechts abzweigen und auf dem beschilderten Wanderweg quer durch den Wiesenhang zum Ahornsattel (Bildstock). Hier nach rechts und auf einem unmarkierten und steilen, aber gut ausgetretenen Waldpfad in Kehren neben einer Rinne auf den Grat empor. Links über einige Schrofenstufen zum Gipfelkreuz.
Abstieg auf der gleichen Route.

WASSERKLOTZ

Augen-Blicke: vom Wasserklotz zum Toten Gebirge (Spitzmauer und Großer Priel)

OBERÖSTERREICH

Wurbauerkogel – Leitersteig
Naturerlebnisse am Rande des Nationalparks

Ausgangspunkt: Windischgarsten, 602 m, Talstation des Wurbauerkogel-Sessellifts nördlich des Ortszentrums (zu Fuß vom Bahnhof 15 Min.). Auffahrt zur Bergstation, 858 m. Zufahrt auch mit dem Auto: Richtung Rosenau am Hengstpass, nach 1,5 km (nach dem Gasthof Schafflmühle) links zum Bauernhof Kleiner hinauf.
Charakter: schöne Bergwanderung auf guten, aber stellenweise steilen Pfaden, die Trittsicherheit erfordern.
Gehzeit: 3–4 h.
Höhenunterschied: 450 m.
Einkehr: auf dem Wurbauerkogel.
Karte: KOMPASS Nr. 70.
Reise-Atlas: Seite 9.

Der Wurbauerkogel gehört nicht zu den höchsten Erhebungen über dem Garstnertal – aber von seinem neuen Panoramaturm erblickt man sie alle! Die futuristische Konstruktion ist zudem mit einer Nationalpark-Infostelle und einer bodenständigen Einkehrstation verbunden und schließlich bildet die nahe Bergstation des Sessellifts auch den Startplatz für den „Alpine Coaster", eine schnittige Sommerrodelbahn, die den Abstieg verfeinern könnte. Gleich über dem Wurbauerkogel beginnt der Naturraum des Nationalparks Kalkalpen.

WURBAUERKOGEL – LEITERSTEIG

Aufstieg: Wir gehen zunächst auf der flachen Asphaltstraße zu den Häusern in der Senke unter dem Kleinerberg, links zu den Kleinerhöfen und auf dem Güterweg Richtung Haslersgatter hinauf. Bald zweigt links der schmale Schafsteig (Nr. 9 A) ab, auf dem wir zu einer Forststraße und weiter über einen steilen Waldrücken aufsteigen. Bald lichtet sich der Baumbestand ein wenig und wir gehen unterhalb des Kleinerbergs (Sender) zu einer weiteren Forststraße, die zum Sattel des Haslersgatters führt. Wir schwenken jedoch schon vorher auf den links abzweigenden Fahrweg ein (Wegweiser „Leitersteig, Mayrwinkel", Nr. 472). Er führt im sanften Anstieg zur Wiese am Bloßboden.

Abstieg: Hier beginnt links der Leitersteig, der als schmaler Pfad durch die steilen, mit Felsen und Geröllhalden durchsetzten Südhänge des östlichen Sengsengebirges („Weißries") dahinzieht. Tief unten klafft das Salzatal, in das wir – in einem Waldsattel scharf links abzweigend – hinabwandern. Dort erreichen wir eine Forststraße, auf der wir links wieder zum Wurbauerkogel ansteigen – dort locken die Einkehr im neuen Gasthaus „Beim Turm" und die rasante Abfahrt mit dem „Alpine Coaster"! Man kann aber auch durch das enge, romantische und waldschattige Salzatal zur gemütlichen Jausenstation Platzl hinauswandern und links auf der Straße – vorbei am Kalvarienberg – nach Windischgarsten zurückkehren.

Schau, die Haller Mauern!

Proviant & Steine

Bei der Pfarrkirche von Windischgarsten beginnen der „Proviant-" und der „Millionenweg". Der eine ist eine uralte Route, auf der einst Getreide und Lebensmittel über den Hengstpass in die Erzberg-Region gebracht wurden. Im Gegenzug kam Eisen ins Garstnertal, aus dem man hier nicht nur Sensen, sondern auch Grabkreuze schmiedete – das Schoißwohlkreuz in der Kirche und schöne Exponate davor bezeugen diese Tradition. Der „Proviantweg" verlief im Auf und Ab am Abhang der Haller Mauern, man kann ihm bis zur Eggl- und zur Laussabauernalm folgen (Gehzeit ca. 5 h). Der „Millionenweg" führt Sie dagegen durch ebenso viele Jahre der Erdgeschichte. Die erste Station ist der Kurpark, in dem alle Gesteine der Region zu sehen sind. Tafeln erläutern die Geologie des Garstnertals (3 h).

Info: www.oberoesterreich.at/pyhrn.priel

WINDISCHGARSTEN

50

Die Langfirst-Runde
Mit dem Mountainbike in den Nationalpark

Ausgangspunkt: Windischgarsten, 602 m.
Charakter: 31,4 km lange Mountainbike-tour mit zwei steilen Anstiegen und einem schwierigen Downhill (ein Stück schieben). Die Strecke ist erst ab Mitte Mai befahrbar (vorher keine Schneeräumung).
Fahrzeit: 2–3 h.
Höhenunterschied: 800 m.
Einkehr: Gasthöfe in den Orten, Jausenstation im Salzatal, Laussabaueralm, Puglalm, Almstube Karlhütte, Egglalm, Jausenstationen in der Innerrosenau.
Karte: KOMPASS Nr. 70.
Reise-Atlas: Seite 9.

Dies ist eine der schönsten Mountainbike-Runden im Nationalpark Kalkalpen. Der Langfirst zeigt sich als tatsächlich sehr lang gestreckter Höhenzug im Süden des Hintergebirges, der Einblicke in die Kernzone des Schutzgebiets gewährt.

Der Routenverlauf:
Km 0,0: Windischgarsten, Start beim Brunnen vor der Gästeinformation. Am Gasthof Zur blauen Sense vorbei, nach 70 m rechts über die Brücke und danach rechts Richtung „Salzatal, Veichltal". Am Bezirksaltenheim und unter dem Kalvarienberg vorbei und dann immer dem Salzabach entlang.
Km 1,82: rechts über die Brücke (Wegweiser „Zur Jausenstation"), an der Jausenstation Platzl vorbei und nach 760 m auf der Schotterstraße steiler ins hinterste Salzatal.
Km 3,81: vor einem Haus nach rechts und in Kehren aufwärts.
Km 4,81: über eine Anhöhe und auf

NATIONALPARK KALKALPEN

DIE LANGFIRST-RUNDE

dem Karrenweg im Auf und Ab zu einer Wiese.
Km 5,91: beim Bauernhof links die Asphaltstraße aufwärts, nach 90 m links nach Muttling hinauf.
Km 7,33: bei der Svetlinkapelle links Richtung „Haslersgatter". 500 m weiter beginnt die bald steiler werdende Schotterstraße. Nach 900 m gerade neben dem Graben hinauf.
Km 9,04: beim Haslersgatterl rechts abzweigen und weiter aufwärts. Nach etwa 400 m wird es flacher, dann geht's im Auf und Ab durch die Hänge des Augustinkogels und oberhalb der Groiß'n-Wiese dahin (schöne Ausblicke ins südliche Hintergebirge).
Km 13,32: Wir fahren rechts Richtung „Hengstpass" durch eine Felsenge und dann abwärts. 840 m weiter mündet eine Straße ein, der man links zur Hanslalm hinauf folgt.
Km 16,0: an der Dörflmoaralm vorbei und über eine Kuppe, dann wieder bergab. Bei den folgenden Abzweigungen geradeaus.
Km 17,74: Kreuzau, geradeaus.
Km 18,62: beim Zickerreith auf der Hengstpass-Landesstraße links hinauf. Nach 360 m erreicht man den Hengstpass. Dort rechts Richtung „Jausenstation Eggl-Alm" und auf der schmalen Asphaltstraße ins Hochtal der Egglalm.

Km 20,63: an der Egglalm vorbei und geradeaus auf der Schotterstraße weiter. Nach 210 m links Richtung „Windischgarsten" und am Rand der Weide aufwärts. Nach weiteren 800 m links auf den schmalen Weg „Proviantweg") abzweigen, der bis zu 20% steil durch den Waldhang hinunterführt (kurz schieben, Gatter schließen).
Km 22,56: auf der Asphaltstraße nach rechts und an den Fischteichen vorbei. Nach 1,3 km links auf der Hengstpass-Straße nach Rosenau am Hengstpass hinunter, neben dem Dambach hinaus und am Gasthof Schafflmühle vorbei.
Km 31,14: Wir erreichen Windischgarsten und zweigen rechts ins Ortszentrum ab.

EDLBACH

51

Gowilalm – Kleiner Pyhrgas, 2023 m
Eine große Tour auf einen „kleinen" Berg

Ausgangspunkt: Oberweng in der Gemeinde Edlbach, 846 m. Zufahrt von Spital am Pyhrn oder Windischgarsten (Richtung Rosenau/Hengstpass, vor dem Ort rechts Richtung Zottensberg).
Charakter: bis zur Gowilalm problemlose Wanderung auf einem breiten, aber stellenweise steilen Weg; der anspruchsvollere Gipfelanstieg erfordert Trittsicherheit und Schwindelfreiheit.
Gehzeit: zur Gowilalm 1,5 h, auf den Kleinen Pyhrgas 2 h, Abstieg je nach Wegwahl 2,5–3 h.
Höhenunterschied: 1200 m.
Einkehr: Gowilalm.
Karte: KOMPASS Nr. 70.
Reise-Atlas: Seite 9.

Der Kleine Pyhrgas ist dem Hauptkamm der Haller Mauern ein Stück nördlich vorgelagert – das macht die Rundsicht unter seinem Gipfelkreuz besonders interessant und reizvoll. Außerdem trägt sein Nordwestrücken eine der schönsten Almen der Region, die alleine schon den Aufstieg lohnt.
Aufstieg: Die Wanderung dorthin beginnt gegenüber der Flinderlmühle, bei der Abzweigung der Straße ins flache Winkltal. Wir folgen dem Wegweiser zur Gowilalm (Markierung Nr. 616), zweigen gleich darauf rechts ab und gehen am Gasthaus Singerskogel vorbei. Bei der nächsten Abzweigung links weiter, bis wir rechts auf dem breiten Weg durch den Wald ansteigen. Eine Kehre der Forststraße wird geradeaus abgekürzt, dann führt der Weg über einen steilen und bewaldeten Rücken zur 1375 m hoch gelegenen und bestens bewirtschafteten Hütte hinauf. Nun ist erst einmal eine Rast angesagt.

Wir gehen weiter bergwärts und wählen gleich oberhalb der Gowilalm den links abzweigenden Steig 619, der durch steile Latschenhänge und das felsige Gelände hoch über dem Holzerkar emporzieht. Zuletzt steigen wir am oberen Rand der abschüssigen Gipfelwiese zum Kreuz auf dem Kleinen Pyhrgas an.

NATIONALPARK KALKALPEN

GOWILALM – KLEINER PYHRGAS

Oben: die Gowilalm am Fuße des Kleinen Pyhrgas; unten: Tagwache am Gipfel

Abstieg auf der gleichen Route. Von der Alm steht auch eine weitere Möglichkeit offen: Von der Hütte kann man nämlich auch links im Bogen auf dem Pfad Nr. 617/618 ins Holzerkar absteigen. An der Forststraße steht die gleichnamige Almhütte, von dort geht's – bald einen weiteren Forstweg überquerend – ins Tal des Goslitzbachs hinunter. Am Schmeißlreith vorbei gelangt man zu einer Wegteilung: Rechts, also den Bach übersetzend und im Tal bleibend, gelangt man zum Bauernhof Goslitz und zum Ausgangspunkt zurück.

GRÜNBURG – MOLLN – KLAUS

52

Der Steyrtal-Radweg
40 km Naturerlebnis

Ausgangspunkt: Bahnhof Grünburg der Steyrtal-Museumsbahn, 380 m, oder Bahnhof Klaus, 461 m (Zufahrt mit der Pyhrnbahn von Linz/Kirchdorf an der Krems). Man kann auch schon in Steyr starten.
Charakter: 23,7 km lange, familienfreundliche Radstrecke ohne große Steigungen.
Fahrzeit: hin und retour ca. 4 h.
Höhenunterschied: 150 m.
Einkehr: Gasthöfe in den Orten am Weg.
Karte: KOMPASS Nr. 70.
Reise-Atlas: Seite 9.

Der Steyrtal-Radweg (R 8) zählt zu den schönsten Radwanderrouten Österreichs. Er verläuft auf der fast ebenen Trasse der einstigen Steyrtalbahn. Unterwegs laden viele naturkundliche und kulturelle Besonderheiten zur Besichtigung, aber auch zu Abstechern per Rad oder zu Fuß ein.

Der Steyrtal-Radweg: Die Kilometerangaben der einzelnen Etappenpunkte beziehen sich auf beide Startpunkte (Grünburg und Klaus an der Pyhrnbahn).

Km 0,0/23,7: Start beim Bahnhof Grünburg der Steyrtal-Museumsbahn. Entlang der Steyr taleinwärts.

Km 0,2/23,5: Grünburg. Über den Braichaberg gelangt man ins Ortszentrum, Abstecher über den Steyrsteg nach Steinbach an der Steyr (Freibad).

Km 1,0/22,7: durch den Auwald an der Steyr. Schotterbänke und das glasklare Wasser der Steyr laden zu einer Rast ein (Naturlehrpfad).

Km 3,7/20,0: vorbei an der Haunoldmühle (lohnender Abstecher zur Bergkirche zum heiligen Georg in Obergrünburg).

Km 5,4/18,3: Von der Abzweigung Pernzell führt eine Variante (Güterweg Pernzell) in unverfälschtes Bergbauernland und zur Schmiedleithen.

Km 8,7/15,0: Schloss Leonstein, Beginn des thematischen Rad- und

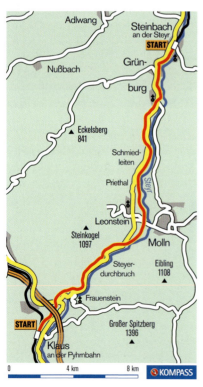

NATIONALPARK KALKALPEN

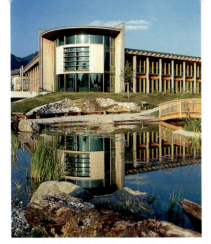

Raderlebnis Steyrtal! Links das Nationalpark Zentrum in Molln, rechts die Wallfahrtskirche Frauenstein

Wanderweges zum Sensenschmiedeensemble Schmiedleithen (siehe Tour 54).

Km 10,95/12,8: Leonstein. Im Sommer lockt das neue Familien- und Erlebnisbad.

Km 12,3/11,4: lohnender Abstecher nach Molln (Tiefblick von der Brücke in die unberührte Steyrschlucht, Nationalpark Zentrum Molln, Museen, Schaubetriebe).

Km 18,8/4,9: Steyrdurchbruch (Tiefblick von der Brücke der Bundesstraße in die 40 m tiefe Schlucht der Steyr und zum Jugendstilkraftwerk).

Km 20,2/3,5: Blick zur Wallfahrtskirche Frauenstein.

Km 20,8/2,9: Beim Gasthof zur Steinwänd mündet der Kremstal-Radweg ein.

Km 23,7/0,0: Endpunkt Bahnhof Klaus (Abstecher zum Freizeitzentrum am Klauser See – Bademöglichkeit, Bootsverleih, Ausflugsschiff).

Rückfahrt auf der gleichen Route oder auf Nebenstraßen rechts (östlich) der Steyr – so stehen je nach Wegwahl Rundtouren zwischen 40 und 60 km Länge zur Verfügung.

Bikeziel Bodinggraben

Von Molln führt eine gut 19 km lange Straße durch das Tal der Krummen Steyrling in die winzige Ansiedlung Bodinggraben mit dem gastlichen Jagerhaus und dem Lamberg'schen Jagdschloss (Ausgangspunkt für Wanderungen zur Ebenforst- und Feichtaualm, Tour 55 und 56). 13 km radelt man auf Asphalt durch die Breitenau in die Talweitung Steyern; die letzten 6 km über die Scheiblingau (Nationalpark-Information) folgt man einer Schotterstraße. Die 220 Höhenmeter, die dabei insgesamt zu überwinden sind, verteilen sich – abgesehen von einigen ganz kurzen schärferen Steigungen – auf die gesamte Strecke, die also auch gemütliche Drahteselritter oder größere Kinder schaffen.

Sportliche Mountainbiker peilen die Ebenforstalm direkt mit dem Rad an. Die Zufahrtsroute zweigt ca. 1 km südlich vom Beginn der Schotterstraße nahe der Messerer-Jagdhütte links ab, führt 2 km in Serpentinen durch den Waldhang hinauf und dann rechts noch 2 km über die Göritz in den Sattel hinter dem Schirmkogel; zuletzt gelangt man geradeaus auf einem Karrenweg zur Almhütte.

OBERÖSTERREICH

MOLLN
53

In die Steyrschlucht
Das Naturphänomen der „Rinnenden Mauer"

Ausgangspunkt: Molln, 442 m, Nationalpark Kalkalpen Zentrum. Busverbindung von Steyr und Kirchdorf, Parkplätze in der Tiefgarage.
Charakter: schmaler Schluchtpfad entlang der Steyr zu einem einzigartigen Naturschauspiel, mit 12 Schautafeln ausgestattet. Da der Weg stellenweise unmittelbar an der Schluchtoberkante verläuft, sind Trittsicherheit und Schwindelfreiheit nötig.
Gehzeit: ca. 3 h.
Höhenunterschied: gering, aber kurze steile An- und Abstiege.
Einkehr: Gasthof Roidinger, Eisenstraßenwirt Gasthof Latschenberger (jenseits der Stefaniebrücke), Nationalpark Café im Nationalpark Zentrum.
Karte: KOMPASS Nr. 70.
Reise-Atlas: Seite 9.

Diese Wanderung führt Sie in eine der urtümlichsten Landschaften im Vorfeld des Nationalparks: zum einzigartigen Naturschauspiel der „Rinnenden Mauer", die im Jahre 2000 von der Naturschutzabteilung des Landes Oberösterreich als Naturdenkmal ausgewiesen wurde. In der mächtigen Konglomeratschlucht der Steyr stößt man auf eine Vielfalt besonderer Planzengemeinschaften. Diese entwickelten sich aufgrund geologischer und klimatischer Sonderbedingungen, die in der Schlucht herrschen. Wer genau beobachtet, entdeckt in den Schluchtwänden auch Pflanzen aus dem Hochgebirge wie die Zwergalpenrose, das Petergstamm, das Jagerbluat und auch den Weißen Germer. Dieser Teil der Steyr ist auch Heimat des Fischotters.

Der Weg in die Steyrschlucht führt vom Nationalpark Zentrum zum Gasthof Roidinger bei der Stefaniebrücke (Tiefblick in die Steyrschlucht). Zunächst geht's kurz auf dem Güterweg flussaufwärts. Nach ca. 250 m rechts auf einer schmaler werdenden Straße zum Ufer der smaragdgrünen Steyr hinunter. Auf dem romantischen Schluchtsteig in leichtem Auf und Ab – stets entlang der mächtigen Konglomeratwände – zur Mündung der Krummen Steyrling. Über den Holzsteg, dann geht's zur Ober-

IN DIE STEYRSCHLUCHT

kante der Schlucht empor. Wir wandern – mit herrlichem Tiefblick auf die Steyr – bis zu einer ausgedienten Seilbahnhütte. Nach ca. 50 m zweigt ein schmaler, anfangs nur schwer erkennbarer Steig links in die Schlucht ab, auf dem man zur „Rinnenden Mauer" gelangt (Tafel „Betreten verboten"). Hier tritt auf einer Strecke von etwa 60 m Wasser aus der Schluchtwand aus. Aus ca. 5–7 m Höhe fließt und tropft es aus den unzähligen Öffnungen des porösen Gesteins. Wie ein grüner Teppich überzieht eine prächtige Quellflur aus verschiedenen Moosen, Sumpfdotterblumen und Bitterem Schaumkraut das ansonsten trockene Konglomeratgestein. Im Winter funkeln hier unzählige Eiszapfen im Sonnenlicht um die Wette.

Rückweg auf der gleichen Route. Ab dem Holzsteg bei der Mündung der Krummen Steyrling folgen wir dem Hinweis „Flötzersteig, Krumme Steyrling" und wandern links der Steyrling entlang zu den Mollner Maultrommelmachern. Noch um 1830 stellten hier 35 Meister mit ihren Gesellen und Familien bis zu 2,5 Millionen Maultrommeln her und exportierten die kleinen Musikinstrumente in die ganze Welt.

Zuletzt spazieren wir ins Ortszentrum von Molln und zum Nationalpark Zentrum zurück.

Wasser aus dem Konglomerat: die „Rinnende Mauer"

OBERÖSTERREICH

LEONSTEIN
54

Zum Rinnerberger Wasserfall
„Auf den Spuren der Schwarzen Grafen"

Ausgangspunkt: Leonstein, Schloss Leonstein, 405 m. Wer die Wanderung abkürzen möchte, zweigt ca. 300 m weiter südlich (Richtung Leonstein) rechts ab und fährt zum Gasthaus Waldklause (Parkplatz).
Charakter: naturkundlich und historisch sehr interessante Rundwanderung auf breiten Wegen, einem schmalen Wald- bzw. Schluchtsteig (Leiter) und auf einer Forststraße.
Gehzeit: gesamte Rundwanderung 4 h, ab Gasthof Waldklause 2,5 h.
Höhenunterschied: 300 m.
Einkehr: Gasthaus Waldklause.
Karte: KOMPASS Nr. 70.
Reise-Atlas: Seite 9.

Folgen Sie dem Eisenstraßen-Themenweg „Auf den Spuren der Schwarzen Grafen" in einen Seitengraben des Steyrtals, der eine perfekte Harmonie zwischen wilder Natur und historischer Kulturlandschaft präsentiert.
Der Themenweg führt vom Schloss Leonstein zum Klingenbachs hinunter und auf einem ebenen Güterweg zum Sensenschmiedeensemble Schmiedleithen, in dem noch alle Bauelemente zu sehen sind: Gärtnerhäusl, Kuhstall, Helmhäusl, Hammerherrengarten, Altes und Neues Herrenhaus, Mühle, Schmiedhaus, Hammer, Kram, Kohlbarren und Magazin. Dieser romantische und vollständig erhaltene Hammerherrensitz präsentiert sich so, als wäre die Zeit stehengeblieben; er bringt noch heute den Wohlstand der Hammermeister zum Ausdruck. Besonders lieblich ist das Alte Herrenhaus mit seiner Biedermeierfassade und den von Hans Pontila geschaffenen Terrakottareliefs über Portal und Fensterlünetten. Kinder haben mit den Forellen im Klingenbach, aber auch mit den Gänsen und Truthennen an seinem Ufer ihre Freude. Kurz danach treffen wir auf den Güterweg Pernzell, dem wir bis zu einer Straßengabelung nahe dem Gasthaus Waldklause folgen.

NATIONALPARK KALKALPEN

ZUM RINNERBERGER WASSERFALL

Zum Rinnerberger Wasserfall: Ein Wanderschild weist die Richtung zur Rinnerberger Klamm und zur Burg Altpernstein. Wir folgen dem Weg dorthin 250 m bergan und biegen links auf eine markierte Forststraße ab. Bald verlassen wir diese nach rechts und überqueren auf einem Holzsteg den rauschenden Bach, der nach Regenfällen gewal-

Highlights im Umfeld des Nationalparks: Schmiedleithen (links) und Rinnerberger Wasserfall (rechts)

tig anwachsen kann. Der schmale Steig führt uns unter großen Kalkfelsen aufwärts; im Sommer lädt der klare Bach zum Plantschen ein. Schon hören wir das Tosen des Rinnerberger Wasserfalls, wo das Wasser über senkrechte Felsen in einen kristallklaren Tümpel stürzt. Rechts davon überwinden wir eine lange Metallstiege – dahinter empfängt uns ein ruhiger, enger Talkessel. Am Ende dieses Wegabschnittes erreichen wir die Rinnerberger Klamm: Hier hat sich der Bach in jahrtausendelanger Arbeit seinen Weg durch den harten Fels geschliffen; auf eine Länge von 50 m zwängt er sich durch eine ganz enge, unzugängliche Klamm. Nach weiteren 10 Min. Gehzeit kommen wir zur Bärenhöhle. Dem idyllischen Steig weiter folgend, erreichen wir eine Forststraße, steigen über den Stacheldraht und wandern durch die Weide zu einem Schranken. Nun folgen wir der ansteigenden Straße links Richtung Hambaumsattel. Kurz bevor wir diesen Übergang erreichen, schwenken wir scharf links in den Höhenweg ein, der oberhalb der Schlucht durch herrlichen Mischwald zur Waldklause zurückführt.

Rückweg auf dem Themenweg – wahlweise durch die Schmiedleithen oder auf der Straße über den Sattel am Fuße der Ruine Leonstein (kurzer Abstecher) zum Ausgangspunkt zurück.

OBERÖSTERREICH

MOLLN – BODINGGRABEN

55

Ebenforstalm – Trämpl, 1424 m
Naturerlebnis Hintergebirge

Ausgangspunkt: Parkplatz Scheiblingau im Tal der Krummen Steyrling (500 m). Zufahrt von Molln (18 km). Von Pfingsten bis zum 26. Oktober an Sonn- und Feiertagen Kutschenfahrten bis zur Blumauer Alm, Anmeldung Tel. ++43(0)7584/3651.
Charakter: abwechslungsreiche Alm- und Bergwanderung auf guten, aber stellenweise steilen Steigen (nach Regen rutschig).
Gehzeit: zur Ebenforstalm 2 h, Themenweg 1 h, auf den Trämpl 1 h, Abstieg 2,5 h.
Höhenunterschied: 600 m bis zur Alm, weitere 300 m auf den Gipfel.
Einkehr: Jagerhaus, Ebenforstalm.
Karte: KOMPASS Nr. 70.
Reise-Atlas: Seite 9.

Es grünt so grün – kein Wunder in einem Nationalpark! Doch im Grün verbergen sich Besonderheiten: geheimnisvolle Quellen, Fleisch fressende Pflanzen oder Löcher, in denen ganze Bäche verschwinden ... Auf der Ebenforstalm, einer idyllischen Hochweide im Westen des Hintergebirges, wird dies alles auf einem Lehrweg sichtbar. Das Wandervergnügen beginnt jedoch schon unten an der Krummen Steyrling.
Zur Ebenforstalm: Wir marschieren auf der Schotterstraße an einer alten Triftklause vorbei in die winzige Siedlung Bodinggraben. Neben

EBENFORSTALM – TRÄMPL

Abend will es werden ... Blick vom Trämpl über das Reichraminger Hintergebirge

der renovierten Annakapelle gibt's bodenständige Köstlichkeiten im historischen Jagerhaus, das zum benachbarten Jagdschloss der Grafen Lamberg gehörte.

Hier biegen wir links ab und wandern auf dem Pfad Nr. 472 durch den Bodinggraben – als „Boding" bezeichnete man die vielen ausgewaschenen Tümpel des Baches – zur Ebenforstalm hinauf.

Hier, am Fuße von Trämpl und Alpstein, beginnt der Themenweg **„Wollgras, Alm und Wasserschwinde"**. Auf der sanft abfallenden Forststraße erfährt man bald Interessantes über die Quellen und das Gestein der Alm. Von der Thementafel „Karst" geht's rechts auf einem Weg, der stellenweise auf Stegen verläuft, zu einer Wasserschwinde. Über eine wunderschöne Wollgras-Wiese gelangt man ins Ebenforster Moor. Seine bis zu 2 m tiefen Torfmoospolster begannen vor 7800 Jahren zu wachsen. Weiter wandern wir zum „Baumhotel", in dessen „Totholz" sich viele gefährdete Tierarten wohl fühlen. Bald ist die Almhütte wieder erreicht und spätestens jetzt ist eine kräftige Jause angesagt.

Auf den Trämpl: Genießer mit entsprechender Kondition werden aber sicher noch den Trämpl „anhängen". Der felsbewehrte Gipfel ist viel leichter zu erklimmen, als es von unten ausschaut: Vom Sattel im Westen der Alm führt ein guter Steig südwärts über den Rücken in den Waldhang und dann links zum Gipfelkreuz hinauf.

Der **Abstieg** erfolgt jeweils auf der gleichen Route.

MOLLN – BODINGGRABEN

56

Feichtaualm – Hoher Nock, 1963 m
Almleben im Urwald

Ausgangspunkt: Parkplatz Scheiblingau im Tal der Krummen Steyrling, 500 m. Zufahrt von Molln (18 km).
Charakter: landschaftlich beeindruckende Wanderung ins Zentrum des Sengsengebirges. Der Weg ist gut ausgetreten, aber anfangs nur karg markiert. Der „schwarze" Pfad auf den Hohen Nock ist gut bezeichnet, aber nur bei sicheren Wetterverhältnissen zu empfehlen!
Gehzeit: zur Feichtaualm 2,5–3 h, zu den Feichtauseen 30 Min., auf den Hohen Nock 2 h, Abstieg insgesamt 3,5 h.
Höhenunterschied: 760 m bis zur Feichtaualm, weitere 600 m auf den Gipfel.
Einkehr: Jagerhaus im Bodinggraben, Polzhütte.
Karte: KOMPASS Nr. 70.
Reise-Atlas: Seite 9.

Mit 600 ha ist die Feichtau die größte der 20 „bestoßenen" (bewirtschafteten) Almen im Nationalpark Kalkalpen. Der urige Wald rundum wurde viele Jahrzehnte nicht mehr genützt. Die wieder errichtete Almhütte umfasst einen Stall und eine Käserei, Solarenergie sorgt für das nötige Warmwasser.

Zur Feichtaualm: Wir gehen vom Bodinggraben auf der Forststraße kurz südwärts Richtung Steyrsteg. Dann rechts abzweigen und dem Blöttenbach entlang. An der Lettneralm vorbei und zur idyllisch im Talschluss gelegenen Blumaueralm. Weiter über die Wiese und von einer großen Kehre (Umkehrhütte) geradeaus auf einem Karrenweg

NATIONALPARK KALKALPEN

Uriger Wald und grüne Seen im Sengsengebirge, einem Herzstück des Kalkalpen-Nationalparks

dem Bach entlang. Stets hat man einen prächtigen Blick auf die Nordabstürze des Sengsengebirges, wo sich der Bergmischwald unmittelbar bis in die Felsregionen hinauf erstreckt. Schließlich beginnt der Weg im Wald etwas stärker anzusteigen. Vor dem Haltersitz kommen wir am „Herzerlsee" vorbei, der im Frühjahr ein Refugium für Bergmolche ist. Danach halten wir uns rechts und gelangen auf den Verbindungskamm zwischen Nock und Rotgsoll.

Nun trennt uns nur noch eine Viertelstunde von der Feichtaualm: Auf dem rot bezeichneten Nock-Anstiegsweg gelangt man rechts durch urigen Fichtenwald zur bewirtschafteten Polzhütte und zur ÖAV-Selbstversorgerhütte. Von dort ermöglicht ein markierter Pfad einen kurzen Abstecher durch den sogenannten Feichtauer Urwald zu den beiden **Feichtauseen**.

Auf den Hohen Nock: Ein zweiter Pfad – Nr. 466 – führt durch anspruchsvolleres Gelände auf den Hohen Nock, den höchsten Gipfel des 20 km langen Sengsengebirges. Wir wandern – uns links haltend – zurück zum Haltersitz, gehen kurz durch die Westflanke und dann wieder auf dem Grat bis vor einen großen Latschenriedel. An einem kanzelartigen Felsen vorbei und durch Latschengassen unter den überhängenden Felsen des Nock-Nordgrats rechts ins weite, mit Schutt erfüllte Nockkar. Durch dieses im stetigen Anstieg zu einer kleinen Mulde, aus der man über Geröll und kleine Felsstufen eine schräge, schluchtartige Rinne erklimmt. Sie gibt den Weg auf das wellige Plateau frei (rechts Abstecher zum Kreuz auf dem Seehagel – herrlicher Tiefblick zu den Seen). Links zur nahen Gipfelwiese.

Abstieg auf der gleichen Route.

Sonnenaufgang vor dem Sonnblick-Observatorium und Kräuterpracht in Hollersbach (kleines Foto) – zwei Elemente des Salzburger Nationalparks

Nationalpark Hohe Tauern – der Salzburger Anteil

NATIONALPARK HOHE TAUERN

Das Herzstück der Ostalpen ist ein 130 km langes und bis zu 80 km breites Gebirge zwischen der Salzach und der Drau: die Hohen Tauern, deren Name auf einen uralten Begriff für Pass oder Übergang zurückgeht. Zwischen diesen Senken im Alpenhauptkamm erheben sich jedoch unzählige steinerne „Wolkenkratzer", von denen 266 die

Im Hollersbachtal

Die we...

3000-m-Marke überragen. Mit dem 3798 m hohen Großglockner befindet sich auch Österreichs höchster Gipfel in den Hohen Tauern.

Naturwunder Gletscher. In diesen Höhen schmilzt der Schnee bis in den Hochsommer hinein nicht ab. So lagern sich Jahr für Jahr Firnschichten übereinander, die sich durch zunehmenden Druck zu Eis verfestigen. Dieses ist jedoch nicht starr, sondern fließt langsam, aber unerbittlich talwärts. Zerrkräfte lassen über Geländekuppen Spalten aufreißen. Während der letzten Eiszeit reichte das „ewige Eis" bis ins Alpenvorland hinaus; mittlerweile bedeckt es – nach mehreren Vorstoß- und Schmelzphasen – nur mehr die höchsten Regionen. Und auch dort wird es immer weniger, denn der „Nachschub" kann die Schmelzkraft des sich erwärmenden Klimas bei weitem nicht mehr ausgleichen.

Trotzdem finden wir rund um den Großvenediger noch immer die größte zusammenhängende Gletscherfläche der Ostalpen. Dort, wo das Eis verschwindet, bilden sich neue Lebensräume: Die abgelagerten Schuttmassen wurden von Pionieren der Pflanzenwelt besiedelt – vor allem aus der Arktis, den zentralasiatischen Kältesteppen und der sibirischen Tundra. Eine Wanderung vom Tal dorthin entspricht daher einer 4000 km langen Reise in den hohen Norden.

Krimmler Wasserfälle – einmal von oben gesehen

sam gepflegt von fleißigen Bauernhänden. Die enge Symbiose von alpiner Urlandschaft und naturnah bewirtschafteter Bergbauernlandschaft bedingt eine besonders hohe Artenvielfalt an Tieren und Pflanzen, aber auch einen großen Reichtum an berührenden Zeugnissen bäuerlichen Daseins und Überlebenskampfes.

Hohe Tauern – Salzburg

Nationalpark Hohe Tauern Salzburg
5741 Neukirchen am Großvenediger Nr. 306, Tel. ++43(0)6565/6558,
www.hohetauern.at

Nationalparkzentrum Mittersill
mit 9 Erlebnisstationen, Wissenschaftszentrum, Ferienregion Nationalpark Hohe Tauern. Eröffnung im Sommer 2007.

Natur und Kultur unter Schutz.
Große Bereiche dieser Hochgebirgszonen bilden heute den Nationalpark Hohe Tauern, das größte Naturschutzgebiet der Alpen (und die Nr. 2 unter den europäischen Nationalparks). Allein im Bundesland Salzburg umfasst er eine Fläche von 805 km² (Kernzone 507 km², Außenzone 266 km² und Sonderschutzgebiete 32 km²).

Daneben wird im Nationalpark aber auch die traditionelle Kulturlandschaft gepflegt. Seit mindestens 5000 Jahren leben Menschen dauerhaft in den Tälern um die Hohen Tauern. Im Laufe der Jahrhunderte entstanden hoch über der Waldgrenze weite Almlandschaften – beweidet von Haustieren und sorg-

Nationalpark-Infostellen
Bramberg: Tel. ++43(0)6566/7251.
Hüttschlag: Talwirt, Tel. ++43(0)6417/ 444,
Fusch: Tel. ++43(0)6546/666 und Wilfried Haslauer-Haus an der Glocknerstraße.
Hollersbach: Nationalparkwerkstatt Klausnerhaus, Tel. ++43 (0)6562/8105.
Krimml: WasserWunderWelt, Tel. ++43 (0)6564/20113 und OeAV-Nationalparkinfo.
Muhr: Tel. ++43(0)6479/335.
Mittersill: Museumsdorf Felbertum, Tel. ++43(0)6562/4583.
Neukirchen am Großvenediger: Samerhofstall und Kammerlanderstall, Tel.++43 (0)6565/6819.
Rauris: Tel. ++43 (0)6544/6253 und in der Zimmererhütte in Kolm-Saigurn.
Uttendorf: Tel. ++43(0)65 63/8208-0.

MUHR
57

Zum Ursprung der Mur
Im Lungauer Nationalparkbereich

Ausgangspunkt: Parkplatz Muritzenalm, 1580 m. Zufahrt von St. Michael im Lungau über Muhr (zuletzt Mautstraße; Bus bis zum Arsenhaus, von dort zu Fuß 1,5 h). Im Sommer Tälerbus bis zur Sticklerhütte, Tel. ++43(0)6474/6070, www.taelerbus.at
Charakter: landschaftlich schöne Talwanderung auf Fahrweg und markiertem Pfad. Die Variante über das Murtörl führt in hochalpines Gelände und erfordert Trittsicherheit (nur bei sicherem Wetter gehen).
Gehzeit: zur Sticklerhütte 1 h, zum Mur-Ursprung 1 h, Rückweg 1,5–2 h (Variante: 4 h zusätzlich).
Höhenunterschied: 300 m (Variante 650 m mehr).
Einkehr: Sticklerhütte.
Karte: KOMPASS Nr. 50, 67.
Reise-Atlas: Seite 8.

454 km ist der Hauptfluss der Steiermark lang – von seinem Ursprung im Lungau, dem südöstlichen Zipfel des Salzburger Landes, bis zu jenem Punkt, wo er bei Legrad in Kroatien in die Drau mündet. Als munteres Bächlein entspringt die Mur inmitten einer alpinen Urlandschaft unter bemoosten Steinen, gerade noch in den Hohen Tauern (das Murtörl, die Grenze zu den Niederen Tauern, ist nicht einmal 1 km entfernt). Wer durch das Hochtal der Schmalzgrube noch ein Stück gegen die Schmalzscharte hinaufwandert, stellt fest, dass schon dort Mur(?)wasser sprudelt – aber der beschilderte Mur-Ursprung ist eben die größte Quelle.

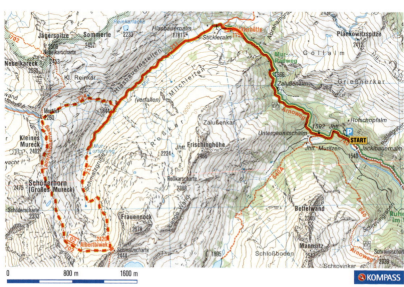

Tour de Mur: die Geburt eines Flusses

Aufstieg: Wir wandern auf dem Fahrweg (Markierung Nr. 740, Teilstück des Arnoweges) über eine kurze Steigung zum Jagdhaus Muritzen. Geradeaus an seiner Kapelle vorbei, neben der jungen Mur zur Zalußenalm und weiter zur Sticklerhütte, 1752 m.
Hinter dem Schutzhaus folgen wir dem links abzweigenden Wanderweg Nr. 711 ins breite Hochtal hinein. Die Abzweigung zum Murtörl ignorieren und durch die Schmalzgrube zur Quelle der Mur (Informationstafeln).
Zurück auf der gleichen Route.
Variante: Eine lohnende Rundtour ergibt sich, wenn man vor dem Mur-Ursprung rechts abzweigt und auf dem Steig Nr. 724 ins 2260 m hoch gelegene Murtörl ansteigt (alter Übergang ins Großarltal). Von dort links auf dem Tauernhöhenweg (Markierung Nr. 702) durch die Schutthänge des Schöderhorns und an einem kleinen See vorbei zur Schmalzscharte, 2444 m (gemauerter Aussichtsplatz, in der Nähe das Albert-Biwak, Blick zu den Schwarzseen). Links in die Schmalzgrube und zum Mur-Ursprung hinunter (Nr. 711).

Gift aus den Tauern

Bis zum Ende des 19. Jahrhunderts bauten Knappen im hintersten Murtal gold- und silberhaltige Arsenvererzungen ab. Bei der Erhitzung entstand Arsenik („Hüttrach") – ein Exportschlager, der in der Glasindustrie, bei der Lederbearbeitung oder in der Medizin, aber auch bei so manchen dunklen Machenschaften Verwendung fand. 1773 wurde im nahen Gmünd eine Frau hingerichtet, die ihren Mann mit Arsen in Kasnudeln vergiftet haben soll.
Vom alten Arsenhaus (6 km westlich von Muhr) führt ein naturkundlicher Lehrpfad zur Hütte am Rotgülden-Stausee hinauf. Schautafeln informieren über den ehemaligen Arsenbergbau, aber auch über die Tier- und Pflanzenwelt des oberen Murtals (Gehzeit ca. 2 h hin und retour).
Info: www.taurachsoft.at/muhr

Die Rotgüldenseen

GROSSARL
58

Zum Schödersee, 1450 m
Wasser gibt's nicht immer!

Ausgangspunkt: Stockham, 1073 m, im hintersten Großarltal, Parkplatz beim Talwirt. Zufahrt von Bischofshofen über Großarl und Hüttschlag (Busverbindung).
Charakter: schöne Talwanderung auf Fahrweg und markiertem Bergpfad.
Gehzeit: zum Schödersee 1,5 h, Rückweg 1 h (zur Arlhöhe weitere 2,5 h, Abstieg 2 h).
Höhenunterschied: 450 m (bzw. 1250 m).
Einkehr: unterwegs keine.
Karte: KOMPASS Nr. 50, 80.
Reise-Atlas: Seite 7.

Das lang gezogene Großarltal gilt als das „Tal der Almen" im Nordosten des Nationalparks. Etwa 40 im Sommer bewirtschaftete Hütten locken hier als Wanderziele – mehr gibt's in keinem anderen Salzburger Tal. Naturkundlich besonders interessant ist der einsame Talschluss unter dem 2886 m hohen Keeskogel, der einen kleinen Gletscherrest trägt. Dort vermerkt die Karte den Schödersee. Wasser ist dort aber nicht immer zu sehen, denn sein Becken füllt sich nur zur Zeit der Schneeschmelze und nach besonders starken Regengüssen. Der „Elementar-Naturlehrpfad" zum Schödersee wurde mit 50 Tafeln über Geschichte, Mineralien, Pflanzen und Tiere im Tal ausgestaltet.

Zum Schödersee: Wir marschieren auf dem ebenen Fahrweg in den Talschluss hinein – vorbei am Bauernhof Stockham, am alten Seegut und an einem Rotwildgehege. Durch Wiesen kommen wir zur Natur-Kneippanlage und zur Abzweigung zum kleinen Ötzlsee. Geradeaus geht's auf einem stellenweise recht nassen Steig (Nr. 512)

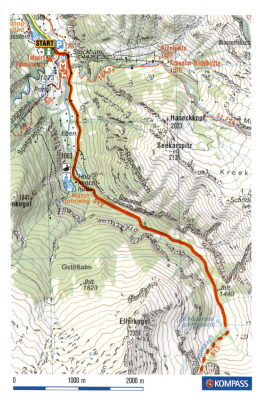

NATIONALPARK HOHE TAUERN

ZUM SCHÖDERSEE

Besuch bei einem launenhaften Gewässer

durch das enge Schödertal unter der Grauwand bergauf. Hinter einer Jagdhütte erreichen wir den Boden mit dem periodisch gefüllten See.
Rückweg auf derselben Route.
Variante: Man kann auf dem Steig Nr. 512 weiter ansteigen, bis man über einen Schuttrücken oberhalb der kleinen Kolmseen den Pfringersee und gleich darauf die Arlscharte erreicht, 2252 m. Rechts in 15 Min. auf die flache Arlhöhe, 2326 m. Von der Panoramascheibe genießt man eine prachtvolle Sicht über den Kölnbrein-Stausee im Maltatal zum Ankogel, 3252 m, und zur Hochalmspitze, 3360 m.
Der **Abstieg** erfolgt auf derselben Route.

Hüttschlag erleben

Vom Talmuseum in Stockham führt der naturkundliche Feuchtbiotop-Lehrweg talauswärts zum alten Haussteingut. Entlang des Weges erklären Schautafeln die Blumen und Tiere dieser Moorlandschaft und ihrer „sauren" Wiesen, auf denen im Sommer zahlreiche Orchideen gedeihen (Gehzeit 45 Min. hin und retour).
Auf dem „Kupfergeist-Lehrweg" sollte man durch Hüttschlag spazieren (Start zwischen Gemeindeamt und Dorfbrunnen, Gehzeit 1,5–2 h). Diese Route führt u. a. zur barocken Bergkirche und bietet einen schönen Blick zur „Hüttschlager Wand", einer naturkundlichen Einmaligkeit.
Info: www.grossarltal.info

SALZBURG

BAD GASTEIN

59

Palfner See – Reedsee
Seenromantik über der Gasteiner Thermalquelle

Ausgangspunkt: Bad Gastein, 1002 m, Talstation der Graukogelbahn (Wanderparkplatz vor der Hotelsiedlung „Grüner Baum"; von dort Busverbindung, zu Fuß 30 Min.). Mit der Seilbahn zur Bergstation, 1950 m.
Charakter: abwechslungsreiche Bergwanderung auf Fahrwegen und Steigen; steiles und felsiges Gelände, das Trittsicherheit und Schwindelfreiheit erfordert. Die Variante über den Graukogel ist eine „schwarze" Tour über einen ausgesetzten Felsgrat (Sicherungen). Bei Schneelage gefährlich!
Gehzeit: zur Palfner Scharte 1,5 h (Variante über den Graukogel 1 h länger), Abstieg zum Reedsee 1,5 h, weiter zum „Grünen Baum" 2–2,5 h.
Höhenunterschied: 400 m Aufstieg, 1350 m Abstieg (Variante knapp 200 m mehr).
Einkehr: unterwegs keine, Gasthaus bei der Seilbahn-Bergstation.
Karte: KOMPASS Nr. 40, 50.
Reise-Atlas: Seite 7.

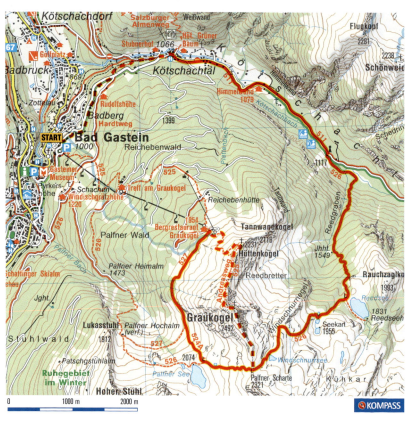

156

Spätherbstliche Stille am Reedsee

Der von Lärchen umsäumte Reedsee, in dem sich die dunklen Felsen und die weißen Gletscher der Tischlerkarspitze spiegeln, wird als eines der schönsten Gewässer der Alpen gerühmt. Viele Gastein-Besucher erwandern ihn in 3 h auf steiler Fährte aus dem Kötschachtal. Kürzer, bequemer und landschaftlich weitaus schöner ist der Übergang aus dem Almrevier um den Graukogel, das durch eine Seilbahn erschlossen ist.

Zur Palfner Scharte: Gleich oberhalb der Seilbahn-Bergstation führt der Steig Nr. 527 im sanften Auf und Ab durch den lockeren Zirbenwald in der Nordwestflanke des Graukogels. Es folgen ein kurzer Abstieg und die Querung eines steilen Hanges an der Waldgrenze, dann geht's – bei der Nationalparkgrenze links abzweigend – steiler zum Palfner See hinauf. Weiterer Anstieg links auf dem Steig Nr. 526 durch freies Wiesengelände in die Palfner Scharte, 2321 m.

Abstieg: Jenseits führt der Steig zum Windschnursee hinab. Durch steileres, kuppiges Almgelände an zwei weiteren Seen vorbei und durch das Seekarl in den Wald hinab. Dort führt rechts ein Stichweg zur (unbewirtschafteten) Hütte am Reedsee, 1832 m. Der Steig Nr. 526 schlängelt sich dagegen über den steilen Waldhang zum Kohlplatzl hinunter. Von dort steigen wir neben dem Reedgraben ins Kötschachtal ab. Links auf dem Fahrweg noch 2 km zur Hotelsiedlung „Grüner Baum" bei Bad Gastein hinaus. Vielleicht lockt dort noch rechts der kurze Abstecher in den „Malerwinkel" (schöne alte Bauernhöfe, Luis-Trenker-Kreuz).

Variante: Geübte Bergsteiger können den 2492 m hohen Graukogel „mitnehmen". Dies ist jedoch eine schwierige „schwarze" Route, die knapp unter dem einfach erreichbaren Hüttenkogel (Gipfelbestimmungstisch) rechts abzweigt, über eine Scharte auf den Gipfel führt und beim Abstieg auf einem luftigen Grat zur Palfner Scharte die ausgesetzte Umgehung von zwei Türmen bereithält.

BAD GASTEIN

60

Zur Hagener Hütte
Auf den Spuren von Säumern und Schmugglern

Ausgangspunkt: Naßfeld (Sportgastein), 1589 m, südwestlich von Bad Gastein. Zufahrt von dort über Böckstein und rechts ins Tal der Naßfelder Ache (10 km, Maut).
Charakter: historisch interessante Hüttenwanderung auf Fahrwegen und Steigen. Über den „Kulturwanderweg Römerstraßen" erschien eine OeAV-Broschüre.

Gehzeit: Aufstieg 3 h, Abstieg 2 h (Variante: zur Jamnigalm 1,5 h, weiter nach Mallnitz 3 h).
Höhenunterschied: 860 m.
Einkehr: Schareckalm, Naßfeldalm, Moaralm, Veitbauernhütte, Hagener Hütte.
Karte: KOMPASS Nr. 40, 50.
Reise-Atlas: Seite 7.

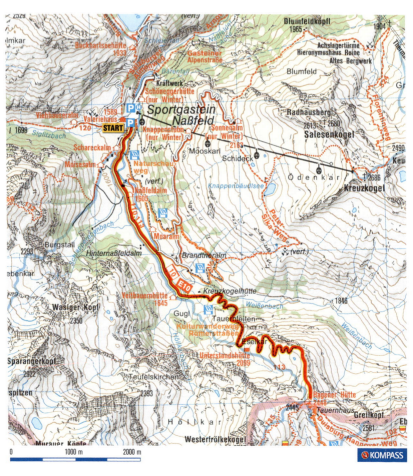

ZUR HAGENER HÜTTE

Über dem Niederen oder Mallnitzer Tauern erhebt sich der Vordere Gesselkopf, 2974 m.

Das 1836 unterhalb des Niederen oder Mallnitzer Tauerns eröffnete Tauernhaus ist eines der jüngsten Hospize, die einst die Überschreitung des Alpenhauptkamms erleichterten. Die Saumzüge, die sich hier vorbeiquälten, waren auch um die etwas weiter oben, am Pass, angebrachte Nebelglocke froh, denn nur allzu oft hieß es: „Am Tauern tut's schauern". So taten sich Saumtierführer zu „Trieben" mit bis zu 40 Lastpferden zusammen, um sich in Notfällen Beistand zu leisten. Oder, wie auch überliefert ist, um bei den Mautstationen mehr Durcheinander hervorzurufen, wodurch das eine oder andere Gut auch „schwarz" hinüberging. Der 2448 m hoch gelegene Passeinschnitt, in dem uns heute die gastliche Hagener Hütte erwartet, hätte jedenfalls viel zu erzählen: von den Römern, die eine heute noch sichtbare Straße von hüben nach drüben anlegten, von den Fuggern, die diese Route vermutlich ausbauten, von Schmugglern, die auf Brettern durch den Schnee abgefahren sein sollen, oder von der Autostraße, die hier einmal geplant war ...

Aufstieg: Vom Parkplatz in Sportgastein wandern wir zunächst auf der sanft ansteigenden Almstraße (Nr. 110/113) durch die Weiden des Naßfeldes nach Süden gegen den Talschluss hinan. Ab der Veitbauernhütte geht's auf dem steileren und serpentinenreichen Wanderweg durch das Eselkar zur Hagener Hütte am Mallnitzer Tauern empor – bis auf kurze Abschnitte immer auf oder nahe der Römerstraße.

Abstieg auf der gleichen Route. Sehr reizvoll ist auch die **Variante**, auf der Kärntner Seite nach Mallnitz abzusteigen (siehe Tour 78) und mit der Bahn durch den Tauerntunnel nach Böckstein bei Bad Gastein zurückzukehren. In diesem Fall muss man zuvor per Bus oder Taxi nach Sportgastein anreisen.

RAURIS
61

Ins Seidlwinkltal
Kleine Rauriser Paradiese

Ausgangspunkt: Parkplatz Fleckweide im Seidlwinkltal, 1108 m. Zufahrt über Rauris nach Wörth, dort rechts abzweigen und noch 6 km durch das Seidlwinkltal (zu Fuß von der Bushaltestelle in Wörth 1,5 h).
Charakter: lange, aber einfache und landschaftlich eindrucksvolle Talwanderung auf einem Fahrweg.

Gehzeit: zum Rauriser Tauernhaus 2 h, weiter zur Litzlhofalm 30 Min., zurück 2,5 h.
Höhenunterschied: 400 m.
Einkehr: Rauriser Tauernhaus, Gollehen- und Palfneralm.
Karte: KOMPASS Nr. 39, 50.
Reise-Atlas: Seite 7.

Rauriser Tauernhaus

Die Rauris – das 30 km lange Tal von der wilden Kitzlochklamm bei Taxenbach bis zum Gletscher-Dreigestirn Schareck – Sonnblick – Hocharn – ist ein ganz besonderer Schatz des Salzburger Landes. Im tief eingeschnittenen Seidlwinkltal, das beim Weiler Wörth von Westen her einmündet, sind die Menschen schon sehr lange unterwegs: Man fand dort einen 3600 Jahre alten Bronzedolch und einen goldenen Halsring, wie ihn keltische Damen im 5. Jahrhundert v. Chr. trugen. Ein uralter Saumweg führt von der munteren Seidlwinklache auf den 2576 m hohen Heiligenbluter Tauern. Diesen Übergang ins kärntnerische Mölltal nützt heute die Großglockner-Hochalpenstraße, die sich aus dem benachbarten Fuscher Tal emporwindet.

Das 1491 erstmals urkundlich bezeugte Rauriser Tauernhaus erinnert noch an die Blütezeiten des Handels über den Alpenhauptkamm. Besonders gerne wurde „Venedigerware" über das tückische Gebirge „gesäumt": Wein und Südfrüchte, Glas, Seife und Gewürze. Im Gegenzug gingen Salzfässer, Pelze und Edelmetalle nach Süden – bei Wind und Wetter, meist auch im Winter.

Der Weg **zum Rauriser Tauernhaus** ist rasch erklärt: Wir folgen der Schotterstraße, die weiter ins Seidlwinkltal hineinführt. Neben der Seidlwinklache – vorbei an der Gollehen- und der Palfneralm – erreichen wir das gastliche Schutzhaus im hinteren Talgrund. Es lohnt sich, auf dem anschließenden, etwas steileren Weg Nr. 114 noch bis zur Litzlhofalm, 1727 m, weiterzugehen. **Zurück** auf der gleichen Route.

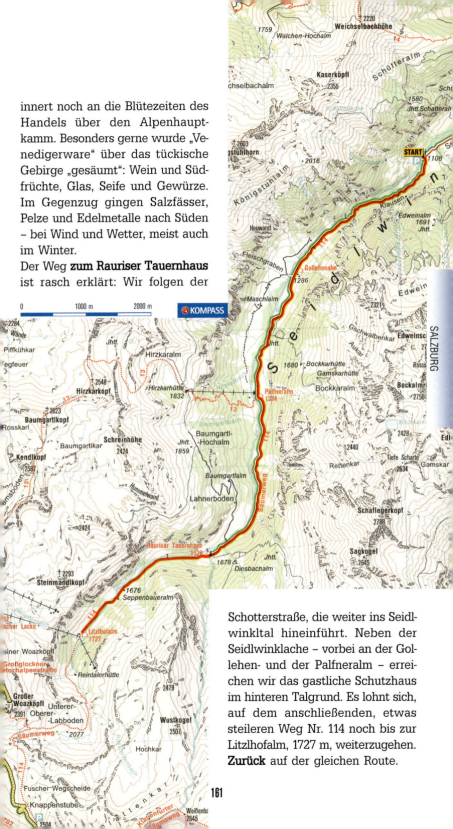

RAURIS
62

Der Tauerngold-Rundwanderweg
Goldrausch und Gletscherglanz

Ausgangspunkt: Kolm-Saigurn, 1596 m. Zufahrt von Taxenbach über Rauris (Maut).
Charakter: hochalpine Bergwanderung auf gut markierten, aber steilen und steinigen Steigen. Vorsicht, bis in den Sommer hinein bestehen gefährliche Schneefelder! Über den Tauerngold-Erlebnisweg ist eine Broschüre der Naturfreunde erschienen.
Gehzeit: zum Naturfreundehaus Neubau 2 h, Tauerngold-Rundwanderweg ca. 3 h (Tauerngold-Erlebnisweg zur Fraganter Scharte und zurück zusätzlich 2,5 h), Abstieg 1,5 h.
Höhenunterschied: 900 m (mit Tauerngold-Erlebnisweg insgesamt 1350 m).
Einkehr: in Kolm-Saigurn, Naturfreundehaus Neubau.
Karte: KOMPASS Nr. 39, 50.
Reise-Atlas: Seite 7.

Die Furcht vor Göttern und Geistern konnte die Menschen früherer Zeiten noch so vom Gebirge abschrecken – Gold lockte sie trotzdem hinauf. Das gleißende Edelmetall der Tauern war vielleicht schon in der Jungsteinzeit bekannt. Ein wahrer „Goldrausch" brach hier um die Mitte des 16. Jahrhunderts aus – damals wurden manche Stollen noch auf über 3000 m Seehöhe in den Hohen Goldberg geschlagen. Im 19. Jahrhundert versuchte es der Rauriser Gewerke Ignaz Rojacher noch einmal. Er ließ die alten Anlagen in Kolm-Saigurn ausbauen und konstruierte einen spektakulären Schrägaufzug, der mit einem 11 m großen Wasserrad betrieben wurde. Nach einer kurzen Blütezeit versiegte der Bergsegen jedoch endgültig.
Zum Naturfreundehaus Neubau führen zwei Steige aus dem Talschluss von Kolm-Saigurn: der kürzere, aber steilere (Nr. 122) am Barbara-Wasserfall vorbei und der längere, aber gemütlichere Familienwanderweg (eine Etappe des Arnoweges) östlich davon (Nr. 111 Richtung Niedersachsenhaus, dann rechts abzweigend Nr. 119).
Der **Tauerngold-Rundwanderweg** beginnt direkt beim Naturfreundehaus Neubau und führt – vorbei am ehemaligen Maschinenhaus und am Radhaus des Schrägaufzugs – zum Gletscherbach. Bei der Weg-

DER TAUERNGOLD-RUNDWANDERWEG

teilung jenseits der Brücke bleiben wir links und gelangen über den Obermayer-Felsen und einen weiteren Steinbuckel ins Moränengelände vor dem Goldberggletscher (Vogelmayer-Ochsenkarkees). Hier, im wild zerklüfteten Felszirkus am Fuße des Sonnblicks, folgen wir dem Rundkurs des Gletscherschaupfades. Vom kleinen Gletschersee wandern wir dann neben dem Schmelzwasserbach abwärts, überqueren ihn nach rechts auf einem Steg und erreichen – durch Moränenschutt und Abraumhalden ansteigend – die Ruinen des Knappenhauses, 2341 m. Dort finden wir den ehemaligen Bodenstollen mit Resten von Wohn- und Wirtschaftsgebäuden und großen Abraumhalden. Auf der 450 m langen und ebenen Trasse der einstigen Schleppbahn kommen wir zum verfallenen Bremserhäusl, von dem der Weg auf und neben der Trasse des 1880 in Betrieb genommenen Schrägaufzugs zum Naturfreundehaus Neubau hinabzieht.

Variante: Beim verfallenen Bremserhäusl zweigt der **Tauerngold-Erlebnisweg** bergseitig ab. Dieser mit sieben Stationen ausgestattete Themenweg zieht vom Naturfreundehaus Neubau über den Hohen Goldberg und oberhalb der „Wintergasse" zur 2754 m hoch gelegenen Fraganter Scharte hinauf. Unterwegs sind zahlreiche Relikte des

Relikte des Radhauses

Goldbergbaus zu sehen – Tagschurfe und Stollen, Abraumhalden, Ruinen von Knappengebäuden samt Schmiedewerkstätten.

Abstieg nach Kolm-Saigurn auf einem der genannten Wege.

Der Rauriser Urwald

Ein echter Urwald ist er natürlich nicht – aber er könnte es unter dem Management des Nationalparks wieder werden. Der romantische, mit kleinen Moortümpeln geschmückte Durchgangswald im Osten von Kolm-Saigurn lädt jedenfalls zu einem interessanten Rundgang ein, denn der Naturschutzbund hat hier einen Lehrpfad eingerichtet (vom Ammererhof Richtung Naßfeld, Gehzeit 1,5–2 h).

Der Sonnblick ruft!

Alpin erfahrene und schwindelfreie Bergsteiger wird der Hohe Sonnblick, 3106 m, locken. Ein steiler, felsiger und stellenweise gesicherter Steig führt vom Naturfreundehaus Neubau über die kleine Rojacher Hütte und den Südostgrat auf seinen Gipfel (2,5–3 h, Abstieg 2 h). Direkt auf der luftigen Zinne thronen das Zittelhaus und das 120 Jahre alte Sonnblick-Observatorium, Österreichs älteste Wetterstation.

FUSCH AN DER GLOCKNERSTRASSE

63

Rotmoos, Trauneralm, Hochmais
Naturwunder im Fuscher Tal

Ausgangspunkt: Ferleiten an der Großglocknerstraße, 1151 m, Parkplatz beim Wildpark vor der Mautstelle. Man kann auch per Bus zum Hochmais oder von dort zum Ausgangspunkt hinunterfahren.
Charakter: einfache Tal- und Almwanderung auf Forststraßen und guten Wegen. Über das Ferleitental gibt's einen naturkundlichen Führer.
Gehzeit: zur Trauneralm 2 h (Abstecher zum Rotmoos zusälzlich 1 h hin und zurück), zum Hochmais 1 h, Rückweg 2 h.
Höhenunterschied: 700 m.
Einkehr: in Ferleiten, Trauneralm.
Karte: KOMPASS Nr. 39, 50.
Reise-Atlas: Seite 7.

Viele kennen es wohl nur aus dem Autofenster: Durch das 20 km lange Fuscher Tal zieht die 1935 eröffnete Großglockner-Hochalpenstraße, bevor sie sich von der Mautstelle in Ferleiten zum Fuscher Törl emporschlängelt. Ihre kunstvolle Streckenführung gibt eine faszinierende Sicht zu den gegenüber aufragenden Eisriesen frei. Das 3564 m hohe Wiesbachhorn, ein eleganter Dreikant, der wie der Großglockner aus hartem Grünschiefer besteht, überragt den Talboden um mehr als 2400 m und hält damit den Rekord in den Ostalpen. Trotzdem geriet der Talschluss, das Käfertal, ein wenig in Vergessenheit. Gut so, denn auf diese Weise blieb das dort gelegene Rotmoos weit gehend erhalten. Dieses Kalkniedermoor, ein seltener Landschaftstypus in den Hohen Tauern und ihr größter Moorkomplex obendrein, ist das erste Ziel einer beschaulichen Wan-

NATIONALPARK HOHE TAUERN

ROTMOOS, TRAUNERALM, HOCHMAIS

derung, die auch genug Zeit zum Betrachten der Gletscher rundum gewährt. Lawinen und abstürzende Eistrümmer nähren das Boggeneikees am Fuße des Wiesbachhorns, das niedrigste Eisfeld der Tauern – manche Eisbomben schlugen sogar noch auf dem Talboden auf.

Zur Trauneralm: Zunächst wandern wir auf der Brücke über die Fuscher Ache zum Gasthof Tauernhof. Dort nach links und auf dem sanft ansteigenden Fahrweg (Markierung Nr. 727) ins Ferleitental hinein. Nach der Abzweigung zur Vögerlalm geht's flach neben der Fuscher Ache zum Piffmoos weiter. Wer das Rotmoos besuchen möchte, zweigt dort rechts zur Stiegeralm ab und wandert am westlichen Rand des Talbodens weiter. Hinter einer Jagdhütte steht man dann vor dem sensiblen Naturjuwel im prachtvollen Talschluss. Bei der Abzweigung der Zufahrtsstraße zur Stiegeralm führt eine Brücke links über die Fuscher Ache, danach schlängelt sich die Forststraße in Kehren durch den Waldhang zur Trauneralm, 1522 m, hinauf.

Zum Hochmais zweigt bei den oberen Hütten links der Wanderweg Nr. 728 ab. Er führt durch den oberen Waldbereich ins Almgelände an der Großglockner-Hochalpenstraße (Infostelle, Bushaltestelle), 1850 m. Schautafeln erklären hier das fantastische Hochgebirgspanorama um das Käfertal und die Besonderheiten des tief unten sichtbaren Rotmooses.

Abstieg auf der gleichen Route.

Blick ins Käfertal

Glockner-Themen

An der Großglockner-Hochalpenstraße bilden Ausstellungen und Informationszentren, Schaupulte und Lehrwege eine „Sehschule der Natur". Auf der Salzburger Seite erwarten Sie folgende Attraktionen:

Fusch an der Glocknerstraße: Ausstellung über Moore und Feuchtwiesen.
Wildpark Ferleiten: mehr als 200 Tiere, u. a. Braunbären, Wölfe und Luchse.
Piffkar: Panoramaweg zum Thema Almwiesen und Bergwald (Gehzeit ca. 30 Min.).
Hochmais: Aussichtspunkt (siehe Tour).
Haus Alpine Naturschau: einzigartiges Museum auf 2300 m Seehöhe, das die ökologischen Zusammenhänge der alpinen Natur erklärt; Murmi-Show im Multivisionskino, botanischer Lehrweg, Gesteins- und Flechtenausstellung.
Fuscher Törl: Gedenkstätte, 2 km langer Abstecher auf die Edelweißspitze, 2572 m.
Infostelle Greifvögel: Ausstellung.
Fuscher Lacke: Ausstellung über den Bau der Glocknerstraße, Rundweg (30 Min.).
An mehreren Erlebnispunkten bestehen toll gestaltete **Themenspielplätze**: die „Goldgräberstätte", „Bau der Straße" oder „Schneevergnügen am Hochtor".
Info: www.grossglockner.at

SALZBURG

MITTERSILL

64

Plattachsee – Felber Tauern
Naturwunder neben der Felbertauernstraße

Ausgangspunkt: Hintersee im hinteren Felbertal, 1313 m. Zufahrt von Mittersill auf der Felbertauernstraße, nach gut 7 km rechts abzweigen.
Charakter: interessante Bergwanderung auf gut markierten Wegen und Steigen. Der gesicherte Trassensteig erfordert Trittsicherheit und Schwindelfreiheit. Vorsicht bei Altschneefeldern!
Gehzeit: zur St. Pöltner Hütte 4 h, Abstieg 2,5 h.

Einkehr: Gamsblickhütte, St. Pöltner Hütte.
Karte: KOMPASS Nr. 38, 50.
Reise-Atlas: Seite 7.

Anno 1495 schuf ein gewaltiger Felssturz im hinteren Felbertal ein glasklares Naturwunder: den 550 m langen und bis zu 10 m tiefen Hintersee. Die Bäche, die ihn speisen, bilden wunderbare Wasserfälle und durchströmen drei höher oben gelegene Seen. Ein gut begehbarer Weg führt in dieses hochalpine Paradies hinauf; der steile und recht ausgesetzte Trassenweg kürzt seine weite Schleife ab. Einen Haken hat die Sache aber doch: Die brutal hingeklotzte Hochspannungsleitung muss man sich wegdenken ...

Aufstieg: Wir wandern vom Parkplatz auf der Straße zum Hintersee, an der Gamsblickhütte vorbei und zur Hinterseealm. Dort beginnt der markierte Trassensteig, der zum Felber Bach führt und im Talschluss (Keesau) zu einem Wasserfall emporzieht. Davor nach links und durch Gebüsch bzw. über Wiesen zu einer Steilstufe, die mit Hilfe von Leitern und Stahlseilen überwunden wird. Neben dem Schleierwasserfall des Tauernbachs und an einer weiteren Kaskade vorbei zur Einmündung des Weges Nr. 917. Auf diesem rechts über kuppiges Gelände zum Plattachsee unter dem Tauernkogel. Über Schutt und Fel-

Etappenziel: der Plattachsee hoch über dem Felbertal

sen schlängelt sich der Weg schließlich zum Tauernkreuz im Felber Tauern hinauf. Rechts im kurzen, steilen Anstieg zur St. Pöltner Hütte.

Abstieg auf der gleichen Route. Von der Abzweigung unterhalb des Plattachsees geht man aber besser geradeaus auf dem Weg Nr. 917 weiter. Er führt über das flache Naßfeld (Querung des Tauernbachs) und dann durch die steilen Hänge hoch über dem Felbertal nach Norden, bis er sich links durch einen bewaldeten Graben zum Hintersee hinabwendet.

Klammweg & Lehrpfad

Im Bereich der Schößwendalm hat der Felber Bach eine kleine Klamm aufgerissen und bizarre Gebilde aus dem Gestein geschliffen. Nach der Brücke in der Kurve der Felbertauernstraße, vor der die Zufahrt zum Hintersee abzweigt, beginnt der Alte Almweg durch das Felbertal. Er führt durch die Schößwendklamm und am Tauernhaus-Spital vorbei zum Hintersee (1,5 h). Dort schließt sich ein Lehrpfad mit 10 Stationen am Nordufer an (ca. 1 h, dazu ist ein Naturführer erschienen).
Info: www.hohetauern.at

HOLLERSBACH
65

Larmkogel, 3017 m
Naturerlebnis im Hollersbach- und Habachtal

Ausgangspunkt: Hollersbach, 807 m. Rückfahrt von Weyer bei Bramberg per Bus.
Charakter: zweitägige hochalpine Bergtour auf Fahrwegen und stellenweise steilen und gesicherten Steigen. Besonders der Aufstieg zum Larmkogel erfordert Schwindelfreiheit. Bei Schneelage sehr gefährlich!
Gehzeit: zum Gasthof Edelweiß 2 h, weiter zur Neuen Fürther Hütte 3,5–4 h, auf die Larmkogelscharte 2,5 h (auf den Larmkogel zusätzlich 1 h hin und zurück), Abstieg zur Thüringer Hütte 1,5 h, zum Gasthof Alpenrose 1,5 h, über die Habachklause zur Bushaltestelle in Weyer bei Bramberg 2 h.
Höhenunterschied: 2200 m.

Einkehr: Gasthof Edelweiß, Neue Fürther Hütte, Thüringer Hütte, Moaralm, Gasthof Alpenrose, Gasthof Habachklause.
Karte: KOMPASS Nr. 38, 50.
Reise-Atlas: Seite 6.

Es gibt viele gute Gründe, im Hollersbach- und im westlich benachbarten Habachtal tüchtig auszuschreiten: zwei Lehrpfade, große Gletscher, Wasserfälle und Seen, urtümliche Almen und Herbergen, mittendrin ein echter Dreitausender und die Bergab-Wanderung durch das berühmte „Tal der Smaragde".

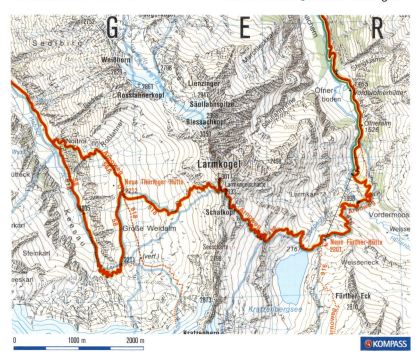

LARMKOGEL

Aufstieg: Von Hollersbach wandern wir nach Süden ins Hollersbachtal, wo eine Straße über einen kleinen Berg zum Gasthaus am Damm eines kleinen Stausees führt. Kurz dahinter muss man entscheiden, ob man auf dem Fahrweg weiterwandert oder auf dem beschilderten, mit 11 Infopulten ausgestatteten Bachlehrweg, zu dem man bald rechts abzweigt. Hinter der Wirtsalm treffen beide Routen wieder zusammen. Auf der Schotterstraße weiter taleinwärts, vorbei am Gasthof Edelweiß, 1219 m, und an der Rossgrubalm. Hinter dem Ofnerboden (kleiner See) erreicht man die Ofneralm, von der man auf dem Steig Nr. 916 über eine Karstufe zum Abfluss aus dem Vordermoos ansteigt. Zuletzt schräg durch die Talflanke zur Neuen Fürther Hütte hinauf, 2201 m. Unterhalb davon blinkt der große Kratzenbergsee.

Rechts auf dem Steig Nr. 918 über den Seeabfluss und in Serpentinen durch steile Gras- und Schutthänge in die Larmkogelscharte, 2933 m, empor. Den 3017 m hohen Larmkogel erreicht man über den rechts – nach Norden – aufsteigenden Blockgrat, dessen oberster Aufschwung nach links, dann nach rechts in der Ostseite und zuletzt wieder nach links erklommen wird.

Abstieg wieder in die Scharte, dann rechts auf dem Steig 918 durch Schutt und die Grasflanke der Großen Weidalm zur Neuen Thüringer

Auf dem Larmkogel

Hütte, 2212 m. Für den Abstieg ins Habachtal gibt's nun zwei Möglichkeiten: Rechts führt der Weg Nr. 58 A über steile Wiesen und dann in vielen steilen und z. T. gesicherten Kehren durch eine Steilstufe („Noitroi") ins Habachtal hinunter, während der linke Pfad Nr. 58 eine Schleife unter dem vergletscherten Talschluss zieht und unterhalb der Felsflanken den Habach talauswärts begleitet. Von etwa 1600 m geht's auf gemeinsamer Route zur Moaralm hinab.

Dort trifft man auf die 13. Station des Geolehrpfades Habachtal, dem man nun auf dem langen Fahrweg talauswärts folgt – vorbei am Gasthof Alpenrose und am Gasthof Enzian. Steiler geht's zur Wennseralm hinab. An der Nationalparkgrenze (schöner Gletschertopf) zweigt man rechts ab und wandert auf dem Geolehrpfad neben dem rauschenden Bach zum Gasthof Habachklause, 872 m, hinaus. Auf der Zufahrtsstraße noch 1,5 km – über die Salzachbrücke – zur Bushaltestelle an der Bundesstraße in Weyer.

NEUKIRCHEN AM GROSSVENEDIGER

66

Zum Seebachsee, 2083 m
Umwege in die Stille

Ausgangspunkt: Gasthof Siggen, 891 m, südwestlich von Neukirchen am Großvenediger. Zufahrt von dort über Sulzau (zu Fuß von der Bushaltestelle in Rosental 30 Min.). Mit dem Auto kann man noch 3 km weiter ins Obersulzbachtal fahren; Parkplatz auf dem Hopffeldboden, 1067 m. Taxi-Zufahrt von Neukirchen zur Berndlalm und weiter zur Postalm, Tel. ++43(0)6565/6520 oder ++43(0)664/9166718.

Charakter: Bergwanderung auf Forststraßen und markierten, aber stellenweise sehr steilen Bergpfaden (Trittsicherheit nötig).
Gehzeit: zur Berndlalm 2–2,5 h, zum Seebachsee 1,5 h, Abstieg 2,5–3 h.
Höhenunterschied: 1200 m.
Einkehr: Almgasthof Berndlalm; in der Seebachalm ist manchmal Milch erhältlich.
Karte: KOMPASS Nr. 38, 46, 50.
Reise-Atlas: Seite 6.

NATIONALPARK HOHE TAUERN

ZUM SEEBACHSEE

Hoch über dem Seebachfall im Obersulzbachtal – schier Lichtjahre vom „Venediger-Highway" entfernt – liegt die Abendweide des „Seebachers". Dieser Hirte betreut jeden Sommer unter recht kargen Umständen an die 1600 Schafe. Hinter seiner Hütte glitzert ein stiller Wasserspiegel unter vergessenen Gipfeln – ein Nationalparkziel der besonderen Art.

Aufstieg: Wir wandern auf der Forststraße (Markierung Nr. 12 A) auf der östlichen Talseite am versteckten Blausee vorbei und oberhalb des Obersulzbachs – zuletzt auf einem Waldsteig – der Kampriesenalm entgegen (vom Parkplatz am Hopffeldboden kommt man über einen Steg herüber). Auf dem Zufahrtsweg und dann links auf einem Pfad zur Forststraße, die sich in Kehren emporwindet. Auf dieser links zur Berndlalm, 1514 m, hinauf. Knapp unterhalb des Gasthauses wird der Seebach-Wasserfall sichtbar und gleich darauf ermöglicht eine Aussichtskanzel den Blick auf den 80 m hohen Gamseckfall des Obersulzbachs.

Wir folgen der Straße noch ein Stück taleinwärts, an einer Kapelle vorbei, zur Poschalm (herrlicher Blick auf den Talschluss unter dem Großen Geiger). Dort quert ein Steg den Obersulzbach. Jenseits folgen wir dem steilen Steig Nr. 18 durch den Waldhang aufwärts. Bei einer Abzweigung geradeaus und weiter hinauf, bis wir hinter der Abendweide schließlich den Seebachsee erreichen.

Für den **Abstieg** wählen wir den auf der Abendweide nordwärts abzweigenden, ebenfalls mit Nr. 18 bezeichneten Pfad über die Seebachalm, der in zahlreichen Serpentinen über einen sehr steilen Waldrücken wieder ins Obersulzbachtal hinunterführt. Auf der Forststraße links zum Hopffeldboden und weiter zum Gasthof Siggen hinaus.

Dem Himmel nah: der Seebachsee

Das Untersulzbachtal

Der einzige Platz im Pinzgau, der einen Blick aus dem Tal zum Großvenediger gewährt, befindet sich bei der Mündung des Untersulzbachs südlich von Neukirchen. Dahinter verbirgt sich ein hoher Wasserfall, und noch weiter talein – in der Knappenwand – eine der bedeutendsten Epidotfundstellen der Welt. Ein Geolehrpfad (Knappenweg) erschließt das alte Kupferbergbaugebiet im vorderen Talbereich. Er beginnt bei der Einödbrücke beim Gasthof Schiedhof und führt als Rundkurs zum Schaubergwerk Hochfeld (Gehzeit 2 h, Anmeldung für Führungen im Tourismusbüro, auch Taxi-Zufahrt).
Info: www.schaubergwerk-hochfeld.at

NEUKIRCHEN AM GROSSVENEDIGER

67

Ins Obersulzbachtal
Auch das „ewige Eis" ist nicht ewig!

Ausgangspunkt: Gasthof Siggen, 891 m, südwestlich von Neukirchen am Großvenediger. Zufahrt von dort über Sulzau (zu Fuß von der Bushaltestelle in Rosental 30 Min.). Mit dem Auto gelangt man noch 3 km weiter bis zum Parkplatz Hopffeldboden im Obersulzbachtal, 1067 m. Taxi-Zufahrt von Neukirchen über die Berndl- und die Postalm bis zur Talstation der Materialseilbahn zur Kürsingerhütte, Tel. ++43(0)6565/6520 oder ++43(0)664/9166718.
Charakter: je nach dem Ausgangspunkt eine lange oder eine kurze Talwanderung bis ins Gletschervorfeld; man begeht Fahrwege und steinige Pfade. Zum Gletscherlehrweg gibt's eine OeAV-Broschüre.
Gehzeit: zur Postalm 3–3,5 h (ab Parkplatz Hopffeldboden 2,5 h), Gletscherweg Obersulzbachtal hin und retour 4–5 h, Rückweg ca. 2,5 h.
Höhenunterschied: 1300 m (ab Postalm 500 m, ab Taxi-Endstation knapp 300 m).
Einkehr: Almgasthof Berndlalm, Postalm.
Karte: KOMPASS Nr. 38, 50.
Reise-Atlas: Seite 6.

16 km² war das Obersulzbachkees im Jahre 1850 groß. Damals reichte seine eisige Zunge bis auf 1800 m Seehöhe hinab. Mittlerweile muss man mehr als 2,5 km und 400 Höhenmeter weiter zum „ewigen Eis" hinaufwandern: Ein Gletscherweg folgt seinem Rückzug. Er erzählt vom „Leben und Sterben" des alpinen Eises sowie von Flora und Fauna unter dem Venediger.

INS OBERSULZBACHTAL

Ins Obersulzbachtal: Wir wandern wie bei Tour 66 vom Gasthof Siggen oder vom Hopffeldboden ins Obersulzbachtal und zur Berndlalm, 1500 m. Weiter durch das sanft ansteigende Tal, vorbei an der Posch- und der Foissenalm bis zur Postalm, 1699 m, und zur unbewirtschafteten Obersulzbachhütte. Dort beginnt der **Gletscherweg**

Obersulzbachtal. Er folgt den Kehren des Fahrwegs (nicht abschneiden!) bis zum Keesboden hinauf, zweigt bei der Talstation der Materialseilbahn rechts ab und führt zum Bach, der auf einem Steg übersetzt wird. Danach steigt er durch Moränenschutt und über glatt geschliffene Felsen bis zur Zunge des Obersulzbachkees an. Keinesfalls über das Gletschereis aufsteigen – an seinem Rand können jederzeit Steine abrutschen!

Der Große Geiger, 3360 m, die Kulisse auf dem Weg zum Gletscher

Zurück wandern wir auf der gleichen Route.

SALZBURG

NEUKIRCHEN AM GROSSVENEDIGER

68

Keeskogel, 3291 m
Dünne Luft und weite Sicht

Ausgangspunkt: Talstation der Materialseilbahn zur Kürsingerhütte im hintersten Obersulzbachtal, 1929 m. Zufahrt mit dem Taxi von Neukirchen über die Postalm, Tel. ++43(0)6565/6520 oder ++43(0)664/9166718 (zu Fuß wie bei Tour 67).

Charakter: zur Kürsingerhütte eine hochalpine Bergwanderung auf gut angelegtem Pfad mit einer ausgesetzten und gesicherten Passage. Der Gratanstieg auf den Keeskogel ist felsig und stellenweise ausgesetzt (hochalpine Erfahrung, Trittsicherheit und Schwindelfreiheit sind notwendig, Pickel und Steigeisen leisten oft gute Dienste). Bei Nebel oder Vereisung gefährlich!

Gehzeit: zur Kürsingerhütte 1,5 h (ab Parkplatz Hopffeldboden 5–6 h, von der Postalm 3 h), auf den Gipfel 2,5 h, Abstieg 3 h (zum Hopffeldboden 5 h).

Höhenunterschied: 1350 m (ab Postalm 1600 m, ab Hopffeldboden 2400 m).

Einkehr: Kürsingerhütte.

Karte: KOMPASS Nr. 38, 50.

Reise-Atlas: Seite 6.

NATIONALPARK HOHE TAUERN

174

KEESKOGEL

Bei guten Verhältnissen haben auch klettergewandte Kinder ihre Freude mit dem Keeskogel.

Möchten Sie klare „Dreitausenderluft" schnuppern? Diesen Traum kann man sich hoch über der Kürsingerhütte auch ohne Seil und Spaltengefahr erfüllen – sichere Wetterverhältnisse, einen aperen Gipfelgrat und gute Kondition vorausgesetzt. Das wunderbar gelegene Schutzhaus erinnert an Ignaz von Kürsinger, den umtriebigen Pfleger (eine Art Landrat oder Bezirkshauptmann) von Mittersill, der maßgeblich an der ersten Ersteigung des Großvenedigers im September 1841 beteiligt war. Herrlich ist der Ausblick schon aus dem Hüttenfenster, doch auf fast 3200 m Seehöhe erwartet Sie eine wirklich arktisch anmutende Rundsicht: hinunter zur „klassisch" ausgeprägten Zunge des Untersulzbachkees, hinüber zum Großen Geiger – und hinauf zur immerhin noch 375 m höheren Firnspitze der „weltalten Majestät" des Großvenedigers.

Zur Kürsingerhütte: Wir wandern zunächst wie bei Tour 67 ins hintere Obersulzbachtal. Vor der Materialseilbahn zweigen wir links ab (Wegweiser „Kürsingerhütte") und wandern im sanften Anstieg durch Schutt zur Keeslahnerwand. Diese wird auf dem ausgesetzten, aber gut mit Stahlseilen gesicherten „Klammlsteig" überwunden (herrlicher Blick zum Gletscher). Oberhalb der Abstürze geht's über Wiesenhänge zur 2548 m hoch gelegenen Kürsingerhütte weiter.

Die Route **auf den Keeskogel** folgt dem Venediger-Zustieg, zweigt aber bald links ab und führt durch den Schutt des Keeskars höher. Auf ca. 3100 m Seehöhe erreicht man den blockigen Südwestgrat. Seine ausgesetzte, im oberen Bereich durch ein dünnes Stahlseil entschärfte Schneide wird bis zum Gipfelkreuz erklettert.

Abstieg auf der gleichen Route.

KRIMML
69

Gamsspitzl, 2888 m
Eine Aussichtsloge über der Gletscherarena

Ausgangspunkt: Krimml, 1067 m. Taxi-Zufahrt (nur nach Vereinbarung) von Krimml durch das Krimmler Achental zur Innerkeesalm, 1810 m, Tel. ++43(0)6564/8241.
Charakter: hochalpine Bergtour auf gut markierten, aber stellenweise schmalen und felsigen Steigen, die Trittsicherheit und Schwindelfreiheit erfordern. Gipfelersteigung nur bei sicherem Wetter und schneefreiem Gelände ratsam!
Gehzeit: zur Warnsdorfer Hütte 2 h, Abstecher zum Eissee und zurück 1 h, auf das Gamsspitzl 1,5 h, Abstieg 2,5 h.
Höhenunterschied: 1000 m.
Einkehr: Warnsdorfer Hütte.
Karte: KOMPASS Nr. 38, 50.
Reise-Atlas: Seite 6.

Das mehr als 20 km lange Tal dieses Baches bietet einige Attraktionen – etwa das schon 1389 urkundlich erwähnte Krimmler Tauernhaus und das 5 km² große Krimmler Kees am Fuße der 3499 m hohen Dreiherrnspitze. Wer die Gletscherwelt von oben betrachten möchte, ersteige das Gamsspitzl über dem Krimmler Törl. Dort befindet man sich in Tuchfühlung mit dem benachbarten, von Spalten zerrissenen Obersulzbachkees.

Aufstieg: Vor der Talstation der Materialseilbahn zur Warnsdorfer Hütte zweigt der Pfad Nr. 902 von der Almstraße ab. Wir folgen ihm in ein Kar hinauf. Von der Wegteilung am Beginn der Nationalpark-Kernzone links zur bereits sichtbaren Warnsdorfer Hütte, 2324 m.

Gleich oberhalb davon führt rechts ein markierter Pfad zum kleinen Eissee unter dem Krimmler Kees. Der Zentralalpenweg 902 zieht dagegen geradeaus über einen steilen Schutt-

GAMSSPITZL

rücken hinauf. Dann geht's über glatt geschliffene Felsplatten und durch Blockwerk (verzweigte Pfadspuren) an einem großen Steinmann vorbei. Zuletzt von links auf das felsige Gamsspitzl.
Abstieg auf der gleichen Route.

Auf einem „kleinen Großen": das Gamsspitzl-Gipfelkreuz

Die Krimmler Wasserfälle

Sie gelten als die höchsten Wasserfälle der Alpen (und weltweit als Nummer fünf): Die drei Wasserfallstufen südlich von Krimml, Österreichs einziges Naturdenkmal mit dem Europäischen Naturschutzdiplom, ziehen jedes Jahr tausende Besucher in ihren Bann. Über die insgesamt 380 m hohen Kaskaden stürzen im Durchschnitt 5,61 m^3 Wasser pro Sekunde – das würde reichen, um den Zeller See innerhalb eines Jahres zu füllen. An heißen Sommernachmittagen schwillt die Flut um mehr als die zehnfache Menge an – dann „schwitzen" die 23 großen und kleinen Eisfelder im 110 km^2 großen Einzugsgebiet der Krimmler Ache besonders stark in der Sonne.

Von Krimml spazieren wir zur Mautstelle der Gerlosstraße (Ausstellung „WasserWunderWelt"). Dann geht's auf dem (gebührenpflichtigen) Weg zum Unteren Achenfall und in vielen Serpentinen neben der mittleren Wasserfallstufe aufwärts (Aussichtskanzeln). Vorbei am Gasthof Schönangerl und am Oberen Achenfall zur Schettbrücke, 1482 m. Zurück auf der gleichen Route oder auf der Straße, die durch einen Tunnel und in Serpentinen abwärts führt. Auf dieser Seite des Tals verläuft auch der historische, im oberen Bereich allerdings recht verwachsene Tauernweg. Über die Krimmler Wasserfälle ist eine OeAV-Broschüre erhältlich.
Info: www.wawuwe.at

SALZBURG

KRIMML

70

Roßkopf, 2845 m
Gipfelglück über der Zittauer Hütte

Ausgangspunkt: Gasthof Finkau im Wildgerlostal, 1409 m. Zufahrt von Krimml (Gerlosstraße, Maut) oder Wald im Pinzgau (alte Gerlosstraße) bzw. von Gerlos; Abzweigung bei der Mautstelle knapp östlich des Gerlospasses. Wer den Übergang ins Krimmler Achental plant, sollte von Krimml per Bus oder Taxi anreisen und die Taxi-Rückfahrt vom Krimmler Tauernhaus organisieren, Tel. ++43(0)6564/8327 oder ++43(0)664/2612174.

Charakter: hochalpine Bergtour auf gut markierten, aber stellenweise schmalen und felsigen Steigen, die Trittsicherheit und Schwindelfreiheit erfordern. Nur bei guten Verhältnissen ratsam!

Gehzeit: zur Zittauer Hütte 2,5–3 h, auf den Roßkopf 1,5–2 h, Abstieg 3 h (Variante: Übergang zum Krimmler Tauernhaus 5 h, weiter nach Krimml 3 h).

Höhenunterschied: 1450 m.

Einkehr: Trisselalm, Zittauer Hütte, eventuell Krimmler Tauernhaus.

Karte: KOMPASS Nr. 38, 50.

Reise-Atlas: Seite 6.

Das Wildgerlostal führt in den westlichsten Bereich des Nationalparks Hohe Tauern, der schon zu den Zillertaler Alpen gehört. So gibt die 3303 m hohe Reichenspitze, der höchste Spitz im Osten dieser Gebirgsgruppe, die Richtung für den Aufstieg ins Reich der Zittauer Hütte an – flankiert vom Gabler, 3263 m, mit seinem Firnpolster. Das Wildgerloskees am Fuße der bei-

ROSSKOPF

den Bergcharaktere war eines der letzten, das in den späten 1980er Jahren noch vorstieß; inzwischen entspricht dieser zerklüftete Eismantel aber natürlich auch dem allgemeinen Trend des Gletscherrückgangs. Weder ungangbaren Fels noch Gletschergefahren hält der Roßkopf, der „Hausberg" der gemütlichen Zittauer Hütte, für Bergwanderer bereit – dafür aber ein großartiges Panorama.

Abstieg vom Roßkopf zum Unteren Gerlossee

Aufstieg: Wir wandern auf der Straße dem See entlang und rechts ins Wildgerlostal hinein. In Serpentinen (oder auf dem alten Weg neben der Leitenkammerklamm) geht's zur Trisselalm hinauf. Mäßig ansteigend durch das Trogtal zur Talstation der Materialseilbahn. Dort beginnt der markierte Hüttensteig, der über einen Moränenrücken zum „Klamml" (Wasserfall) führt. Davor nach rechts und auf Steinstufen (Seilgeländer) über eine Steilstufe zu zwei Marterln empor. Bald danach links abzweigen und über Gletscherschliffe bzw. Grashänge zur Zittauer Hütte, 2328 m, hinauf. Gleich dahinter liegt der überraschend große Untere Gerlossee, in dem sich die Reichenspitze und der Gabler spiegeln.

Wir gehen nun zum Ostufer des Sees und steigen dann über eine Steilstufe zum Oberen Gerlossee an. Bei der Abzweigung davor geradeaus weiter. Der Steig Nr. 540 führt über Rasen, Moränengeröll und Gletscherschliffe zu einer weiteren Wegteilung kurz vor der Roßkarscharte. Dort links abbiegen und zwischen Felstrümmern zum Blockgrat, über den man links ohne besondere Probleme auf den Gipfel gelangt.

Abstieg auf der gleichen Route.

Variante: Wer von der Abzweigung vor dem Oberen Gerlossee links auf dem Steig Nr. 511 weitergeht, erreicht die 2724 m hoch gelegene Rainbachscharte nördlich des Roßkopfs. Dahinter erblickt man das Krimmler Kees und die Venedigergruppe. Abstieg über eine gesicherte Passage ins Hintere Rainbachkar und zum Rainbachsee. Zuletzt wandern wir auf dem Drei-Länder-Weg im schrägen Abstieg durch südseitige Hänge, zwischen Latschen und durch Wald zum Krimmler Tauernhaus hinaus. Wer nicht mit dem Taxi nach Krimml fährt, marschiert auf dem Fahrweg durch das sanft absinkende Krimmler Achental – vorbei an der Söllnund der Holzlahneralm – zum Beginn des Wasserfallweges, der links neben den Krimmler Wasserfällen zum Gasthof Schönangerl und zur Gerlosstraße hinabzieht.

SALZBURG

GLOCKNERGRUPPE
71

Die Glocknerrunde
In sieben Tagen rund um den höchsten Berg Österreichs

Rauf kommt nicht jeder: Bergwanderern setzt der 3798 m hohe Großglockner schier unüberwindliche Hindernisse – mit Gletscherspalten, scharfen Felsgraten und dem berüchtigten Glocknerleitl. Umrunden lässt sich der höchste Österreicher jedoch relativ einfach – schneefreies Gelände und stabiles Schönwetter vorausgesetzt.
Der Österreichische Alpenverein hat in Zusammenarbeit mit dem Nationalpark Hohe Tauern die Voraussetzungen für einen Weitwanderweg der ganz besonderen Art geschaffen. Wer den Schildern der Glocknerrunde folgt, „schaukelt" eine Woche lang von Hütte zu Hütte und erlebt dabei nicht nur landschaftliche Höhepunkte, sondern gewissermaßen auch alpine Geschichte im Zeitraffer. Die Hochgebirgsstauseen von Kaprun, im Stubachtal und am Ursprung der Möll stehen im Kontrast zu weltvergessenen Gletscherkaren, aus

Die „klassische" Kärntner Seite des Großglockners im frühen Morgenlicht.

dem Bergbaurevier von Kals wurde ein Skigebiet und gleich neben der Großglockner-Hochalpenstraße breitet sich uraltes, bis heute mühevoll gepflegtes Bergbauernland aus. Selbst die einzelnen Etappenziele spiegeln die wechselhafte Entwicklung – vom Gründerzeit-Charme der Salmhütte bis zum modernen Berghotel Rudolfshütte. Unterwegs prägt natürlich immer wieder der Großglockner das Bild – ein Bergherrscher von jeder Seite. Daneben

gibt's viele weitere Naturwunder zu entdecken: Felszinnen und Aussichtslogen, Eisbrüche und die längste Gletscherzunge der Ostalpen, Seen, Wasserfälle und Moore. Eine kostenlose Broschüre über die Glocknerrunde gibt's beim Österreichischen Alpenverein, Tel. ++43 (0)512/59547-20, ww.alpenverein.at/ naturschutz/Nationalpark_Hohe_ Tauern/Glocknerrunde

Geführte Touren: Tel. ++43(0)6562/ 40939, www.nationalpark.at

KAPRUN – KALS AM GROSSGLOCKNER – HEILIGENBLUT – FUSCH

Ausgangspunkt: Kaprun, 786 m. Per Bus zum Kesselfall-Alpenhaus. Weiter mit einem Shuttlebus, dem Lärchwand-Schrägaufzug und einem weiteren Bus zur Endstation Heidnische Kirche am Stausee Mooserboden, 1672 m.
Charakter: mehrtägige, hochalpine und landschaftlich großartige Bergwanderung von Hütte zu Hütte. Die Glocknerrunde verläuft auf meist gut markierten, aber stellenweise schmalen und felsigen Steigen, die Trittsicherheit und Schwindelfreiheit erfordern. Nur bei guten Wetterverhältnissen ratsam, besondere Vorsicht ist bei Altschneefeldern geboten!
Gehzeit: 1. Tag 5–6 h, 2. Tag 6 h (Variante 7 h), 3. Tag 4 h, 4. Tag 5–6 h, 5. Tag 3 h (Variante 4 h), 6. Tag 8 h, 7. Tag 6–7 h.
Höhenunterschied: 5300 m Aufstieg und 6200 m Abstieg (Varianten 600 m mehr).

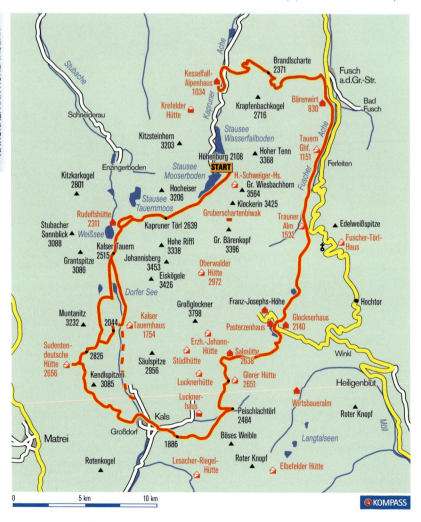

DIE GLOCKNERRUNDE

Einkehr: am Stausee Mooserboden, Berghotel Rudolfshütte, Sudetendeutsche Hütte (eventuell Kalser Tauernhaus), Lucknerhaus, Glorer Hütte, Salmhütte, Glocknerhaus, Traueralm, Gleiwitzer Hütte; Gasthöfe, Hotels oder Pensionen in Kaprun, Kals am Großglockner, Heiligenblut, Ferleiten und Fusch an der Glocknerstraße.
Karte: KOMPASS Nr. 38, 39, 46, 50.
Reise-Atlas: Seite 7/14.

Venedigerblick vom Dürrenfeld (3. Tag)

1. Tag: Wir überqueren die beiden Dammkronen des Mooserboden-Stausees, dem wir dann auf dem Weg Nr. 716 entlangwandern. Weiter in den vergletscherten Talschluss hinein. Nach einem Moränenwall durch den Schutt und Schnee der „Wintergasse" aufwärts, an einem kleinen See vorbei und am Fuße des mächtigen Hocheisers ins Kapruner Törl, 2639 m, hinauf. Jenseits steigen wir über ein Grasband und eine steile Schuttstufe ins Kar unter dem Torkees hinab. Zwischen Gras und Latschen (Hintere Ochsenflecke) zum Tauernmoossee, an dessen Südufer wir links abbiegen. Bei der nächsten Abzweigung nach rechts. Bald müssen wir entscheiden, ob wir rechts auf dem Weg über den Hinteren Schafsbichl oder auf der anspruchsvolleren „Steinernen Stiege" (Stahlseile, Leiter) zum Berghotel Rudolfshütte emporsteigen. Noch eindrucksvoller ist der links in den Ödenwinkel führende Gletscherlehrweg. Er biegt vor dem Ödenwinkelkees unter Johannisberg, Eiskögele und Kastengrat scharf rechts ab und führt zur Rudolfshütte hinab (1–1,5 h länger).

Gipfel zum „Mitnehmen"

Imbachhorn, 2470 m: von der Brandlscharte leicht in 30 Min. erreichbar.
Hoher Tenn, 3368 m: markierter, aber hochalpiner, ausgesetzter und stellenweise gesicherter Gratanstieg von der Gleiwitzer Hütte, 4 h. Abstieg vom vorgelagerten Kempsenkogel direkt zum Stausee Mooserboden (Gleiwitzer Höhenweg, 3–4 h).
Medelzkopf, 2761 m: einfacher Abstecher vom Kalser Tauern, 40 Min.
Großer Muntanitz, 3232 m: markierter Gratanstieg von der Sudetendeutschen Hütte über den Kleinen Muntanitz (dort kurzer ausgesetzter und gesicherter Abstieg), 2,5 h.
Blauspitz, 2575 m: vom Aussig-Teplitzer-Weg in 30 Min. erreichbar. Ausgesetzter Gratweg über den Blauen Knopf, Abstieg zur Ganotzalm, 1,5 h.
Kastenegg, 2821 m: der „Hausberg" der Glorer Hütte, leicht in 30 Min. erreichbar.
Böses Weibl, 3119 m: hochalpin, aber markiert und bei guten Verhältnissen relativ einfach vom Peischlachtörl über den Tschadinsattel (Schutt, Gletscherrest), 2 h (3 h ab Glorer Hütte).
Spielmann, 3027 m: vom Glocknerhaus, (siehe Tour 85).

SALZBURG – KÄRNTEN – TIROL

Hinweis: Von der Rudolfshütte kann man auf dem Weg Nr. 715 in 2 h via Grünsee zum Enzingerboden absteigen – oder mit der Seilbahn hinabfahren. Nach Uttendorf im Salzachtal besteht eine Busverbindung.
2. Tag: Wir gehen von der Rudolfshütte auf dem Weg Nr. 711 zum Weißsee und zum Kalser Tauern

hinauf, 2515 m. Abstieg ins Dorfertal zum Tauernbrünnl. Bei der folgenden Abzweigung rechts Richtung Sudetendeutsche Hütte, über den Seebach und auf dem Silesia-Höhenweg (Nr. 517) im Auf und Ab durch die Steilhänge hoch über dem Dorfer See (Prachtblick zum Großglockner und zu den Gletschern auf der gegenüberliegenden Talseite). Vor dem Spinevitrolkopf rechts abzweigen, unter dem Lukkenkogel und dem Großen Muntanitz zur Muntanitzschneid und in den Muntanitztrog hinab (Einmündung des Weges Nr. 514).
Rechts weiter, durch die Ploiwand und zum Gradötzsattel, 2826 m. Durch das Moränengelände vor dem Gradötzkees zur Einmündung des Sudetendeutschen Höhenweges und rechts zur Sudetendeutschen Hütte, 2656 m.
Variante: Einfacher ist es, unterhalb des Tauernbrünnls links auf dem Weg Nr. 711 ins einsame Dorfer Tal abzusteigen. Vorbei am Dorfer See gelangt man zum Kalser Tauernhaus, 1754 m. Dort rechts abzweigen und auf dem steilen Serpentinensteig Nr. 514 neben dem Stotzbach zum Muntanitztrog empor. Weiter wie oben beschrieben.
Hinweis: Vom Kalser Tauernhaus führt ein Fahrweg durch das untere Dorfer Tal und die eindrucksvolle Daberklamm nach Kals am Großglockner hinaus (2 h).
3. Tag: Nun geht's auf dem Sudetendeutschen Höhenweg (Nr. 502) wieder zurück, bei der zweiten Abzweigung jedoch nach rechts, durch das Stellachkar unter dem Gradötz und zur engen Dürrenfeldscharte hinauf (Seilsicherung). Dahinter in steilen Kehren ins karge Dürrenfeld hinab. Es folgt die lange Querung der steilen, von Rinnen durchfurchten Grashänge unter dem Tschadinhörndl bis zum Hohen Tor, 2477 m. Auf dem mittleren der drei hier zusammentreffenden Steige, dem Aussig-Teplitzer-Weg (Nr. 516), durch die Nordhänge unter dem Blauen Knopf und der Blauspitze. Links zum Knappenloch hinab und ins Skigebiet der Ganotzalm. Links zur Kapelle am Ganotzegg. Weiter zum Gasthof Glocknerblick und nach Großdorf ins Kalser Tal hinab. 1 km weiter in den Hauptort Kals-Ködnitz, 1324 m.

Zweimal Großglockner – vom Silesiaweg gesehen (oben) und über dem Leitertal (links)

4. Tag: Wir wandern zunächst in den Kalser Ortsteil Glor. Nach den Häusern rechts abzweigen und den Ködnitzbach übersetzen. Dann folgen wir dem Forstweg, der in einer Linkskurve aufwärts führt. Nach ca. 150 m treffen wir auf den Wegweiser „Lesachriegel". Auf dem gut ausgetretenen Steig erst in der Falllinie, dann in Serpentinen aufwärts. Nach 1,5 h erreicht man die Glorer-Garten-Alm. Links weiter und zu einem Brunnen, bei dem ein Schild zur Tschadinalm weist. Diesem folgend über die Mähder der Tschadinalm zum Peischlachbach. Nach seiner Überquerung rechts zum Peischlachtörl empor. Von dort folgen wir links dem sanft ansteigenden Wiener Höhenweg (Nr. 713) zur Glorer Hütte, 2642 m, im Berger Törl. Nach dem Wegweiser „Salmhütte" zur nahen Abzweigung. Links auf dem Lucknerweg (Nr. 45) am Oberen Glatzsee vorbei und in eine von Bächen durchplätscherte Mulde hinab. Gerade auf die Glatzschneidhöhe, jenseits den felsigen Glatzgang hinunter (Seilsicherung) und zur Wegkreuzung im hintersten Leitertal. Rechts abzweigen und auf dem Wiener Höhenweg (Nr. 702) zur Salmhütte, 2644 m.

Variante: Man kann von der Glatzschneidhöhe auch rechts über den Glatzberg zum Leiterbach ab- und zum Weg Nr. 702 hinaufsteigen. Auf diesem zur Salmhütte.

5. Tag: Weiter geht's auf dem Wiener Höhenweg (Nr. 741) in östlicher Richtung durch die immer steiler werdenden Wiesen unter dem riesigen, seltsam geformten Schwerteck, dem Schwertkopf und den Leiterköpfen zur Stockerscharte. Hier erblickt man zum ersten Mal die Gletscherzunge der Pasterze. Nun führt der Pfad steil hinunter. Nach der zweiten Kehre rechts zum Wiesenboden „Am Seele" und weiter zum Margaritzenstausee hinunter, 2000 m. Wir überqueren die beiden Dammkronen zum Nordufer. Zuletzt müssen wir rechts auf dem Gletscherweg Pasterze noch 132 Höhenmeter zum Glocknerhaus an der Glockner-Hochalpenstraße ansteigen. **Variante nach Heiligenblut:** von der Salmhütte auf dem Leitersteig (Nr. 919) in Serpentinen hinunter. Von der Weggabelung links und dem Weg Nr. 919 folgend über den Leikaufbichl zum Leiterbach hinab. Auf dem Leitersteig talauswärts, bis wir rechts über einen Steg gehen und zur Trogalm ansteigen. Bei der folgenden Abzweigung geradeaus weiter und durch einen Waldhang zur Bruchetalm hinab. Dort links abzweigen, auf einem Fahrweg am „First" vorbei und durch eine Felswand ins Mölltal hinab (lohnender Abstecher zum Gößnitzfall). Nach rechts und auf der Straße oder – schöner – auf dem Naturlehrweg Gößnitzfall-Kachlmoor (kleiner See) zur Möllbrücke. Links nach Heiligenblut hinauf, 1291 m.

6. Tag: Vom Glocknerhaus steigen wir auf dem Klagenfurter Jubiläumsweg (Nr. 702) zur Unteren Pfandlscharte an, 2663 m (siehe Tour 85). Jenseits folgen wir dem steilen Weg Nr. 728 durch Schneefelder und Geröll links vom Nördlichen Pfandlschartenkees zum „Späherbrünnl" hinab. In Kehren über den Oberen und den Unteren

DIE GLOCKNERRUNDE

Das ist die Salzburger Nachbarschaft des Großglockners und der Glocknerwand: Im Gipfelpanorama vom Spielmann (Tour 85) recken sich der Fuscher Karkopf und die Bärenköpfe über dem Bockkarkees in die Höhe.

Pfandlboden zur Traueralm abwärts. Von dort auf dem Fahrweg zum flachen Talboden des Ferleitentales hinunter. Neben dem Piffmoos und entlang der Fuscher Ache gelangen wir zum Tauerngasthof in Ferleiten. Der Wanderweg führt links der Fuscher Ache talauswärts nach Fusch, 813 m. Man kann von der Mautstelle in Ferleiten aber auch mit dem Bus dorthin fahren.

Variante ab Heiligenblut: Nach der Auffahrt mit der Großglockner-Bergbahn wandern wir von der Bergstation in nordöstlicher Richtung auf den Gipfel des Scharecks, 2606 m. Dann folgen wir dem Geo-Trail „Tauernfenster" (siehe Tour 84) über den Gratrücken und steil zur Mauskarscharte hinunter (Seilsicherungen). Auf dem Pfad Nr. 160 weiter zum Tauernkopf. Links auf dem Klagenfurter Jubiläumsweg (Markierung Nr. 102) zum Hochtor, 2505 m. Von dort gelangt man per Bus nach Fusch hinunter.

7. Tag: Von Fusch marschieren wir auf dem Weg Nr. 725 nach Süden. Bald rechts abzweigen und durch die Waldhänge südlich des Hirzbachs zur gleichnamigen Alm hinauf. Rechts in vielen Kehren zur Gleiwitzer Hütte, 2174 m. Dann folgen wir dem Weg Nr. 723 nach Norden zur ersten Gabelung. Links in die Brandlscharte, 2371 m, und jenseits gegen den Roßkopf hinunter. Es folgt der Abstieg links davon zur einstigen Harleitenalm, links in den Schwarzenbachgraben und zum Parkplatz der Gletscherbahn Kaprun, 911 m. Von dort fährt der Bus nach Kaprun hinaus.

Nationalpark Hohe Tauern – der Kärntner Anteil

Die „Pole" eines Nationalparks: Das Säuleck spiegelt sich im Dösner See – und der Großglockner beflügelt die Sinne (kleines Foto).

NATIONALPARK HOHE TAUERN

Hier geht's hoch her: Der Kärntner Teil des Nationalparks Hohe Tauern, ein 420 km² großes Gebiet rund um das Malta- und das Mölltal, bietet einige Superlative. So findet man hier den höchsten Berg Österreichs und den höchsten Wasserfall des Landes, aber auch den größten Gletscher der Ostalpen. Bereits 1918 stellte man das Gebiet

Sonnenaufgang – mit Blick zur Hochalmspitze

rund um den 3798 m hohen Großglockner unter Schutz. 63 Jahre später wurde in Kärnten der erste Nationalpark Österreichs gegründet. Er garantiert, dass die einzigartige Symbiose aus ursprünglicher Naturlandschaft und bergbäuerlicher Kulturlandschaft erhalten bleibt – nicht nur in seiner 277 km² großen Kernzone und seinen 36 km² Sonderschutzgebiet, sondern auch in seinem weiteren Umfeld.

So findet man in der gesamten Nationalpark Region Hohe Tauern Kärnten das selten gewordene Erlebnis unverfälschter Natur: Schluchten und Wasserfälle, Seen und Moore, Gipfel und Gletschereis. Zu etlichen Naturwundern führen Lehrpfade und Themenwege, von denen wir auf den folgenden Seiten eine Auswahl präsentieren. Und aus dem schier endlosen Meer der Gipfel ragen sieben besonders schöne Aussichtslogen hervor, die wir Ihnen ebenfalls im Detail vorstellen: die „Seven Summits" des Nationalparks.

Goldene Tauern. Bis ins 17. Jahrhundert blühte in den Hohen Tauern der Abbau von Gold und anderen edlen Metallen. Auch davon sind bis heute Spuren zu finden – in Bauwerken, Ortsbezeichnungen und Überresten einstiger Abbaustätten. Heute steht *TauernGold* für zertifizierte Hotels, Pensionen und Ferienwohnungen, die sich ganz dem Naturerlebnis in den Hohen Tauern widmen. Jeder dieser Betriebe hat sich seine individuelle Note bewahrt und widmet sich einem speziellen Thema – vom Goldbergbau über Sagen und Mythen bis zur hauseigenen Heilquelle. Dies garantiert „goldene" Entdeckungen – bei Wildtier-Beobachtungen mit Nationalpark-Rangern oder beim Rafting auf der Möll, beim Alpinreiten oder im Rahmen der *TauernGold* Kulinarik-Wochen ...

Höher hinaus. Spezialangebote für Bergsteiger und Wanderer bietet die Kooperation *TauernAlpin*. Die Bergwelt des Nationalparks zieht natürlich Alpinisten aus allen Ländern an – aber gleich daneben findet man auch stille Wanderreviere fernab des Massentourismus. Dank ausgesuchter Hotels und Gasthöfe

Urland & Kulturland: im Dösner Tal bei Mallnitz

sowie staatlich geprüfter Berg- und Skiführer aus der Region lassen sich Bergurlaube leicht organisieren und sicher genießen. Ob Seenwanderungen oder Hüttentrekking, Skitouren oder Eiskletterrouten auf Ihrem „Wunschzettel" stehen: Bergsteigerfrühstück und Gepäckstransport, Leihgeräte und Alpinbibliothek gehören einfach dazu.

Die Nationalpark Kärnten Card öffnet Ihnen das Tor zu mehr als 100 Attraktionen – vom gesamten Führungsprogramm des Nationalparks Hohe Tauern bis zur freien Fahrt auf der Großglockner-Hochalpenstraße, mit Seilbahnen und Schiffen, beim Goldwaschen oder in den Bädern der Region.

Hohe Tauern – Kärnten

NationalparkRegion Hohe Tauern Kärnten
9843 Großkirchheim, Döllach 1,
Tel. ++43(0)4825/20049,
www.nationalpark-hohetauern.at,
www.tauerngold.net, www.tauernalpin.at,
www.np-kaerntencard.at

Nationalpark Hohe Tauern – Kärnten
9843 Großkirchheim, Döllach 14,
Tel. ++43(0)4825/6161-0,
www.hohetauern.at

Infostelle Heiligenblut
Tel. ++43(0)4824/2700, Mitte Juni bis Anfang Oktober täglich 10–17 Uhr geöffnet.

Infostelle Malta
Tel. ++43(0)4733/220-16, Anfang Juni bis Ende September Montag bis Freitag 8–17 Uhr geöffnet.

MALTA
72

Malteiner Wasserspiele
Im „Tal der stürzenden Wasser"

Ausgangspunkt: Gasthof Falleralm, Parkplatz bei der Mautstelle der Maltatal-Straße, 840 m. Zufahrt von Gmünd über Malta.
Charakter: 5 km langer, familienfreundlicher Themenweg mit 18 Erlebnisstationen und aufwändigen Beobachtungsbauten. Dazu gibt's die detaillierte OeAV-Broschüre „Malteiner Wasserspiele".
Gehzeit: talein ca. 2 h, Rückweg 1,5 h.
Höhenunterschied: 400 m.
Einkehr: Falleralm, Gasthof Hochsteg, Gmünder Hütte.
Karte: KOMPASS Nr. 49, 50.
Reise-Atlas: Seite 15.

Der Schweizer Bergdichter Gustav Renker (1889–1967) hatte es noch einfach, das Maltatal zu beschreiben: Er sah die vielen Wasserfälle und nannte es „das Tal der stürzenden Wasser". Heute wird viel Wasser durch Ableitungen für das groß angelegte Malta-Kraftwerk, für das im Talgrund eine 200 m hohe Staumauer errichtet wurde, am Stürzen gehindert. Die felsigen Engstellen und Kaskaden der Malta und ihrer Zuflüsse sind jedoch auf einer hervorragend ausgestalteten Themenroute mit 18 Stationen erreichbar. Sie folgt dem alten, vom Alpenverein ausgebauten Fußweg, der vor der Entstehung der Kraftwerksanlagen den einzigen Zugang von Malta in den 25 km entfernten Talschluss ermöglichte.

Der **Naturlehrweg** führt von der Falleralm gleich unterhalb der Straße ins Tal hinein. Der erste Stopp erfolgt über dem Unteren Fallertumpf, wo das Wildwasser durch mitge-

MALTEINER WASSERSPIELE

rissenes Geröll glatte Kolke aus dem Gestein geschliffen hat. Auf hölzernen Konstruktionen kommen wir ganz nahe an diese felsigen Kunstwerke der Natur heran, auch bei den Oberen Fallertümpfen, über einer Klamm, am Hochsteg mit der Renker-Ruhe und – nahe der Straßenbrücke – am mehrstufigen Melnikfall. Von dort führt ein zweiter Ast des Lehrpfades um einen Waldhügel herum zum Ausgangspunkt zurück.

Weiter taleinwärts gelangen wir dagegen in einen Grauerlenwald, zum

Fallbach & Göß-Fälle

4 km nordwestlich von Malta, über dem Weiler Koschach, zeigt sich Kärntens größter Wasserfall in einer 200 m hohen Felswand. Eine kurze Wanderung führt zu ihm. Man kann auch zu einer eindrucksvollen Kanzel in halber Wandhöhe aufsteigen – dort führt sogar ein sehr schwieriger Klettersteig mit einer Seilbrücke vorbei. Unterhalb des Fallbach-Wasserfalls lädt ein Spielpark mit Sinnesplattform, Feuerkreis, Baumhäusern, Wasserlabor, Wasserlabyrinth und Spielplatz ein (Eintrittsgebühr); daneben steht die renovierte Fallermühle. Gegenüber vom Fallbach mündet der Gößgraben ein. Vom Parkplatz zwischen den Gasthöfen Zirmhof und Pflüglhof gelangt man auf einem Wassergedankenweg zum ca. 200 m entfernten Unteren Gößfall (Plattform, auch mit Rollstuhl erreichbar). Der abenteuerlich angelegte Steig führt durch die Gößbachklamm, vorbei an herrlichen Aussichtspunkten, zu den beiden hinteren Kaskaden (Fallhöhen bis zu 50 m).

Der Fallbach bildet Kärntens höchsten Wasserfall

Dreifaltigkeitsfall und zur Unteren Veidlbaueralm. Im Führer lesen wir von der hoch spezialisierten Vegetation, aber auch von der jahrhundertealten Almwirtschaft. Ein altes Tal zeigt, dass die Malta mitunter auch ihren Lauf änderte. Wir erreichen die mit Holz gedeckte Hochbrücke, neben der ein Gasthaus zu bodenständiger Labung einlädt. Oberhalb der Straße geht's weiter in die Talweitung der Schönau und zur traditionsreichen Gmünder Hütte des Alpenvereins. Unter den Resten des Hochalmfalls erreichen wir schließlich den Blauen Tumpf, eine besonders eindrucksvolle Schluchtpassage der Malta. **Rückweg** auf der gleichen Route.

MALTA
73

Mittleres Schwarzhorn, 2931 m
Eine Aussichtswarte im Reich der Osnabrücker Hütte

Ausgangspunkt: Parkplatz beim Kölnbrein-Stausee, 1933 m. Zufahrt auf der Mautstraße von Malta durch das Maltatal.
Charakter: hochalpine Zweitagetour auf markierten, aber steilen und felsigen Bergsteigen; für die weglose Gipfelersteigung sind Trittsicherheit, Schwindelfreiheit und Klettergewandtheit Voraussetzung. Empfehlenswerter OeAV-Naturführer „Elendtäler".

Gehzeit: von der Kölnbreinsperre zur Osnabrücker Hütte 2 h, auf das Mittlere Schwarzhorn 3 h, Abstieg durch das Kleinelendtal 3 h.
Höhenunterschied: 1100 m.
Einkehr: Berghotel Malta, Kölnbreinstüberl, Osnabrücker Hütte.
Karte: KOMPASS Nr. 49, 50.
Reise-Atlas: Seite 15.

NATIONALPARK HOHE TAUERN

In der wilden Urnatur zwischen dem 3252 m hohen Ankogel und der 3360 m hohen Hochalmspitze findet man das Große und das Kleine Elend. Trotz dieser traurig klingenden Flurnamen handelt es sich dabei um herrliche Hochtäler mit (immer noch) gewaltigen Gletschern, Almböden und Wasserfällen. Dazwischen ragt allerdings eine unnahbare Felsmauer empor: der Grat der drei Schwarzhörner. Die Ersteigung des Mittleren Schwarzhorns, eines der „Seven Summits" im Nationalpark Hohe Tauern, wird gute Bergsteiger begeistern – weniger Geübte vertrauen sich besser einem staatlich geprüften Bergführer an. So oder so: Der fantastische Rundblick sucht seinesgleichen!

Beim Sonnenaufgang wird auch das Südliche Schwarzhorn rot

Aufstieg: Vom Berghotel Malta wandern wir auf dem Fahrweg, der dem Kölnbrein-Stausee entlangführt (Nr. 502), taleinwärts. Über die Kleinelendbrücke zum Ende des Sees, dann geht's ansteigend durch das Großelendtal zur Osnabrücker Hütte, 2026 m. Im hinteren Talbereich blieb ein Stück des alten Hüttenweges erhalten.

Vom Schutzhaus steigen wir auf dem Tauernhöhenweg (Nr. 502) zum seltsam schrägen Fallbach-Wasserfall an, zweigen auf der Karstufe des Fallbodens rechts ab und wandern auf dem Pfad 538 über Schuttstufen aufwärts. Bei der nächsten Abzweigung nach rechts, auf dem Pfad Nr. 539 über einen Rücken zum Unteren und weiter zum Oberen Schwarzhornsee empor (Spiegelung der Hochalmspitze). Hinauf zur Zwischenelendscharte, 2692 m (Übergang ins Kleinelendtal).

Hier nach rechts und weglos im schrägen Anstieg durch den Schutthang zum Südostgrat des Südlichen Schwarzhorns. Dahinter liegt ein Schuttkar, das wir rechts unter dem Südlichen Schwarzhorn vorbei durchqueren. So erreichen wir den tiefsten Punkt im Verbindungsgrat zum Mittleren Schwarzhorn. In leichter Blockkletterei nach Norden zu seinem Gipfelkreuz hinauf.

Abstieg auf der gleichen Route. Von der Zwischenelendscharte rechts auf dem Steig Nr. 539 durch Moränen- und Almgelände ins Tal des Kleinelendbaches hinab. Rechts über den Steinkarboden und den Mitterboden wieder zum Stausee hinaus. Links auf dem Fahrweg zum Ausgangspunkt zurück.

OBERVELLACH

74

Zagutnig, 2731 m
Einsamer Gipfel in prominenter Nachbarschaft

Ausgangspunkt: Kaponigbrücke im gleichnamigen Tal, 1382 m. Zufahrt von Obervellach über den Weiler Kaponig.
Charakter: einsame Bergwanderung auf stellenweise schmalen Steigen über grasige, südexponierte Steilhänge, die bei Nässe erhöhte Vorsicht erfordern.
Gehzeit: Aufstieg 3,5–4 h, Abstieg 3 h.
Höhenunterschied: 1250 m.
Einkehr: unterwegs keine.
Karte: KOMPASS Nr. 49, 50.
Reise-Atlas: Seite 14.

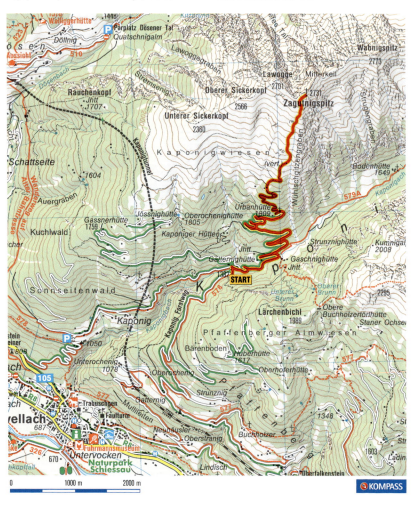

Der Lohn der Aufstiegsmüh: Vom Zagutnig schweift der Blick zum benachbarten Säuleck hinüber.

Der Nächste in der Reihe der „Seven Summits" zeigt zwei Gesichter: Der Zagutnig begrenzt das Dösner Tal bei Mallnitz mit nordseitigen Felsflanken, während er im Süden mit weiten, steilen Grashängen abdacht. Dort windet sich ein wenig bekannter Pfad zu seinem Gipfelkreuz hinauf – eine Route, die mit jedem Schritt nach oben ein weiteres Panorama gewährt. Tief unten liegt das einsame und urtümliche Kaponigtal, das die Nahtstelle zwischen dem Reich der Hochalmspitze und der Reißeckgruppe bildet. Es erweitert den Nationalpark seit einigen Jahren mit einer Fläche von 1971 ha, wovon 1366 ha auf die Kernzone entfallen. Was Unwetter hier anrichten, zeigen wilde Erosionsfurchen im brüchigen Kalkglimmerschiefer – starten Sie also nur bei stabilem Schönwetter!

Aufstieg: Wir wandern auf dem Fahrweg ins Kaponigtal hinein und biegen vor der Gaschnighütte links ab. Weiter hinauf zur Gatternigalm und zur Urbanhütte. Weiter auf dem markierten Pfad, der immer steiler wird, zum Zirmboden hinauf. Kurz vor einer Jagdhütte zweigt der schmale Steig zur Zagutnigspitze ab. Er führt sehr steil über die Kaponigwiesen aufwärts, quert weiter oben eine markante Erosionsrinne und zieht dann direkt zum Gipfel empor.

Abstieg auf der gleichen Route.

OBERVELLACH – MALLNITZ

75

Der Oberkärntner Dreischluchtenweg
Rabisch-, Groppenstein- und Raggaschlucht

NATIONALPARK HOHE TAUERN

Ausgangspunkte: Mallnitz, Ortsteil Rabisch, 1220 m; Obervellach, 687 m; Flattach, Ortsteil Schmelzhütten, 692 m. Wer den gesamten Dreischluchtenweg ab Mallnitz begeht, muss von Flattach mit dem Bus über Obervellach zurückfahren.
Charakter: drei eindrucksvolle Schlucht-Durchquerungen auf schmalen und steilen, aber gut abgesicherten Pfaden, die im Winter nicht begehbar sind (die Raggaklamm ist zwischen Anfang Mai und Anfang Oktober geöffnet, Eintrittsgebühr).
Gehzeit: Rabischschlucht hin und retour 1,5 h, Rundweg Groppensteinschlucht 2 h, Rundweg Raggaschlucht 1–1,5 h; Dreischluchtenweg insgesamt ca. 5 h.
Höhenunterschied: Rabisch- und Groppensteinschlucht jeweils ca. 100 m, Raggaschlucht 200 m.
Einkehr: Gasthöfe in Mallnitz, Obervellach und Flattach.
Karte: KOMPASS Nr. 49, 50.
Reise-Atlas: Seite 14.

Nicht nur auf den Gipfeln erlebt man Besonderes, sondern auch unten im Tal – z. B. in den Seitentälern der Möll. So stürzt der Mallnitzbach südlich der Ortschaft Rabisch durch die urtümliche **Rabischschlucht**, die durch einen nacheiszeitlichen Bergsturz entstanden ist. Daher strömt das Wildwasser über viele riesige Felsblöcke. Der Weg dorthin beginnt beim kleinen Stausee südlich der Autoverladung bei Mallnitz und en-

DER OBERKÄRNTNER DREISCHLUCHTENWEG

Naturwunder Wildwasser – links in der Groppenstein- und rechts in der Raggaschlucht

det beim ÖBB-Kraftwerk bei Lassach. Von dort ist es nicht weit zum Beginn der **Groppensteinschlucht**, die in Raufach bei Obervellach ins Mölltal mündet. Von dort zieht ein gut angelegter, stellenweise jedoch sehr schmaler und steiler, aber gut gesicherter Pfad empor – vorbei an drei Wasserfällen, von denen einer direkt unter der Burg Groppenstein über eine 40 m hohe Stufe stürzt. Vom oberen Schluchteinstieg beim Gasthof zur guten Quelle führt ein beschilderter Weg zur nahen Möllbrücke und links wieder zurück.

Zur Raggaschlucht: Von Raufen gehen wir kurz links Richtung Obervellach zur Bundesstraße und weiter südwärts zur Möll, die auf einer Brücke überquert wird. Dann wandern wir rechts auf einem 4 km langen Spazierweg taleinwärts bis Flattach. Noch vor dem Ort, im Weiler Schmelzhütten, beginnt links der beschilderte Weg in die **Raggaschlucht**. Wir gehen zum Klammgasthaus hinauf und folgen den soliden Stegen und Brücken in den wilden, bis zu 200 m tief eingeschnittenen Felsschlund hinein. Diese Klamm ist so eng und steil, dass man den 1882 erstmals eröffneten, aber immer wieder zerstörten und renovierten Schluchtweg nur bergauf begehen darf; stellenweise muss man sich an den Geländern und Stahlseilen regelrecht emporziehen. Vom oberen Ende der Schlucht steigen wir steil nach rechts an und erreichen eine Forststraße, die zum Schluchtgasthaus hinunterführt.

MALLNITZ

76

Säuleck, 3086 m
Seenzauber und Blockgletscher

Ausgangspunkt: Bahnhof Mallnitz-Obervellach, 1179 m.
Charakter: großartige Bergwanderung auf guten Wegen und Steigen in ein unberührtes Hochgebirgstal. Die Ersteigung des Säulecks, eines „leichten" Dreitausenders, erfordert allerdings Trittsicherheit und Schwindelfreiheit.
Gehzeit: zum Arthur-von-Schmid-Haus 4 h, auf das Säuleck 2,5 h, Abstieg 4 h.
Höhenunterschied: 1900 m.
Einkehr: Arthur-von-Schmid-Haus.
Karte: KOMPASS Nr. 49, 50.
Reise-Atlas: Seite 14.

Unter dem eleganten Felstrapez des Säulecks, eines der „Seven Summits" zwischen dem Ankogel und der Hochalmspitze, liegt ein wunderbares Tal. Dort glitzert ein relativ großer See, an dem man Stunden um Stunden verbringen könnte – umso mehr, als gleich daneben ein Schutzhaus steht. Schon beim Zustieg zu diesem landschaftlichen Kleinod sticht so manche botanische und geologische Besonderheit ins Auge, doch als Höhepunkt erwartet Sie über dem Ostende des Dösner Sees ein Gletscher, der nicht aus Eis, sondern aus Felsblöcken besteht. Nicht zu glauben? In der Broschüre, die der Alpenverein über das Tal herausgebracht hat, steht es schwarz auf weiß: Dieses Phänomen des Permafrostes besteht aus einem Schutt-Eis-Gemisch, das sich langsam hangabwärts bewegt. Es entsteht aus Schutt, in dem sich nachträglich Eis – genährt aus Niederschlag, Schmelzwasser oder Lawinen – anreichert. Ist der Eisgehalt hoch genug, beginnt das Gemisch zungenförmig zu fließen.

SÄULECK

Der Gipfelblick zum Trapez der Tristenspitze (davor Große Gößspitze und Dösner Spitze)

Aufstieg: So wandern wir in froher Erwartung vom Bahnhof den Schienen entlang talauswärts. Dann geht's durch eine Unterführung und am Umspannwerk vorbei zu den Häusern am östlichen Talhang. Hier beginnt ein steiler Wiesenweg (Rupertiweg Nr. 10), der Sie zu den Bauernhöfen am Sonnenhang hinaufleitet. Schließlich erreichen wir die Straße, die ins Dösner Tal und – vorbei am geheimnisvollen Kitzbrunn – zur unbewirtschafteten Konradhütte am gleichnamigen, nur periodisch mit Wasser gefüllten Mini-See führt.

Nun schlängelt sich der alte Hüttenweg in Serpentinen über zwei steile Geländestufen empor, dazwischen gönnt uns ein idyllischer Almboden eine Verschnaufpause. Zuletzt erreichen wir eine winzige Lacke im Blockschutt, die den unterirdischen Abfluss des gleich dahinter gelegenen Dösner Sees verrät. Gleich über dem See steht das Arthur-von-Schmid-Haus des Grazer Alpenvereins.

Von dort folgen wir dem steinigen Steig Nr. 534 durch die steilen Abhänge im Norden des Sees ins Gelände oberhalb der markanten Seewände hinauf. Unter den Felsen des Säulecks wenden wir uns nach links, gelangen in ein Kar und steigen in Serpentinen durch steile Blockfelder neben dem Südostgrat höher. Achtung: Bei der Abzweigung des Detmolder Steiges im Grazer Schartl knapp unterhalb des Gipfels links bleiben. So erreicht man über Schutt das Gipfelkreuz.

Abstieg auf der gleichen Route. Von den Schutt- und Schneefeldern am Fuße der Großen Gößspitze wandert man dann jedoch geradeaus (Sicherung) ins Kar und zur Mallnitzer Scharte (Heiligenfigur) hinab. Rechts auf dem Steig Nr. 533 zum erwähnten Blockgletscher und zum Dösner See hinab. Weiter auf dem Zugangsweg nach Mallnitz.

KÄRNTEN

MALLNITZ

Ins Seebachtal
Schön für Zug- und Wandervögel

Ausgangspunkt: Mallnitz, Nationalpark-Infozentrum bzw. Parkplatz bei der Ankogel-Seilbahn, 1260 m.
Charakter: einfache Familienwanderung auf Forststraßen und Wanderwegen. Dazu gibt's den OeAV-Naturführer „Seebachtal" und einen eigenen Kindernaturführer.
Gehzeit: hin und retour 2–3 h.
Höhenunterschied: ca. 100 m.
Einkehr: Gasthof Alpenrose, Jausenstation Schwußnerhütte.
Karte: KOMPASS Nr. 49, 50.
Reise-Atlas: Seite 14.

Das 14 km lange Seebachtal am Fuße des Ankogels ist das längste der Mallnitzer Tauerntäler. In seinem vorderen Bereich liegt der Stappitzer See, eine naturkundliche Besonderheit, die vor Jahrtausenden durch einen großen Bergsturz entstanden ist. Das flache Gewässer ist nicht nur ein beliebtes Ziel für Wanderer, sondern auch für etwa 40 verschiedene Zugvogelarten, die man zeitweise von einer Plattform aus beobachten kann. Hinter dem See ändert die Landschaft ihren Charakter: Wasserfälle stürzen über steile Felswände, urtümlicher Bergwald bedeckt den Talboden. Ganz hinten, im Talschluss, leuchtet das „ewige Eis" des Winkelkeeses aus den felsigen Abhängen der 3360 m hohen Hochalmspitze.

Ins Seebachtal: Wir folgen von der Seilbahnstation der Forststraße am Spielplatz vorbei und über den Seebach zum Nordufer des von Schilf

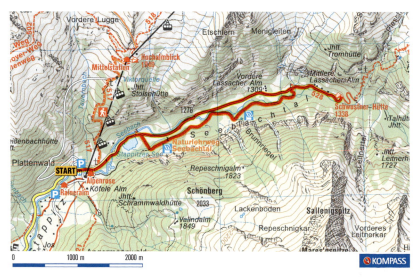

INS SEEBACHTAL

Landschaftsidyll in Blaugrün: der Seebachsee bei Mallnitz

gesäumten Stappitzer Sees. Der Seebach fließt übrigens gar nicht durch den See – er hat einen kleinen Damm aufgeschüttet und murmelt daneben vorbei. Hinter dem Wasserspiegel zweigt der mit 17 weiteren Info-Stationen ausgestattete naturkundliche Wanderweg ab: Wir begegnen u. a. einem „betenden Wald" (einem Erlenbestand, den Wind und Lawinen nach Osten gedrückt haben) und einem kleinen „Eisloch". Besonders eindrucksvoll ist jedoch Station 13, von der man auf gezählte fünf Wasserfälle blickt. Schließlich erreicht man die gemütliche Schwußnerhütte, die zu Rast und Stärkung einlädt.
Rückweg auf der gleichen Route.

NP-Zentrum BIOS

Im Nationalparkzentrum BIOS in Mallnitz werden alle Besucher zu Forschern. Im Laboratorium, Sensorium und in Sonderausstellungen taucht man hier in die verborgenen Geheimnisse des alpinen Lebens ein. Mehr als 350 Naturphänomene warten darauf, erkundet zu werden; zahlreiche Kleinstlebewesen laden ein, mit den Wundern der Natur Kontakt aufzunehmen. Für Kindergartengruppen und Schulklassen werden eigene Programme angeboten.
Das Nationalparkzentrum BIOS ist von Ende April bis Anfang Oktober täglich von 10 bis 18 Uhr geöffnet.
Info: Tel. ++43(0)4784/701, www.bios-hohetauern.at

MALLNITZ

78

Zum Mallnitzer Tauern
Auf den Spuren der Römer

Ausgangspunkt: Bahnhof Mallnitz-Obervellach, 1179 m, bzw. Parkplatz unterhalb der Jamnighütte, 1700 m.
Charakter: Bergwanderung auf guten Wegen und Pfaden, aber nur bei sicheren Verhältnissen ratsam. Dazu gibt's die Broschüre „Kulturwanderweg Römerstraßen".
Gehzeit: zur Jamnighütte 2 h (im Sommer auch Bus), zur Hagener Hütte 2 h, Abstieg 1,5 h (längere Tour über die Feldseescharte 3–4 h).
Höhenunterschied: 700 m bzw. 1260 m.
Einkehr: Jamnighütte, Hagener Hütte.
Karte: KOMPASS Nr. 49, 50.
Reise-Atlas: Seite 14.

Metalle, Salz, Wein, Stoffe, Gewürze – was ist in den vergangenen Jahrhunderten nicht alles über den Tauernkamm transportiert worden! Die Römer bauten die ersten Saumwege über den sogenannten Korntauern (nahe dem Ankogel) und den Niederen oder Mallnitzer Tauern; ihre Trassen sind da und dort noch zu sehen. Im Mittelalter stieg der Saumverkehr neuerlich stark an, u. a. durch die Goldbergwerke der Umgebung, die z. T. vom Salzburger Klerus ausgebeutet wurden. Heute kann man hier also in die Geschichte „zurückwandern".

Aufstieg: In der Sommersaison wird der Weg durchs Tauerntal meist mit dem Wanderbus abgekürzt. Wer wie ehedem per pedes losmarschieren möchte: Die Markierung des Ruperti-Weitwanderweges Nr. 10 beginnt beim traditionsreichen Hotel „Drei Gämsen" in Mallnitz und folgt teils der Straße, teils Wanderwegen. Diese überregionale Weitwanderroute nutzen wir auch ab dem Parkplatz unterhalb der Jamnighütte, und zwar über weite Almhänge und vorbei am Tauernkreuz. Etwas unterhalb unseres Etappenziels, der Hagener Hütte, passieren wir das alte Tauernhaus. Das Schutzhaus selbst steht auf dem Hauptkamm der Hohen Tauern, wo wir auch die alte „Tauernglocke" finden. Starker Wind bringt sie noch heute zum Ertönen

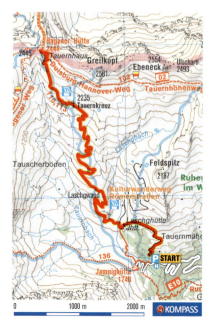

NATIONALPARK HOHE TAUERN

Auf so kunstvoll aufgeschichteten Wegen überquerten schon unsere Vorväter den Alpenhauptkamm.

und sie weist damit im Nebel den Weg.

Der **Abstieg** erfolgt auf der gleichen Route.

Schwierigere Variante: Man kann auch eine längere und „schwarze" Rundtour unternehmen, indem man dem Tauernhöhenweg (gleichzeitig Zentralalpenweg 02) nach Südwesten in die Feldseescharte folgt (Dr.-Weißgerber-Biwak), dort links abzweigt und auf dem steilen Böninger-Weg (Nr. 136) zur Jamnighütte zurückkehrt. Doch Vorsicht: Im abschüssigen Felsgelände unter dem Vorderen Gesselkopf halten sich bis in den Herbst hinein steile Altschnee- und Eisfelder, deren Überschreitung ohne Pickel und Steigeisen oft lebensgefährlich ist!

STALL 79

Kreuzeck, 2701 m
Einsamkeit im Süden der Tauern

Ausgangspunkt: der kleine Stausee im Wöllatal, ca. 1500 m. Zufahrt von Stall im Mölltal (Ortsteil Pußtratten) auf schmaler Asphaltstraße (7,5 km).
Charakter: einsame Bergwanderung auf gut markierten Pfaden, aber nur bei sicheren Schnee- und Wetterverhältnissen ratsam. Der Kreuzeck-Gipfelaufstieg und der Übergang zum Hochkreuz erfordern Trittsicherheit und Schwindelfreiheit.
Gehzeit: Aufstieg 4 h, Abstieg 2,5–3 h (Variante über das Hochkreuz: zur Feldner Hütte 1 h, auf das Hochkreuz 3 h, Abstieg 3 h).
Höhenunterschied: Kreuzeck 1200 m (Variante über das Hochkreuz ca. 650 m mehr).

Einkehr: am Weg zum Kreuzeck keine (Variante über die Feldner Hütte).
Karte: KOMPASS Nr. 49, 50.
Reise-Atlas: Seite 14.

Mehr als 600 km² ist der südlichste Gebirgszug der Hohen Tauern groß – doch ohne Gletscher und Dreitausender ist dieses Labyrinth von tief eingeschnittenen Tälern, versteckten Almböden und weit geschwungenen Gipfelgraten ein alpines Dornröschen geblieben. Abgesehen von einigen Bachableitungen findet man in der Kreuzeckgruppe noch Alm- und Urland.

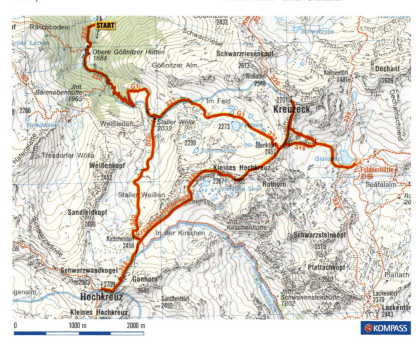

An machen Tagen behauptet das Hochkreuz seinen Status als Wolkenschloss ...

Aufstieg: Vom Straßenende gehen wir auf dem alten Almweg (Nr. 320) durch das einsame Wöllatal bergwärts zu den Oberen Gößnitzer Hütten. Über die Wiese, am Grab eines Kosakenkindes von 1945 und an der Abzweigung zum Törlkopf vorbei, dann geht's in vielen Kehren durch den Waldhang zum Wölla-Kreuzl und zu den Almhütten der Staller Wölle empor. Dort links Richtung Feldsee/Kreuzeck abzweigen. Über den Wöllabach und ins „Feld" mit seinen kleinen Seen hinauf. An weiteren Wasseraugen vorbei ins Glenktörl, 2457 m.

Dort nach links und auf dem markierten Steig erst links, dann rechts des Kreuzeck-Südwestgrats zur Einmündung des Weges, der von der Feldner Hütte heraufzieht. Geradeaus weiter und über steiles Gras- bzw. Felsgelände auf den Gipfel.

Abstieg auf der gleichen Route.

Variante über das Hochkreuz: Von der erwähnten Wegteilung auf dem Kreuzeck-Südwestgrat kann man nach Südosten ins Kar über dem Glanzsee absteigen. Weiter unten mündet der Steig Nr. 318 – die direkte Verbindung vom Glenktörl – ein. Weiter abwärts zum See und südlich um sein Ufer herum zur Feldner Hütte.

Anderntags geht's wieder auf dem Steig Nr. 318 Richtung Hugo-Gerbers-Hütte zurück. Von der Abzweigung oberhalb des Sees jedoch links weiter und zum Glenktörl hinauf. Dort nochmals links abbiegen und, dem felsigen Grat folgend, auf das Kleine Hochkreuz, 2565 m. Über einige ausgesetzte Felspassagen hoch über dem Karboden mit den malerischen „Vierzehn Seen" ins weite Kirschentörl. Zuletzt ist der steile und felsige Gipfelanstieg zum Hochkreuz, 2709 m, zu überwinden. Die Aussicht ist noch umfassender als jene vom Kreuzeck!

Abstieg zurück ins Kirschentörl. Dort zweigen wir nun links ab und steigen auf dem Pfad Nr. 320 ins weite Wiesenkar der Staller Weißen ab. Weiter durch das Hochtal und über einen Rücken zur Staller Wölla hinab. Links auf dem Aufstiegsweg zum Ausgangspunkt zurück.

FLATTACH

In die Großfragant
... und vielleicht auch auf den Maggernigspitz?

Ausgangspunkt: Parkplatz oberhalb der Eggerebenhütte, 1742 m. Zufahrt von Außerfragant bei Flattach über die Weiler Laas und Grafenberg (Mautstraße).
Charakter: einfache Bergwanderung – erst auf einem fast ebenen Weg, dann auf gut markierten Bergpfaden.
Gehzeit: zur Fraganter Hütte 1,5 h, Rückweg 1–1,5 h (Variante: von der Hütte zum Schobertörl 1,5 h, auf den Maggernigspitz 1 h, Abstieg 2 h).
Höhenunterschied: ca. 100 m (Variante zusätzlich 850 m).
Einkehr: Fraganter Hütte.
Karte: KOMPASS Nr. 49, 50.
Reise-Atlas: Seite 14.

Der Kupferbergbau in der Großfragant, einem weiten Almkessel hoch über dem Fraganter Tal im Süden der Goldberggruppe, geht auf das 16. Jahrhundert zurück. Der Erztransport zu den Schmelzöfen bei Flattach funktionierte zunächst nur im Winter – erst auf Schlitten und dann per Sackzug in die Innerfragant. Erst zu Beginn des 20. Jaghrhunderts baute man eine 4,4 km lange Rollbahn mit nur 18 m Höhenunterschied bis zum Grafenberg, von dem man das Gestein mit einer 2,2 km langen Seilbahn zu Tal brachte. 1926 wurde das Bergwerk

Die Großfragant, darüber Sadnig (ganz links) und der Makerni (rechts über dem Schobertörl)

endgültig eingestellt. Die Rollbahn ist jedoch heute noch begehbar und bildet einen ebenso interessanten wie bequemen Zugang ins botanisch so reiche und interessante Bergland um Sadnig und Maggernigspitz (Makerni), wo aus Bergwerksunterkünften zwei gepflegte Bergsteiger-Herbergen wurden.

Zur Fraganter Hütte: Vom Parkplatz wandern wir auf dem rechts abzweigenden Rollbahn-Wanderweg durch die Waldhänge unterhalb der Forststraße dahin. Die Trasse quert einige kleine Wasserläufe, über eine Hangbrücke und im Steilgelände unter dem Kreuzbödele geht's sogar durch einen kurzen, niedrigen Tunnel. Dann wendet sie sich nach Westen, quert weitere Rinnen und kreuzt die Forststraße (Grafenberger Weg). Durch den Kessel des Sadnigbachs führt sie schließlich nach rechts zu den Abraumhalden des einstigen Bergwerks, die oberhalb der Jugendherberge zu sehen sind. Kurz hinauf zur Fraganter Hütte.

Rückweg auf der gleichen Route – oder auf dem Weg Nr. 146 kurz Richtung Innerfragant absteigend und dann rechts auf der Forststraße.

Variante: Der Weg Nr. 147 führt – kurz oberhalb der Fraganter Hütte rechts abzweigend – ins Tal des Schoberbachs. Dort geht's über herrliche Wiesenhänge zur Koflerhütte und zum Schobertörl hinauf. Von dort zieht ein markierter Steig links in den Wiesenhang und in eine Schuttflanke über der Asten. Nach links und in die Ostseite der Maggernigspitze, wo man fast eben zum Ostgrat hinüberquert. Dort erreicht man eine Wegkreuzung, von der man rechts in Kehren ansteigt. Über den steilen Rasenhang in felsdurchsetztem Gelände (Vorsicht, Steinschlag!) erklimmt man den Gipfel des Maggernigspitz, 2640 m.

Abstieg auf der gleichen Route – oder von der Wegkreuzung unterhalb des Gipfels rechts durch das Kar unter dem „Bretterich" zur Striedenalm, von der man links zur Fraganter Hütte zurückkommt.

WINKLERN
81

Winklerner Alm – Straßkopf, 2401 m
Ferien auf der Familienalm

Ausgangspunkt: Parkplatz Winklerner Alm, 1830 m. Zufahrtsmöglichkeit von Winklern bzw. vom Iselsberg (Schotterstraßen).
Charakter: einfache Gipfelwanderung auf gut markierten Wegen und Steigen; der Übergang zum Schwarzkofelsee erfordert jedoch Trittsicherheit. Empfehlenswert ist die OeAV-Broschüre „Winklerner Alm".

Gehzeit: auf den Straßkopf 2 h, Abstieg 1,5 h (lange Variante über den Schwarzkofelsee 5 h).
Höhenunterschied: 570 m (lange Variante 650 m).
Einkehr: Winklerner Alm, Raneralm.
Karte: KOMPASS Nr. 48, 50.
Reise-Atlas: Seite 14.

Über dem Iselsberg, dem uralten Übergang zwischen dem Möll- und dem Drautal, breiten sich im südlichen Auslauf der Schobergruppe herrliche, mit duftigen Lärchen bewachsene Almbalkone aus. Darüber erhebt sich der harmloseste der „Seven Summits" im Kärntner Nationalpark – ein prachtvoller „Luginsland" für die ganze Familie!

Aufstieg: Vom Parkplatz wandern wir zur nahen Winklerner Alm, 1907 m. Von dort führt der Steig Nr. 45 über aussichtsreiche Südhänge zum Straßkopf empor. Nach der Einmündung des Weges von der Raneralm folgt man alten Lesesteinmauern. Man erreicht eine Rastbank und bald darauf das Gipfelkreuz. Überraschend weiter Ausblick von den nahen Gipfeln der Hohen Tauern bis zu den fernen Dolomiten!

Abstieg auf der gleichen Route.
Lange Variante: Man kann dem Blockgrat noch ein kurzes Stück gegen die höheren Berge der Schobergruppe folgen. Vom „Wiesl"

WINKLERNER ALM – STRASSKOPF

führt der Pfad links abwärts und zur Großbohnscharte. Von dort wieder links in die Flanke, durch eine Schutthalde (Vorsicht bei Altschnee!) und über den Schwarzkofel zum gleichnamigen See. Links hinunter und über Grasgelände zum Wiener Höhenweg (Nr. 918), der die Hänge hoch über dem Debanttal quert. Auf diesem nach links und bald auf einem Karrenweg zur Raneralm und zur nahen Winklerner Alm.

... und ein toller Blick zum Hochschober

Geschafft: Gipfelglück auf dem Straßkopf ...

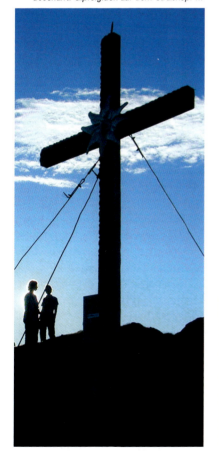

Der AV-Familienweg

Auf der Winklerner Alm hat der Österreichische Alpenverein einen fast ebenen „Familienwanderweg" für große und kleine Entdecker beschildert. In der dazugehörigen Broschüre kann man lesen, wie sich die Berge rundum im Verlauf von Jahrmillionen aufgetürmt haben, welche Blumen und Tiere hier zu finden sind und was es mit den alten Almkasern auf sich hat.

Er führt durch die geneigten Hochweiden unter dem Straßkopf zur Winklerner Viehalm (Variante zum kleinen Almsee) und über den Kammerbichl und zur bewirtschafteten Pichleralm hinüber (knapp 2 h).

Wer nicht hin und retour gehen möchte, kann von Winklern per Bus zum Iselsberg fahren und dort zu einer längeren Tour starten. Auf dem Güterweg durch den Weiler Penzlberg, zur Kirche St. Benedikt und links auf dem Waldsteig Nr. 931 – die Straße mehrmals kreuzend – zur Winklerner Alm. Abstieg von der Pichleralm auf der Straße bzw. einem Steig nach Rettenbach und auf dem Weg Nr. 930 durch die Felshänge des Kofls zur Bushaltestelle Rettenbach im Mölltal (insgesamt 4,5 h). Zurück per Bus.

KÄRNTEN

MÖRTSCHACH – GROSSKIRCHHEIM
82

Mohar, 2604 m
Ein Berg im Goldrausch

Ausgangspunkt: Neues Sadnighaus im Astental, 1880 m. Zufahrt von Mörtschach.
Charakter: einfache Alm- und Bergwanderung auf eine prächtige Aussichtswarte. Interessanter OeAV-Naturführer „Asten".
Gehzeit: 4 h (Variante zum Waschgang zusätzlich 45 Min.).
Höhenunterschied: 750 m.
Einkehr: Neues Sadnighaus, Gasthof Petersbrünnl, Almgasthaus Glocknerblick.
Karte: KOMPASS Nr. 39, 50.
Reise-Atlas: Seite 14.

Zahlreich sind in Kärnten die Ortsnamen Dellach oder Döllach. Sie sind vom slawischen „dolina" abzuleiten, was so viel wie Tal heißt. Der Raum um Döllach im Mölltal, dem Hauptort der Gemeinde Großkirchheim, wurde schon früh besiedelt, auch gut 600 m über dem Talboden, im urtümlichen Astental, das ganz oben ein wertvolles Flachmoor birgt. Dort verbergen sich die einschichtigsten Bergbauernhöfe Kärntens, die vor dem Bau der Zufahrtsstraße oft von Oktober bis Mai von der Außenwelt abgeschnitten waren. Schulpflicht besteht hier erst seit 1927 (und zunächst nur von Allerheiligen bis Mai), da die Kinder wie Erwachsene am Hof arbeiten mussten. Das Gebirge über der Asten, die Sadniggruppe, ist uraltes Bergbaugebiet. Der sogenannte Waschgang, ein Abhang der Kluidhöhe, erinnert mit seinen auffälligen Auswurfhalden noch an die einstigen Kupfer- und Goldgruben. Golden werden die Berge aber noch jedes Jahr im Herbst, wenn die Lärchen kurzzeitig in leuchtendem Gelb zu „brennen" beginnen. Im Frühjahr dagegen beginnt das Gebiet mit aller Macht und Pracht zu blühen: Der 2605 m hohe Mohar gilt als *der* Blumen- und Sagenberg unter den „Seven Summits" des Nationalparks. Einst soll er, so heißt es, sogar höher als der Großglockner gewesen sein, bis ihn ein gewaltiger Bergsturz auf seine heutige Höhe reduziert hat ...

Aufstieg: Vom Neuen Sadnighaus wandern wir nach der Markierung Nr. 153 („Panoramaweg Albitzen –

212

MOHAR

Goldene Zeiten: Im Herbst werden die Lärchenwälder rund um den Mohar zur Farben-Fantasie!

Glocknerblick") aufwärts und kürzen damit die ersten Kehren einer Almstraße ab. Nach ca. 20 Min., wo sich der Fahrweg endgültig links gegen das Almgasthaus Glocknerblick wendet, biegen wir rechts ab (weiterhin Markierung Nr. 153). Bald führt der Pfad durch weite Almhänge (Astener Böden), dann geht's an einem auffälligen Steinmann vorbei und zum Göritzer Törl empor. Dort links abbiegen und über den grasigen, zuletzt auch felsigen Nordostgrat auf den Gipfel, den ein eigenwilliger Bildstock mit kleinem Kreuz krönt.

Abstieg auf dem ebenfalls gut gangbaren Südwestkamm zum weithin sichtbaren Moharkreuz hinab – direkt auf die gegenüber aufragende Schobergruppe zu. Steiler über die Albitzen zum Gasthof Glocknerblick hinab. Dort nach links und auf dem Panoramaweg durch den Südhang des Mohars zum Ausgangspunkt.

Variante: Vom Göritzer Törl führt der beschilderte Erzweg zur Kluidscharte – nördlich darunter liegt das alte Bergbaugebiet am Waschgang. Zurück auf der gleichen Route.

Astner Moos & Sadnig

Sehr lohnend ist der Abstecher vom Neuen Sadnighaus ins Astner Moos, das ein interessanter Naturlehrweg erschließt (Rundwanderung ca. 1 h). Von dort kann man auch den 2745 m hohen Sadnig ersteigen – wahlweise auf dem Steig Nr. 150 oder von der Lindleralm hinter dem Moos auf dem Weg Nr. 149. Beide Routen treffen 200 m unterhalb der Sadnigscharte wieder zusammen. Den obersten Anstieg vermittelt der aus Felsblöcken aufgebaute Nordgrat (3–3,5 h). Der Abstieg erfolgt auf der gleichen Route (2,5 h).

Edelweiß

KÄRNTEN

GROSSKIRCHHEIM
83

Keeskopf, 3081 m
Naturwunder Gradental

Ausgangspunkt: Parkplatz im hinteren Gradental, 1640 m. Zufahrt vom Gradenwirt in Putschall im Mölltal (Schotterstraße).
Charakter: hochalpine Bergtour auf markierten Steigen; im Gipfelbereich sind Trittsicherheit und Klettergewandtheit notwendig. Nur bei stabilem Wetter ratsam, Vorsicht bei Altschneefeldern! Empfehlenswert ist der OeAV-Naturführer „Gradental".
Gehzeit: zur Adolf-Noßberger-Hütte 2,5 h, auf den Keeskopf 2 h, Abstieg 4 h.
Höhenunterschied: 1450 m.
Einkehr: Adolf-Noßberger-Hütte.
Karte: KOMPASS Nr. 48, 50.
Reise-Atlas: Seite 14.

Rauschende Bäche, vom Gletscherschluff milchig getrübte Seen und stille Moore: Das Gradental ist ein wahrer Edelstein im Herzen des Nationalparks Hohe Tauern. Schon die Wanderung auf dem Naturlehrpfad zur Adolf-Noßberger-Hütte ist ein unvergessliches Erlebnis – im Zauber der so unnahbar erscheinenden Schobergruppe. Wer noch höher hinauswill, findet hier sogar einen relativ „gutmütigen" Dreitausender, der zu Recht in die Reihe der Kärntner „Seven Summits" aufgenommen wurde.

NATIONALPARK HOHE TAUERN

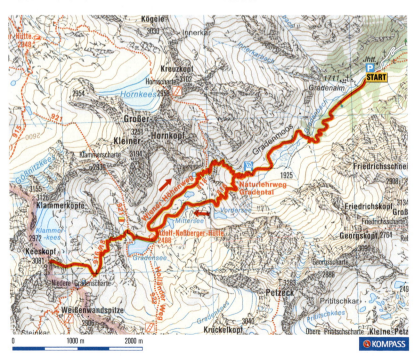

KEESKOPF

Trutzige Felsen, türkises Wasser: Blick vom Wiener Höhenweg ins Gradental

Aufstieg: Vom Parkplatz wandern wir auf dem breiten Weg zum nahen „Kirchtagplatzl" und dann auf dem beschilderten Naturlehrweg über eine Karstufe ins Gradenmoos hinauf. Auf einer Brücke über den Wasserfall und den Nordrand des Bodens taleinwärts. Wieder steiler zu einer Wegteilung aufwärts. Man kann nun links auf dem Noßbergerweg – vorbei an zwei idyllischen Wasseraugen – oder rechts auf dem Tierleitenweg, über eine seilgesicherte Felsstufe, zur Adolf-Noßberger-Hütte gehen. Am besten wählt man für den Rückweg die jeweils andere Route. Das Schutzhaus steht am Großen Gradensee – unter 28 Dreitausendern der Schobergruppe.

Weiter geht's auf dem Wanderweg rechts (nördlich) neben dem See. Der Keeskopf zeigt sich schon über dem von Gletschern geschaffenen Talgrund – als Felshorn zwischen der Niederen Gradenscharte und dem Klammerkees. Bei der nahen Abzweigung links Richtung Niedere Gradenscharte. Neben dem Bach und über Gletscherschliffe aufwärts. Bei der folgenden Wegteilung – noch vor der Mulde mit den Eisseen – rechts abzweigen und über felsiges Gelände bzw. durch Schutt (Steinmännchen beachten!) auf den Gipfelrücken des Keeskopfs. Zuletzt klettert man über den steilen Blockgrat zum Gipfelkreuz. **Abstieg** auf der gleichen Route.

HEILIGENBLUT
84

Der Geo-Trail Tauernfenster
Vom Schareck auf den Alpenhauptkamm

Ausgangspunkt: Heiligenblut, 1288 m, Talstation der Schareck-Bergbahn. Auffahrt zur Berstation, 2552 m. Retour ebenfalls mit der Seilbahn.
Charakter: hochalpine, aber bei guten Verhältnissen einfache Bergwanderung auf einem Lehrpfad mit 13 Haltepunkten. Dazu gibt's einen naturkundlichen OeAV-Führer.
Gehzeit: zum Tauernkogel 2 h, Rückweg 1,5–2 h.
Höhenunterschied: 150 m.
Einkehr: bei der Seilbahn-Bergstation.
Karte: KOMPASS Nr. 39, 48, 50.
Reise-Atlas: Seite 14.
Hinweis: Im Sommer werden jeden Donnerstag Touren in Begleitung von Nationalparkbetreuern angeboten, Treffpunkt 9 Uhr bei der Talstation, Tel. ++43(0)4824/2700.

Das Fenster der Tauern ist nicht gerade klein: 160 km weit reicht es vom Ankogel bis zum Brennerpass. Geologen verstehen unter dem Begriff „Tauernfenster" jene Alpenregion, in der tektonische Hebung und Erosion oben aufliegende Gesteinsdecken abgetragen haben, so dass man dort tiefere penninische Decken aufgeschlossen findet. Hoch über Heiligenblut führt ein Geo-Trail mitten in dieses Gebiet hinein – direkt am Alpenhauptkamm in ca. 2500 m Seehöhe. Er gewährt ein fantastisches Panorama, nicht nur zum nahen Großglockner und 100 weiteren Dreitausendern im Nationalpark, sondern auch zu fernen Alpin-Berühmtheiten wie Watzmann, Dachstein, Triglav oder den Drei Zinnen. Der Geo-Trail bietet aber auch fesselnde Einblicke in eine fast exotisch anmutende Karstlandschaft, die man mit ihren Dolinen, Höhlen und bizarren Verwitterungsformen wie dem „Felsengesicht" inmitten der Gletscherberge nicht erwarten würde.

Der Geo-Trail: Wir wandern von der Bergstation auf den nahen Schareck-Gipfel, 2606 m (Infotafeln). Abstieg auf dem Gratsteig nach Norden (Stufen, Seilgeländer) in die Mauskarscharte, 2505 m. Nun linksseitig auf schmalen Bändern durch die vom Karst zerfressenen Dolomitmarmor- und Rauwackenhänge „In

DER GEO-TRAIL TAUERNFENSTER

Aha-Erlebnisse mit dem Nationalparkbetreuer: auf dem Geo-Trail durchs Tauernfenster

den Wänden" – vorbei an Dolinen und Höhlenschächten. Drüben am Alpenhauptkamm prägen die Gesteine am Roß- und am Faltenköpfl (Kristallin und Gips) völlig unterschiedliche Landschaftsbilder. Dort treffen wir auf den Klagenfurter Jubiläumsweg (Nr. 102), dem wir links Richtung Tauernkogel folgen.

Vor diesem Gipfel zweigen wir jedoch links ab und wandern auf dem beschilderten Geo-Trail unterhalb des beschriebenen Weges wieder zurück. Zuletzt steigen wir auf der Skipiste zur Seilbahn-Bergstation hinauf.

Variante: Wer den Tauernkogel überschreitet und links zum Südportal des Hochtor-Tunnels absteigt, kann mit dem Bus auf der Großglockner-Hochalpenstraße nach Heiligenblut zurückkehren.

Straße & Schauwarte

Schon die Kelten überschritten das Hochtor zwischen Kärnten und Salzburg. Seit 1935 führt auch die Großglockner-Hochalpenstraße über diesen Pass. Sie ist bis heute eine der größten Attraktionen Österreichs – nicht zuletzt wegen der vielen Info- und Erlebnisstationen entlang der 49,5 km langen Strecke. Im interaktiven Besucherzentrum auf der Kaiser-Franz-Josefs-Höhe oberhalb von Heiligenblut erwartet Sie z. B. das Glockner-Kino, eine beeindruckende Multivisionsschau. 10 Min. weiter oben steht die Wilhelm-Swarovski-Beobachtungswarte, in der modernste optische Geräte fantastische Aus- und Einblicke ins Hochgebirge ermöglichen. Öffnungszeiten: zwischen April und November täglich von 10 bis 17 Uhr, Eintritt frei.
Info: www.grossglockner.at

HEILIGENBLUT
85

Spielmann, 3027 m
Dem Glockner gegenüber

Ausgangspunkt: Glocknerhaus, 2136 m, an der Großglockner-Hochalpenstraße. Zufahrt von Heiligenblut bzw. Fusch (auch Busverbindung).
Charakter: hochalpine Bergtour auf schmalen Steigen und im felsigen Steilgelände, das Trittsicherheit und Schwindelfreiheit erfordert. Der Gipfelaufstieg ist bei Hartschnee oder Vereisung gefährlich. Nur bei sicherem Wetter losgehen!
Gehzeit: Aufstieg 3–3,5 h, Abstieg 2,5–3 h.
Höhenunterschied: knapp 1000 m.
Einkehr: unterwegs keine; Glocknerhaus.
Karte: KOMPASS Nr. 39, 48, 50.
Reise-Atlas: Seite 14.

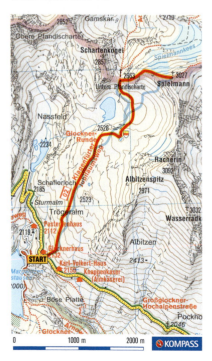

Eine Erstbegehung ist es nicht gerade: Schon die Römer überwanden die Untere Pfandlscharte zwischen dem Fuscher Tal und dem oberen Mölltal. Erstaunlich, denn hier bestanden noch vor wenigen Jahrzehnten respektable Gletscher – doch die wuchsen und schmolzen wohl ähnlich wie ihre größere Eisschwester, die Pasterze ... Jetzt ist der Weg auf den Spielmann, einen sagenumwobenen Dreitausender, jedenfalls eisfrei: kein Sonntagsspaziergang, aber bei guten Verhältnissen eine prachtvolle Tour auf den siebten und vielleicht stolzesten der „Seven Summits" inmitten der Glocknergruppe.

Aufstieg: Gegenüber dem Glocknerhaus führt der Klagenfurter Jubiläumsweg (Nr. 702/728) steil über den Hang hinauf. Bald wendet er sich nach links und quert die weiten Grashänge der Trögeralm unter der Racherin. Von einem Moränenwall blickt man auf den Schmelzwassersee des schon fast verschwundenen Südlichen Pfandlschartenkeeses. Rechts hinauf, dann kurz zu einem kleinen Wasserauge abwärts und weiter durch den Schutt abwärts. Mühsam durch Schutt rechts um den See herum (Stangen und Steinmännchen beachten!) und im schrägen Anstieg in die Untere Pfandlscharte, 2663 m (Kreuz). Nun nach rechts, über einen Schutthang empor und auf bzw. links neben dem Blockgrat zu einem kleinen Vorgipfel. Aus der folgenden Senke zu einem felsigen Aufschwung und rechts davon (Stahlseil) zum Gipfelkreuz. Es erwartet Sie ein Prachtblick über die Freiwand zum Großglockner, aber natürlich auch ins Salzburger Land. **Abstieg** auf der gleichen Route.

Der grandiose „Summit"-Blick zum Glockner

Der Weg zur Pasterze

Beim Glocknerhaus beginnt ein weiterer Weg, der allerdings nach unten führt. Wo heute der Margaritzen-Stausee das Wasser der jungen Möll sammelt, lagerte um die Mitte des 19. Jahrhunderts noch die mächtige Gletscherzunge der Pasterze. Seither wird das „ewige" Eis immer weniger. Der einst 11 km lange Gletscher war 2006 nur mehr 8 km lang, seine 26,5 km² große Oberfläche schrumpfte auf 18,5 km² und von seinem Volumen blieb nur mehr die Hälfte. Geht es so weiter, ist der Talboden in 30 Jahren eisfrei. Einmalig wäre das jedoch nicht: Seit dem Ende der letzten Eiszeit gab es zehn bis zwölf Perioden, in denen die Alpengletscher kleiner als heute waren – das belegen u. a. Hölzer, die das abschmelzende Eis immer wieder frei gibt.

Auf dem Gletscherlehrweg Pasterze wandert man dem Eis nach. Vom Südufer des Stausees geht's rechts über den Elisabethfelsen (zahlreiche Steinmandln) zur Schuttmulde des um 1960 entstandenen, mittlerweile aber schon wieder zugeschütteten Sandersees. Bald erreicht man den Schrägaufzug, der die Ausflügler einst direkt zum Gletscher brachte. Heute muss man zur Stirn des Eises schon ein Stück weitergehen. Bis eine Schneeflocke aus dem „Nährgebiet" um den 3453 m hohen Johannisberg hier ankommt, vergehen übrigens 900 Jahre. Zuletzt steigt man zur Franz-Josefs-Höhe hinauf (2,5 h).
Zu Fuß (30 Min.) oder per Bus zum Glocknerhaus zurück. Eine Broschüre des OeAV erklärt alle 13 Haltepunkte am Weg.

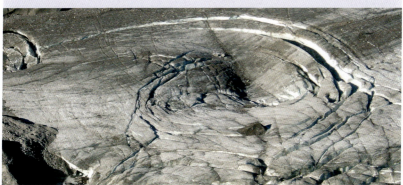

HEILIGENBLUT
86

Der Gamsgrubenweg
Das eisige Herz des Nationalparks

Ausgangspunkt: Franz-Josefs-Höhe, 2369 m, Parkplatz Freiwandeck. Zufahrt auf der Großglockner-Hochalpenstraße von Heiligenblut bzw. Fusch (auch Busverbindung).
Charakter: hochalpine, aber bei gutem Wetter ganz einfache und bequeme Wanderung auf einem breiten Weg.
Gehzeit: in den Wasserfallwinkel 1 h, Rückweg 45 Min.
Höhenunterschied: 150 m.
Einkehr: am Ausgangspunkt.
Karte: KOMPASS Nr. 39, 48, 50.
Reise-Atlas: Seite 14.
Hinweis: von Juli bis Oktober täglich Führungen; Treffpunkt um 10.30 Uhr bei der Infostelle Kaiser-Franz-Josefs-Höhe.

Das Schicksal nahm an einem Marienfeiertag gnadenlos seinen Lauf, als der Übermut einiger wohlhabender Bauern ... Doch halt, wie die Pasterze, Österreichs immer noch längste Gletscherzunge, der Sage nach entstanden ist, erfahren Sie erst in einem 650 m langen Tunnel, in dem Sie Installationen aus Stein, Licht, Ton und Malerei in die Welt alpiner Mythen entführen. Zwischen den Stollen des Gamsgrubenweges erblickt man das immer noch beeindruckende Eisband am Fuße des Großglockners in natura. Die sechs neu angelegten Stollen des ursprüng-

Aha-Erlebnis am Gamsgrubenweg

lich schon 1936 eröffneten Gamsgrubenweges schützen den Menschen vor Steinschlag und die Schwarzbraune Segge – die winzige, erst kürzlich entdeckte Pflanze ist ein Relikt aus der letzten Eiszeit und dementsprechend selten – vor den Menschen. Die Gamsgrube, das große Kar zwischen dem Fuscherkarkopf und der 8 km langen Pasterze, wurde schon früh als Nationalpark-Sonderschutzgebiet ausgewiesen. Die klimatischen Verhältnisse sind hier ähnlich wie auf den unvergletscherten Felsinseln Grönlands, und bis zu 3 m hohe, vom Wind herangewehte Sandkegel tragen eine sensible arktische Flora. Infopulte neben dem Weg präsentieren all ihre Besonderheiten.

Der **Gamsgrubenweg** beginnt neben der Infostelle am Europaplatz; die sechs Stollen an seinem Beginn (Gesamtlänge 857 m) führen durch die steilen Hänge unter der Freiwandspitze. Dann zieht die breite Trasse etwa 300 m oberhalb der Pasterze an der einstigen Hofmannshütte und an zwei Unterständen vorbei und durch die Gamsgrube – das Gelände neben dem Weg darf nicht betreten werden! Nach 3 km erreichen wir einen umfassten Rastplatz vor dem Wasserfallwinkel. Der Blick zu den zerklüfteten Eiskaskaden im „Hufeisenbruch" der Pasterze, zum gegenüber herabfließenden Glocknerkees und natürlich zum alles beherrschenden Großglockner ist fantastisch!

Mit robustem Schuhwerk empfiehlt es sich, auf dem anschließenden Pfad weiter durch den Moränenschutt neben dem Schmelzwasserbach unter dem Elsbergl zum Gletscher im Wasserfallwinkel anzusteigen. Hier kehren wir endgültig um, denn der Weiterweg übers Eis zur schon sichtbaren Oberwalderhütte erfordert alpine Ausrüstung und Erfahrung.

Zurück auf der gleichen Route.

Eine Sternstunde auf dem 3050 m hohen Debantgrat in der Schobergruppe.
Dort bildet das Edelweiß Polster, um weniger zu frieren (kleines Foto).

Nationalpark Hohe Tauern – der Tiroler Anteil

Von der mehr als 1800 km² großen Gesamtfläche des Nationalparks Hohe Tauern liegen 347 km² der Kern- und 264 km² der Außenzone im Bundesland Tirol, genauer gesagt: in Osttirol. Dieses hochalpine Bergparadies zwischen Großglockner und Hochschober, Großvenediger und Hochgall steht im Besitz des Alpenvereins, der 80 % der Kernzonen-Fläche einbrachte, und vieler Bauern, die ihre Flächen dem Naturschutz zur Verfügung gestellt haben.

Der Weg zum Nationalpark war allerdings lang und von heftigen Auseinandersetzungen geprägt. Beinahe hätte ihn der Bau eines Großkraftwerks verhindert – bei seiner Realisierung wären alle großen Bäche in einen Speichersee im Kalser Dorfertal abgeleitet worden. Am Großvenediger sollte wiederum ein Gletscherskigebiet entstehen.

1992 wurde der Tiroler Bereich des Nationalparks Hohe Tauern schließlich doch gesetzlich verankert. Zehn Osttiroler Gemeinden haben nun Anteil daran. Die Nationalparkregion umfasst das Debanttal nördlich von Lienz, das Kalser Tal, das Defereggental, das Virgental und das Tauerntal nördlich von Matrei in Osttirol, durch das die 1967 eröffnete Felbertauernstraße führt. Kals liegt am Fuße von Österreichs höchstem Gipfel, Matrei und Prägraten sind die gletscherreichsten Gemeinden Osttirols und St. Jakob in Defereggen freut sich über den größten Zirbenbestand des Landes.

Allein diese drei Beispiele unterstreichen die landschaftliche Vielfalt des Tiroler Tauern-Nationalparks, der sich auch durch ein besonderes Klima auszeichnet: Hier mischt sich arktische Eisluft mit südlich angehauchtem Flair.

Auf jeden Fall erlaubt die gewaltige Ausdehnung dieses Schutzgebiets noch ein selbstständiges Funktionieren seiner natürlichen, vielfältig vernetzten Ökosysteme. Große Bereiche sind alpines Ödland, also Primärlandschaften, die zu keiner Zeit von Menschen genutzt wurden – eine Seltenheit im übererschlossenen Alpenraum.

Zeitreisen mit Wanderschuhen. Vor allem in der Außenzone bewahrt und fördert der Nationalpark auch naturnahe Kulturlandschaft. Almen und blumenreiche Bergwiesen, aber auch bauliche Kleinode wie Kapellen oder Bergbauernhöfe sind Zeichen jahrhundertelanger Wirtschafts- und Kulturtraditionen inmitten einer extremen Gebirgslandschaft.

Die ältesten Hinweise auf menschliche Anwesenheit entdeckte man am Hirschbichl über dem Defereggental. 4000 Jahre ist etwa ein Lochbeil aus Serpentin alt, das bei Kals gefunden wurde, und auch das Virgental erwies sich als uralter Siedlungsraum. Romanische und slawische Orts- und Bergnamen – etwa Prägraten (= vor der Burg) – erinnern noch heute an die Vorgänger der Baiern, die zur Zeit Karls des Großen mit der Rodung der

Der Glödis, ein „Charakterkopf" der Schobergruppe, reckt sich hoch über das Kalser Tal hinaus.

Bergwälder zur Gewinnung von Weide- und Almflächen begannen.

Vom Bergbau zum Bergsteigen. Neben Ackerbau, Viehzucht und der Almwirtschaft bot auch der Bergbau den Menschen eine Existenzmöglichkeit. So findet man etwa hoch über dem Frosnitztal noch die Relikte eines bedeutenden Eisenerzabbaus, während die Blindis-Gruben hoch über dem Defereggental und die Stollen oberhalb von Kals zu kleinen Schaubergwerken ausgestaltet wurden. Handel und Transport blühten auf den uralten Wegen über den Felber und den Kalser Tauern, an denen zum Schutz der wagemutigen Reisenden Tauernhäuser entstanden. Erst im 19. Jahrhundert etablierte sich der Wander- und Alpintourismus als zusätzlicher Wirtschaftszweig, vor allem mit dem Bau von Höhenwegen und Schutzhütten durch alpine Vereine. Sie bilden bis heute die Grundlage für das Erlebnis des Nationalparks Hohe Tauern!

Hohe Tauern – Tirol

Nationalpark Hohe Tauern Tirol
9971 Matrei in Osttirol, Kirchenplatz 2, Tel. ++43(0)4875/5161, www.hohetauern.at
Nationalparkzentrum „Tauernwelten"
9971 Matrei in Osttirol, Tel. ++43(0)4875/5161-10, in der Sommer- und Wintersaison geöffnet, Eintritt frei.
Virgen – Nationalparkinformationsstelle
Tel. ++43(0)4874/5750.
St. Jakob in Defereggen – Handelshaus
Interaktive Zirbenausstellung, Nationalpark-Shop, Computer-Informationssystem, Tel. ++43(0)4873/5550.
Prägraten – Mitterkratzerhof
OeAV- und Nationalpark-Informationsstelle, Haus der Kultur und Begegnung, Tel. ++43(0)4877/5110.
Kals – Glocknerhaus
Nationalparkinformationsstelle und Glocknerausstellung, Tel. ++43(0)4876/8370
Iselsberg-Osttirol – Informations- und Kommunikationszentrum
Tel. ++43(0)4852/64117.

KALS AM GROSSGLOCKNER
87

Der Glocknertreck
Auf den Spuren der Glockner-Pioniere

Ausgangspunkt: Lucknerhaus, 1948 m, im Ködnitztal oberhalb von Kals am Großglockner. Zufahrt von dort auf der Kalser Glocknerstraße (7 km, Maut, auch Busverbindung).

Etappenziel Salmhütte

Charakter: hochalpine, von einheimischen Bergführern begleitete Bergtour. Im unteren Bereich markierte, aber oft schmale und felsige Pfade sowie gesicherte und ungesicherte Felsrouten. Der Gipfelanstieg führt über steile Gletscher und einen sehr ausgesetzten Felsgrat.

Wichtiger Hinweis: Bergwanderer ohne professionelle Begleitung werden dringend ersucht, nur bis zur Salmhütte zu gehen. Die weitere Aufstiegsroute und der Abstieg bis zur Stüdlhütte setzen absolute Schwindelfreiheit und Klettergewandtheit, hochalpine Erfahrung, den geübten Umgang mit Pickel und Steigeisen sowie perfekte Seilsicherungstechnik voraus! Spalten, Blankeis und immer mehr Steinschlag (vor allem unter der Hohenwartscharte und am Glocknerleitl), aber auch rasch aufziehende Gewitter und Wetterstürze bedeuten Lebensgefahr!

Gehzeit: zur Glorerhütte 2 h, weiter zur Salmhütte 1 h, zur Erzherzog-Johann-Hütte 3,5 h, auf den Großglockner 2 h, Abstieg zur Stüdlhütte 3 h, weiter nach Kals 3 h.
Höhenunterschied: ca. 2700 m.
Einkehr: Glorerhütte, Salmhütte, Erzherzog-Johann-Hütte, Stüdlhütte, Lucknerhütte, Lucknerhaus.
Karte: KOMPASS Nr. 46, 48, 50.
Reise-Atlas: Seite 14.

Mehr als 200 Jahre nach der ersten Ersteigung des 3798 m hohen Großglockners bietet der Nationalpark Hohe Tauern die Möglichkeit, den höchsten Berg Österreichs nach alter Tradition und in sicherer Obhut einheimischer Bergführer zu erklimmen. Auf der Route der ersten Ersteiger begleiten Sie dabei Haflinger-Pferde, die dem Hochgebirge bestens angepasst sind und den Gepäcktransport bis zur Salmhütte, dem ältesten Schutzhaus unter dem Großglockner, übernehmen. So wird schon der Anmarsch am ersten Tag zum besonderen Erlebnis. Der Aufstieg zu Österreichs höchstgelegener Alpinunterkunft, der Erzherzog-Johann-Hütte auf der Adlersruhe, bleibt dann ebenso unvergesslich wie die Nacht inmitten der arktischen Eiswelt um den Glocknergipfel.

Diesen erklimmen wir dann am nächsten Morgen, sicher am Seil eines Bergführers. Ist das Glockner-

DER GLOCKNERTRECK

Die Osttiroler Seite des Glockners über dem Ködnitzkees (rechts oben ist das Glocknerleitl sichtbar).

leitl vereist, der Grat des Kleinglockners von Schneewechten überragt? 1,5 km tiefer zieht das spaltige Eisband der Pasterze vom Johannisberg zum Ursprung der Möll hinab, und unter dem Glocknerkreuz genießt man an klaren Tagen ein 360-Grad-Panorama über 300 Dreitausender der Hohen Tauern.

Beim Abstieg erlebt man dann den Wechsel der Höhenstufen noch einmal – vom „ewigen" Eis und schneeverklebten Felsen über die Heimat neugieriger Murmeltiere in der alpinen Steppenlandschaft bis zu den sorgsam gepflegten Almwiesen und den Lärchenwäldern an der Waldgrenze.

Aufstieg: Wir steigen in Begleitung der Haflinger-Pferde auf dem Weg Nr. 714 an. Bald wandern wir über die alpinen Matten neben dem Berger Bach ins gleichnamige Törl, 2651 m, in dem die Glorer Hütte steht. Gestärkt mit einem Gläschen Hüttenschnaps geht's wie bei Tour 71 zur Salmhütte weiter. Dort, in einem der ältesten Schutzhäuser Österreichs auf 2638 m Seehöhe, haben wir uns eine längere Rast verdient. Die Pferde werden versorgt, bevor sie den Rückweg ins Tal antreten.

Wir machen uns jedoch für den steilen Aufstieg zur Adlersruhe bereit. Auf dem historischen Weg zum Großglockner gelangen wir – vorbei an den alten Unterständen der

KALS AM GROSSGLOCKNER

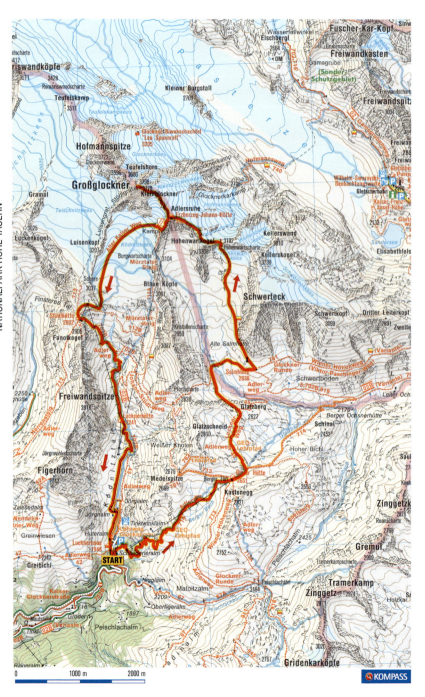

Pioniere – in die steinige Urnatur unter dem Schwerteck. Durch Moränenschutt steigen wir zum Hohenwartkees hinauf. Darüber weist ein aufsteilendes Schneefeld zur Felsenroute in die Hohenwartscharte, 3282 m (Seil, Stahlstifte). Dahinter liegt das Äußere Hofmannskees. An seinem obersten Rand steigen wir flacher über den Salmkamp zur Erzherzog-Johann-Hütte auf der Adlersruhe an. Im höchstgelegenen Schutzhaus Österreichs werden wir nächtigen und vorher – mit etwas Glück – einen grandiosen Sonnenuntergang genießen.

Auf den Großglockner: Der zweite Tag beginnt sehr früh – mit dem Anseilen. Vom Bergführer gut gesichert, ist das immer steiler werdende Glocknerleitl zu überwinden. Auch beim luftigen Gang über die scharfe Gratschneide des Kleinglockners (Eisenstangen) und beim 25-m-Abklettern in die Glocknerscharte können wir uns voll auf die Erfahrung der Berufsalpinisten verlassen.

Nach der kurzen Balance zwischen der steilen Pallavicinirinne hoch über der Pasterze und den wilden Abstürzen zum Ködnitzkees (Stahlseil) folgt der letzte, steile Aufstieg zum Hauptgipfel (Haken, Stifte). Schließlich erreichen wir über Felsblöcke das Gipfelkreuz des Großglockners, 3798 m.

Abstieg auf der gleichen Route bis zur Adlersruhe, wo wir auf eine kurze Jause einkehren. Dann steigen wir rechts über den mit Stahlseilen gesicherten Felsgrat zum Ködnitzkees ab. Wir überqueren den spaltigen Gletscher im weiten Bogen, bis wir unterhalb der „Schere" wieder Fels und damit den Weg zur nahen Stüdlhütte, 2802 m, erreichen.

Weiterer Abstieg auf dem Hüttenweg Nr. 702 B zur Lucknerhütte, zuletzt auf dem Fahrweg zum Lucknerhaus.

Das ist er, der höchste Punkt des Landes!

Geo-Erlebnis

Neben dem Weg vom Lucknerhaus zur Glorer Hütte, an der Route von dort zum Medelsattel sowie am Rundkurs durch das oberste Leitertal über die Salmhütte wurden insgesamt 22 geomorphologisch interessante Haltepunkte ausgewiesen. Die **„Landschaften um die Glorer Hütte"** – Riesengipfel und winzige Seen, Bergstürze und Blockgletscher – sind in einer OeAV-Broschüre detailliert beschrieben. Gehzeit: zur Glorer Hütte 2 h, zum Medelsattel und zurück 1 h, Rundtour über die Salmhütte 3 h, Abstieg 1,5 h. 15 Min. oberhalb der Glorer Hütte genießt man einen besonders schönen Blick zum Großglockner – und auf eine wahre „Reliefsymphonie" davor. *Info:* www.hohetauern.at

KALS AM GROSSGLOCKNER

88

Lucknerhaus – Stüdlhütte – Teischnitztal
Die Gletscher unter dem Glockner

Ausgangspunkt: Kals am Großglockner, 1325 m. Mit dem Bus oder per Taxi zum Lucknerhaus, 1948 m.
Charakter: hochalpine Bergwanderung im Vorfeld des Großglockners auf breiten Wegen und schmalen Bergpfaden.
Gehzeit: zur Stüdlhütte 2,5–3 h, Abstieg nach Kals 4,5 h (direkter Abstieg zum Lucknerhaus 2–2,5 h).
Höhenunterschied: 900 m Aufstieg und 1460 m Abstieg.
Einkehr: Lucknerhaus, Lucknerhütte, Stüdlhütte.
Karte: KOMPASS Nr. 46, 48, 50.
Reise-Atlas: Seite 14.

Der Großglockner bildet die eindrucksvolle Kulisse für zwei wunderschöne Kalser Seitentäler, die sich im Rahmen dieser Rundwanderung erleben lassen. Das Ködnitztal ist ein altbekannter „Ausflugsklassiker" – erschlossen durch die Kalser Glocknerstraße und dementsprechend viel besucht. Ganz anders zeigt sich das westlich benachbarte Teischnitztal: wild, einsam und direkt unter der Eiskaskade des Teischnitzkees – hier spürt man noch die Stille der Urnatur.

Das wilde Teischnitzkees schmückt einen besonders schönen Winkel des Kalser Wanderreviers.

Aufstieg: Wir folgen der „Glocknerspur – BergeDenken" (Infotafel beim Parkplatz) links über den Ködnitzbach und taleinwärts zur Huter- und zur Jörgnalm mit ihrem Glocknerkirchl. Nach der Brücke über den Ködnitzbach geht's geradeaus weiter (der Themenweg führt rechts zurück). Der Fahrweg führt in einer weiten Kehre zur Lucknerhütte hinauf (Abkürzung auf dem alten Hüttenpfad möglich). Weiter in den hinteren, schluchtartig engen Talbereich und an einem mit Mineralien verzierten Kreuz vorbei. Von der Abzweigung Richtung Glorer Hütte links über einen alten Moränenrücken empor und mit ein paar Serpentinen durch den Schutthang in die Fanatscharte, 2802 m. Dort steht die moderne Stüdlhütte, von der man noch einen hochalpinen Abstecher zur „Schere", einen 3031 m hoch gelegenen Schutthügel am Ködnitzkees direkt unter dem Großglockner, anhängen kann (1,5 h hin und retour, Trittsicherheit notwendig, Stahlseile).

Abstieg: Wir wandern von der Stüdlhütte auf dem Steig Nr. 712 durch Schutt und quer durch den von Rinnen zerfurchten Schrofenhang der Freiwandspitze ins Teischnitztal hinunter. Im Rückblick beeindruckt hoch droben der Hängegletscher des Teischnitzkees. Auf dem Talboden wandern wir dem Teischnitzbach entlang und durch die gleichnamige Klamm. Auf dem Almweg oder einem Abkürzungssteig gelangen wir durch Lärchenwald zu einer Straße, auf der wir ca. 200 m links gehen. Dann geht's rechts zum Hotel Taurerwirt hinunter. 150 m auf der Zufahrtsstraße weiter, dann rechts in den Mühlenweg/Natur-Erlebnispfad für Kinder einschwenken und neben dem Kalser Bach nach Kals-Großdorf.

„BergeDenken"

Der Themenweg „Glocknerspur – BergeDenken" im Ködnitztal ist etwas ganz Besonderes. Die 15 Stationen dieses Rundweges, der beim Lucknerhaus beginnt, und der dazugehörige Infofolder präsentieren nicht nur Wissenswertes über die Alpinhistorie des Großglockners, sondern auch „Fitness für den Geist" (Gehzeit 1–2 h).
Info: www.hohetauern.at

TIROL

Ein Natur-Erlebnispfad für Kinder
„Ich zeig dir eine tolle Welt"

Ausgangspunkt: Kals am Großglockner, 1325 m. Wegbeginn bei der Gratzbrücke beim Ortsteil Großdorf. Vom Hotel Taurerwirt eventuell auch per Bus zurück.
Charakter: ca. 3 km langer Spazierweg neben dem Kalser Bach und durch schattigen Wald, auch für Familien mit kleinen Kindern einfach zu begehen.
Gehzeit: hin und zurück ca. 3 h – man sollte sich aber einen halben Tag Zeit nehmen. Über den Weg ist ein Prospekt erhältlich.
Höhenunterschied: 200 m.
Einkehr: in Großdorf, Hotel Taurerwirt.
Karte: KOMPASS Nr. 46, 48, 50.
Reise-Atlas: Seite 14.

Fantastische Holzfiguren säumen den Natur-Erlebnispfad, den die Nationalparkverwaltung für Kinder von fünf bis zwölf Jahren in Kals angelegt hat. Sieben Erlebnisstationen laden zum Spielen und zur kreativen Beschäftigung mit der Natur ein. Wo wohnt der Dachs, was hört man im Wald? So erkunden die Kleinen auf spielerische Art die Natur.

Der Lehrpfad beginnt bei der Gratzbrücke und führt neben dem Kalser Bach taleinwärts. Die Flügel von Kauzi, dem Maskottchen der Route, weisen uns zu alten Mühlen sowie zu den Stationen „Spurensuche" und „Farbenspiele". Wir überqueren den Burger Bach und steigen in Serpentinen in den Lawoareswald an. „Schau genau" und „Zu Besuch bei den Höhlenbewohnern" heißen die nächsten Erlebnispunkte am Weg. Vorbei an der Station „Hörst du den Wald leben?" und am „Vogelkarussell" wandern wir weiter. Ein Abstecher führt links über die Brücke zum Kinderspielplatz der Gemeinde Kals. Rechts des Baches geht's dagegen zum nahen Hotel Taurerwirt.

Variante: Die Wanderung lässt sich auf dem Kulturwanderweg über die Dorfer Felder bis zum Kalser Ortsteil Ködnitz verlängern. Diese Route präsentiert ein naturkundlicher Führer des OeAV.

Kals: Natur als Spielplatz

KALS AM GROSSGLOCKNER

Hochschoberrunde I
Fünf Hütten und drei Dreitausender

Ausgangspunkt: Lucknerhaus, 1948 m, oberhalb von Kals am Großglockner. Zufahrt von dort auf der Kalser Glocknerstraße (7 km, Maut, auch Busverbindung).
Charakter: mehrtägige hochalpine Gebirgsdurchquerung inklusive drei Dreitausender-Ersteigungen für ausdauernde Bergwanderer. Die Route verläuft auf breiten Wegen und schmalen, stellenweise felsigen und ausgesetzten Bergpfaden, aber auch durch steiles, wegloses Felsgelände, das Trittsicherheit und Schwindelfreiheit erfordert. Nur bei guten Verhältnissen ratsam, besondere Vorsicht bei Altschneefeldern!
Gehzeit: 1. Tag 2 h, 2. Tag 6,5 h, 3. Tag 3 h, 4. Tag 6,5 h, 5. Tag 6 h, 6. Tag 3,5 h.
Höhenunterschied: insgesamt ca. 4550 m.
Einkehr: Lucknerhaus, Glorer Hütte, Elberfelder Hütte, Lienzer Hütte, Hochschoberhütte, Lesachalmhütte, Lesachriegelhaus.
Karte: KOMPASS Nr. 48, 50.
Reise-Atlas: Seite 14.

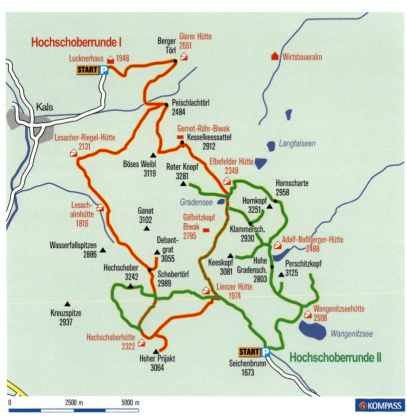

234

HOCHSCHOBERRUNDE I

Aus dem dunklen Berggewoge der Schobergruppe sticht der markante Glödis hervor.

Die Schobergruppe im Süden des Großglockners ist wie geschaffen für mehrtägige Touren von Hütte zu Hütte. Hier erheben sich zwar nicht die höchsten, aber sicher einige der wildesten Berge des Nationalparks. Manche davon – etwa die dunkle Felsenfestung des Hohen Prijakts – lassen sich durchaus von schwindelfreien und alpin erfahrenen Bergwanderern erklimmen. Andere wie den vergletscherten Hochschober betrachtet man im Verlauf dieser Rundtour immerhin aus nächster Nähe. Die Hochschoberrunde, die in einem informativen Folder des Nationalparks Hohe Tauern vorgestellt wird, durchmisst den nordwestlichen Bereich des Berglandes zwischen der Isel und der Möll. Sie überwindet dabei vier hochalpine Übergänge, berührt fünf Schutzhütten, in denen übernachtet wird, und führt auf drei Dreitausender mit berühmtem Gipfelpanorama. Schöner kann Trekking kaum sein!

1. Tag: wie bei Tour 87 bzw. 71 zur Glorer Hütte.

2. Tag: Auf dem Wiener Höhenweg wandern wir – den Großglockner im Rücken – westlich um das Kasteneck herum ins Peischlachtörl. Kurz östlich davon rechts auf den Fritz-Senders-Weg (Nr. 911) abzweigen und auf einem langen Gras- und Schuttrücken zum Tschadinsattel hinauf. Dort (oder schon

KALS AM GROSSGLOCKNER

Das Böse Weibl bietet einen guten Aufstiegsweg.

Der Schobertreck

Geübte Bergwanderer, die in vier Tagen hoch hinaus möchten, buchen diese 37 km lange und von Nationalpark-Rangern geführte Rundtour, die eine ganze Reihe alpiner Sensationen verspricht. Sie beginnt beim Parkplatz Seichenbrunn im Debanttal (Zufahrt von Lienz über Debant und Iselsberg). Das erste Etappenziel ist die Wangenitzseehütte, von der man den höchsten Gipfel der Schobergruppe ersteigt: das Petzeck, 3283 m. Anderntags folgt der gemütlichere Übergang zur Lienzer Hütte, wobei – gute Verfassung der Teilnehmer vorausgesetzt – auch der Hohe Perschitzkopf, 3125 m, oder der Keeskopf, 3081 m, angepeilt werden. Der 3. Tag verheißt die Ersteigung des 3053 m hohen Debantgrats direkt gegenüber dem Hochschober. Übernachtet wird in der Hochschoberhütte, von der man am 4. Tag über die Mirnitzscharte, 2743 m, zum Ausgangspunkt zurückkehrt.
Die Tages-Gehzeiten liegen zwischen 5 h und 8 h. Insgesamt ist man etwa 30 h lang unterwegs, wobei ein Höhenunterschied von ca. 4200 m überwunden wird.
Info: www.hohetauern.at

ein kurzes Stück vorher) links und über einen Blockhang auf das Böse Weibl, 3121 m. Abstieg auf dem Grat über dem schon ziemlich abgeschmolzenen Peischlachkesselkees zum Gernot-Röhr-Biwak im Kesselkeessattel. Rechts auf dem Wiener Höhenweg ins Tramerkar und zur Elberfelder Hütte hinab, 2346 m.

3. Tag: Unter den mächtigen Klammerköpfen und dem Gößnitzkees steigen wir auf dem Weg Nr. 915 in die Gößnitzscharte hinauf, 2737 m (Biwakhüttl rechts abseits). Jenseits Abstieg zur Lienzer Hütte im grünen Debanttal, 1977 m.

4. Tag: Unser nächstes Dreitausenderziel ist der Hohe Prijakt. Wir peilen ihn auf dem Steig Nr. 917 an, der neben dem Mirnitzbach emporzieht. Auf gut 2200 m rechts abzweigen, über den gleichnamigen Boden und durch weite Schutthänge in die Mirnitzscharte hinauf, 2743 m. Es folgt ein kurzer Abstieg in ein Kar mit einem kleinen See. Am Kleinen Barren scharf links abbiegen und auf einem markierten Pfad zum versteckten Barrenlesee aufwärts. Über eine Steilstufe in die Barreneckscharte und rechts durch einen Schutthang auf den mittleren und höchsten Gipfel des unnahbar stolzen Prijakt-Massivs, 3064 m. Abstieg auf der gleichen Route, vom Kleinen Barren jedoch links hinab zur Hochschoberhütte, 2322 m.

5. Tag: Der Steig Nr. 912 leitet uns empor zum Gartlsee, der in 2571 m Seehöhe zwischen dem Westlichen

Alles Handarbeit: Auf dem Perschitzkopf muss man ein wenig in den Fels greifen.

und dem Östlichen Leibnitztörl glitzert. Wir wandern hoch über dem Gartl-Kar weiter, bleiben bei einer Abzweigung links auf dem oberen Pfad und steigen am Fuße des Hochschobers mit zunehmender Steilheit ins Schobertörl an, 2898 m. Der Abstecher nach rechts über den Schuttrücken auf den 3052 m hohen Debantgrat gibt den Blick auf die beeindruckend wilde „Gletscherseite" des Hochschobers und zum spitzen Glödis frei.

Zurück ins Törl, nach rechts und am Moränenrand des steilen Schoberkees hinab. Durch das Ralftal (traumhafter Rückblick zum Hochschober!) in den Wald und zur Lesachalmhütte, 1818 m.

6. Tag: Der sanfte Aufstieg über die Wald- und Weidehänge der Tschamperalm zur Lesachriegelhütte, 2131 m, läutet den perfekten Ausklang dieser Hochschoberrunde ein. Wer zusätzlich 2,5 h Gehzeit einkalkuliert, kann das Prachtpanorama vom Hochschober bis zum Großglockner (und auf weitere 100 Dreitausender) mit einem Abstecher über den Lesacher Riegel auf die 2810 m hohe Schönleitspitze noch vertiefen. Von der Hütte führt unser Weg oberhalb der Waldgrenze über die Hänge der Tschadinalm und – links haltend – zum Peischlachbach. Links über die Matoitzalm zur Nigglalmhütte und zum Lucknerhaus hinunter.

LIENZ/ISELSBERG

91

Hochschoberrunde II
Höhenflüge im Herzen der Schobergruppe

NATIONALPARK HOHE TAUERN

Ausgangspunkt: Parkplatz Seichenbrunn im Debanttal, 1673 m. Zufahrt von Lienz über Debant und Iselsberg (ab Gasthof Zur Säge Schotterstraße).

Charakter: mehrtägige hochalpine Gebirgsdurchquerung mit Ersteigung von vier oder fünf Dreitausendern – am besten in Bergführer-Begleitung. Diese anspruchsvolle „Maximalroute" erfordert beste Kondition, hochalpine Erfahrung und den sicheren Gebrauch von Seil und Pickel, denn sie verläuft nicht nur auf markierten Bergpfaden, sondern auch durch ausgesetztes, steinschlaggefährdetes Felsgelände und über Gletscher bzw. steile Altschneefelder. Absolute Trittsicherheit, Schwindelfreiheit und die Beherrschung des 2. Kletter-Schwierigkeitsgrades werden daher vorausgesetzt. Nur bei sicherem Wetter gehen!

Gehzeit: 1. Tag 7 h, 2. Tag 5 h, 3. Tag 7 h, 4. Tag 7,5 h, 5. Tag 7 h, 6. Tag 3,5 h.

Höhenunterschied: insgesamt ca. 6000 m.

Einkehr: Wangenitzseehütte, Adolf-Noßberger-Hütte, Elberfelder Hütte, Lienzer Hütte, Hochschoberhütte.

Karte: KOMPASS Nr. 48, 50.

Reise-Atlas: Seite 14.

Routenkarte: auf Seite 264.

Mit 3240 m ist der Hochschober nur der vierthöchste Gipfel der Berggruppe zwischen Lienz und dem Großglockner – doch er protzt mit einem immer noch respektablen, weithin sichtbaren Hanggletscher, dem er wohl auch seinen Nimbus als Namensgeber verdankt. Im Rahmen dieser Tour der Superlative besuchen wir nicht nur sein schönes Gipfelkreuz, sondern auch die drei noch höheren Felszinnen, die über diese wilde und unberührte Naturlandschaft herrschen.

1. Tag: Gleich zu Beginn peilen wir den höchsten Punkt der Schobergruppe an – und zwar über die Wangenitzseehütte, 2508 m, die wir auf dem Steig Nr. 939 und dem weiter oben einmündenden Zinkenweg (Nr. 917) über die Untere Seescharte erreichen. Die Tour auf das 3283 m hohe Petzeck ist nicht besonders schwierig, weist aber vor dem Kruckelkar eine gesicherte Felsstelle und einen Eisfleck unter dem Gipfel auf. Als Alternative bietet sich eine Runde um den Wangenitzsee an – halb Spaziergang, halb Klettersteig samt Hängebrücke (1 h).

2. Tag: Auf dem Pfad Nr. 916 geht's am Kreuzsee vorbei und über das gleichnamige Schartl ins Perschitzkar. Auf dem rechts abzweigenden Holländerweg (Nr. 923) in die Hohe Gradenscharte, 2803 m. Nordseitiger Abstieg durch eine steile, meist schneegefüllte Rinne (Stahlseile, oft Pickel notwendig) und durch das Vorfeld des Gradenkees zur Adolf-Noßberger-Hütte, 2488 m. Vom Kreuzseeschartl lässt sich der Hohe Perschitzkopf, 3125 m, über seinen treppenartig geschichteten Südgrat erklettern (Schwierigkeitsgrad 1+).

3. Tag: Zur Einstimmung empfiehlt sich die Ersteigung des Keeskopfs, 3081 m (siehe Tour 83). Nach dem anschließenden Frühschoppen am Ufer des Gradensees geht's zur Elberfelder Hütte im hintersten Gößnitztal hinüber – entweder über die 2958 m hoch gelegene Hornscharte und neben dem Hornkees oder über die Klammerscharte, 2930 m, und das Gößnitzkees. In beiden Fällen können Altschneefelder oder Blankeis erhebliche Schwierigkeiten beim Abstieg machen! Bei guten Verhältnissen wäre dagegen die Zugabe des Großen Hornkopfs, 3251 m, eine lockende Alternative zur morgendlichen Keeskopf-Tour: Der allseits zugespitzte Gipfel kann von der Klammerscharte auf dem luftigen, aber festfelsigen Südgrat über den Kleinen Hornkopf erklettert werden (Schwierigkeitsgrad 2).

4. Tag: Heute ersteigen wir den 3281 m hohen Roten Knopf, den zweithöchsten Berg der Schobergruppe. Sein 900-m-Normalzustieg ist ohne richtige Kletterpassagen, aber ziemlich steil und bei Schnee oder Eis gefährlich. Abstieg auf der gleichen Route. Dann wandern wir auf dem weitaus leichteren, aber noch einmal 1,5 h ansteigenden Elberfelder Weg (Nr. 915) südwärts in die Gößnitzscharte, 2737 m. Jenseits Abstieg zur Lienzer Hütte, 1977 m.

5. Tag: Wir steigen auf dem Franz-Keil-Weg (Nr. 914) ins Gartl hinauf. Von dort geht's rechts auf dem Steig Nr. 912 gegen das Schobertörl aufwärts, bis man links weglos durch

Viel Luft rund um den Hochschober!

die Ostflanke und ziemlich in der Falllinie auf den 3240 m hohen Hochschober klettern kann. Alternativ gelangt man – sich rechts haltend – durch das steile Kar zwischen dem Klein- und dem Hochschober auf den Grat, auf dem man links ansteigt – eine wahre „Himmelsleiter" über dem nordseitigen Hanggletscher! In jedem Fall sind Stellen im 1. Schwierigkeitsgrad zu überwinden. Markierter Abstieg über den stellenweise gesicherten Westgrat zur Staniskascharte, links zur Schoberlacke hinab und weiter zur Hochschoberhütte, 2322 m.

6. Tag: Als Ausklang verbleibt die Wanderstrecke über das „doppelte" Leibnitztörl, 2591 m (mit dem kleinen Gartlsee dazwischen). Der sanft absinkende Weg Nr. 914 leitet uns zur Lienzer Hütte. Auf dem Fahrweg oder – etwas länger, aber schöner – auf dem Natur- und Kulturlehrweg zum Ausgangspunkt zurück.

ST. JAKOB IN DEFEREGGEN

92

Oberhauser Zirbenwald – Jagdhausalm
Im Defereggen gibt's keine Affen!

Ausgangspunkt: Erlsbach im hinteren Defereggental, 1549 m. Zufahrt über St. Jakob in Defereggen. Man kann von Erlsbach auf einer Mautstraße zur Patscher Hütte und bis zur Oberhausalm, 1793 m, weiterfahren.

Charakter: kurze oder längere Talwanderung auf Forststraßen und gut markierten Steigen. Die Straße zur Jagdhausalm ist eine beliebte, nicht allzu schwierige Mountainbikestrecke.

Gehzeit: zur Oberhausalm 1,5–2 h, weiter zur Jagdhausalm 2–2,5 h (zum Klammljoch und retour zusätzlich 1,5 h), Rückweg 4 h. Der Rundkurs des Lehrpfades zwischen Oberhaus- und Seebachalm nimmt 1,5 h in Anspruch.

Höhenunterschied: 550 m (der Lehrpfad allein 100 m).

Einkehr: Patscher Hütte, Jausenstation Oberhausalm, Jagdhaus- und Arvenalm.

Karte: KOMPASS Nr. 46, 50.

Reise-Atlas: Seite 13.

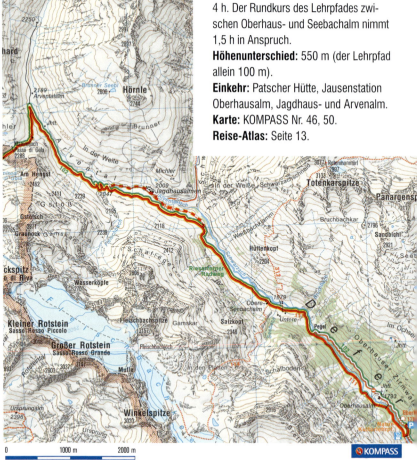

OBERHAUSER ZIRBENWALD – JAGDHAUSALM

Alte Landkarten nennen im hintersten Defereggen ein „Affental". Wer der Schwarzach entlangwandert, weiß bald, warum: Rund um die Oberhausalm bilden herrliche Zirben, auch Arven genannt, einen 4 km langen und bis zu 500 m hinaufreichenden Bestand, einen der größten in Tirol. Dahinter öffnet sich das baumfreie Arvental – wohl eine Erinnerung an die Zeit vor den mittelalterlichen Almrodungen.

Auf diese Epoche gehen auch die 16 Steinhütten der Jagdhausalm zurück. Das urtümliche Almdorf auf 2000 m Seehöhe wurde schon im Jahre 1212 urkundlich erwähnt, war einst ganzjährig bewohnt und ist bis heute die „Sommerfrische" von Rindern aus Südtirol, die übers nahe Klammljoch aufgetrieben werden.

Zur Jagdhausalm: Bei der Erlsbacher Brücke beginnt der Waldpfad Nr. 111, der das südliche Ufer der Schwarzach begleitet, kurz zum Staller Almbach emporzieht und dann wieder in die Talsohle absinkt. Hinter der Patscher Hütte, 1685 m, geht's kurz auf der Almstraße Richtung Barmer Hütte. Vor dem Stall rechts abzweigen und auf dem Weg Nr. 111 weiter taleinwärts, bis nach etwa 35 Min. rechts ein Steg den Zugang zur Oberhausalm frei gibt. Dort beginnt der Natur- und Kulturlehrweg, dessen Infopulte die Besonderheiten dieser Landschaft erklären. Wir gehen weiter durch das Tal zur Seebachalm, wo der Lehrpfad rechts zurückführt. 3 km weiter auf der Almstraße. Nach einem steilen Anstieg zweigt rechts ein stellenweise abgesicherter Steig ab, der über die Schlucht des Arventalbachs zur Jagdhausalm, 2009 m, führt. Auf der Straße kann man dagegen über die nahe Arventalalm zum Klammljoch, 2288 m, und zum gleich dahinter gelegenen Klammlsee wandern.

Rückweg auf der gleichen Route oder auf der Almstraße.

Almleben wie anno dazumal: die Jagdhausalm

Defereggher Themen

Das Defereggental präsentiert die Vielfalt des Nationalparks mit einer Reihe weiterer Themenwege. Der **Wassererlebnisweg** zum Stallebach-Wasserfall zwischen St. Jakob und Mariahilf illustriert die Bedeutung des nassen Elements (2 h), während der **Blumenweg Oberseite** hoch droben auf dem Almbalkon der Sonnseite die Schönheit der alpinen Flora zeigt (6 h von St. Jakob über die Seespitzhütte bis Erlsbach). Über diese Routen sind OeAV-Führer erhältlich. **Im Reich des Apollofalters** wandert man auf dem mit Infotafeln ausgestatteten Lehrweg zwischen Rajach und Ratzell oberhalb von Hopfgarten (1,5 h). *Info:* www.hohetauern.at

TIROL

ST. JAKOB IN DEFEREGGEN

93

Zur Barmer Hütte
Im Eishauch des Hochgall

Ausgangspunkt: Parkplatz bei der Patscher Hütte im hintersten Defereggental, 1685 m. Zufahrt von Huben über St. Jakob in Defereggen (ab Erlsbach auf der Mautstraße). Wer am 2052 m hoch gelegenen Staller Sattel startet, fährt von Erlsbach per Bus oder Taxi dort hinauf.

Charakter: hochalpine Bergwanderung auf Forststraßen und gut markierten Steigen (der Übergang über die Jägerscharte führt durch felsiges Gelände und über eine gesicherte Passage, die Trittsicherheit und Schwindelfreiheit erfordert).

Gehzeit: Patscher Hütte – Barmer Hütte 3 h, Abstieg 2–2,5 h (Variante: Staller Sattel – Barmer Hütte 3,5–4 h, Patscher Hütte – Erlsbach 45 Min.).

Höhenunterschied: 950 m (Variante 850 m Aufstieg und 1350 m Abstieg).

Einkehr: Patscher Hütte, Barmer Hütte.
Karte: KOMPASS Nr. 46, 50.
Reise-Atlas: Seite 13.

ZUR BARMER HÜTTE

Der 3436 m hohe Hochgall gehört unbestritten zu den „Charaktergipfeln" der Hohen Tauern. An klaren Tagen blitzt der kantige Eisriese weit über die ost- und südtirolerische Rieserfernergruppe hervor. Der Name dieser Urwelt aus Granit und Gletschereis kommt von den vielen „Riesern" (Firn- und Schuttrinnen). Der Weg durch das einsame Patscher Tal zur neuen Barmer Hütte – das alte, etwas weiter unten erbaute Schutzhaus wurde ein Opfer von Lawinen – ist nicht schwierig. Rundherum sollte man jedoch Vorsicht walten lassen, denn der stets abrutschbereite Moränenschutt überdeckt im Bereich der Riepenscharte sogar noch „Toteis", also Eisreste des Patscher Keeses. Eine sichere, wenngleich anspruchsvolle Alternative zum Hüttenweg bietet der Übergang vom Staller Sattel, bei dem man sogar das aussichtsreiche Almerhorn „mitnehmen" kann.

Aufstieg: Von der Patscher Hütte nehmen wir die mit Nr. 112 markierte Almstraße, die in einer Kehre ins Patscher Tal emporzieht. Im wildromantischen Talschluss unter dem Hochgall geht sie in einen Steig über, der die felsige Karstufe bis zur Barmer Hütte, 2591 m, in Serpentinen überwindet. Bei sichtigem Wetter empfiehlt sich noch ein Abstecher zum winzigen See unterhalb der Hütte und zur Riepenscharte, 2764 m – nur nach der Markierung gehen!

Abstieg auf der gleichen Route.

Variante: Von der Oberseehütte am Staller Sattel führt der anfangs recht erdige Steig Nr. 325 zu einem Gedenkkreuz auf dem Kamm (Blick zum Antholzer See) und dann rechts in Kehren durch einen Zirbenbestand zu einer Skipiste hinauf. Links im steilen Anstieg über eine Karstufe zu einem kleinen Tümpel und links über einen Blockrücken (Abstecher zum Großen Mandl, 2818 m, möglich) ins Kar

Tourenparadies im Tonalit: die Barmer Hütte

unterhalb der Jägerscharte. Am linken Rand über felsiges Gelände (Sicherungen) zu diesem Übergang, von dem man rechts über einen Schutthang auf den nahen Gipfel des Almerhorns, 2985 m, steigen kann.

Von der Jägerscharte nordwärts neben den Resten des Almerkees hinab. Bald schwnkt der Pfad nach links. Im sanften Abstieg durch Moränenschutt und unter den Felsgraten der Ohrenspitzen zur Barmer Hütte. Abstieg durch das Patscher Tal zur Patscher Hütte, von der man rechts auf einem markierten Waldweg neben der Schwarzach zum gut 3 km entferten Gasthof Alpenrose gelangt.

ST. JAKOB IN DEFEREGGEN

94

Der Lasörlingtreck
Bergerlebnis im Süden des Venedigers

Ausgangspunkt: St. Jakob in Defereggen, 1389 m. Zufahrt von Matrei in Osttirol mit dem Bus über Huben. Rückfahrt von Virgen nach Matrei ebenfalls per Bus.
Charakter: dreitägige Durchquerung der zentralen Lasörlinggruppe auf Forststraßen und guten, aber stellenweise felsigen und ausgesetzten Pfaden, die Trittsicherheit und Schwindelfreiheit erfordern. Unterwegs muss eine gesicherte Passage überwunden werden – bei Schneelage und Vereisung gefährlich! Im August wird diese Tour vom Nationalpark Hohe Tauern geführt.
Gehzeit: 1. Tag je nach Wegwahl 3,5–4 h, 2. Tag 5–6 h, 3. Tag 3,5–4 h (Abstieg nach Virgen zusätzlich 2 h).
Höhenunterschied: ohne Gipfelersteigungen insgesamt 5900 m.
Einkehr: Neue Reichenberger Hütte, Lasörlinghütte, Zupalseehütte, Wetterkreuzhütte.
Karte: KOMPASS Nr. 46, 50.
Reise-Atlas: Seite 13.

Wie ein steinerner Laufsteg schiebt sich die 25 km lange Lasörlinggruppe zwischen das Virgen- und das Defereggental. Ihre alpine Vielfalt reicht von den romantischen Almtrögen hoch über Matrei und Virgen bis zum herben Charme des Hochgebirges, der den Westteil um den 3098 m hohen Namensgeber prägt. Den größten Trumpf bildet jedoch die Nonstop-Sicht nach Norden – zur Parade der gleißenden Gletschergipfel im Norden.

Der durchgehende Lasörling-Höhenweg durchquert dieses Bergparadies. Die Nationalparkverwaltung hat eine dreitägige Trekkingtour ausgearbeitet, die inklusive Führung und Taxi-Transfer angeboten wird. Wer ohne professionelle Begleitung unterwegs ist, sollte diese Route nicht unterschätzen.

244

DER LASÖRLINGTRECK

Sind auch Berge eitel? Der Lasörling spiegelt sich jedenfalls wohlgefällig in der Gumpenlacke.

1. Tag: Von St. Jakob folgen wir zunächst der Asphaltstraße mit der Markierung Nr. 313 ins Trojer Almtal hinein und zur renovierten Trojermühle. Dort, im engen Talabschnitt, wechseln wir auf den alten Almweg (Nr. 313 A), der zweimal den Bach überquert und im Nahbereich der Straße zur Vorderen und zur Hinteren Trojeralm führt. Von dort wandern wir auf einem stetig ansteigenden Weg durch lichte Zirbenbestände immer höher über dem Talboden empor. Noch schöner ist es, schon vor der Trojer Alm rechts auf den alten Knappensteig (Rudolf-Kauschka-Weg, Nr. 313) abzuzweigen – er kürzt die Schotterstraße zur Durfeldalm ab, ermöglicht rechts einen Abstecher zum Schaubergwerk Knappengrube unter der Blindisspitze (gut 1 h) und führt dann hoch über dem Tal dahin. In jedem Fall gelangen wir durch karge Hänge mit dem prosaischen Namen „Dreckgrube" in den Sattel mit der Neuen Reichenberger Hütte, 2586 m. Ganz in der Nähe glitzert der Bödensee, in dem sich die glockenförmige, 2912 m hohe Gösleswand spiegelt. Wer noch Kondition hat, sollte diesen „Hüttenberg" über die Rote Lenke ersteigen (Steig Nr. 312), denn er gewährt ein großartiges Panorama Richtung Venediger.

2. Tag: Nun folgt der anspruchsvollste Abschnitt des Lasörling-

ST. JAKOB IN DEFEREGGEN

trecks. Wer schon auf der Gösleswand war, kennt bereits den ersten Abschnitt bis in die Rote Lenke und das tatsächlich rötliche Gestein unterhalb davon. Hinter der 2794 m hoch gelegenen Scharte zieht der Steig Nr. 312 durch ein zerklüftetes Hochtal mit großen Felsblöcken zum Kleinbachboden hinab (einstiges Asbest-Abbaugebiet). Rechts

auf den Pfad Nr. 90 abzweigen und zum Stampflestörl hinauf. Durch die Schutthänge auf der Nordseite des Stampfleskopfs zu einem felsigen Absatz im Nordostgrat des Berges hinüber (bei Schnee und Vereisung gefährlich, Stahlseile). Kurz in den obersten Schuttkessel des Lasnitzentals hinab, dort rechts abbiegen und auf dem Steig Nr. 314/90 über eine große Felsrampe im Norden der Blindisspitze gegen das Prägrattörl empor. Kurz vor dieser Scharte links abzweigen und zum Glauretschartl über den senkrechten Abbrüchen direkt gegenüber dem Lasörling. Der markierte Steig führt über eine steile Schutthalde ins weite Glauret-Kar hinunter und an den Abzweigungen des Lasör-

ling-Zustiegs sowie am Berger See vorbei. Durch das lange Schuttkar zur Lasörlinghütte, 2296 m.

3. Tag: Wir wandern nun auf dem Weg Nr. 315/90 Richtung Mullitztörl, nehmen bei der ersten Abzweigung den rechten, oberen Pfad und biegen bei der zweiten Wegteilung nahe der idyllisch gelegenen Gumpenlacke links ab. Hinter dem Kosachkofel geht's gegen die Merschenhöhe, 2499 m, empor. Nach dem Abstieg zur gastlichen Merschenalm wandern wir – uns erst rechts und gleich darauf links an die Markierung Nr. 90 haltend – durch den weiten Steinkas-Trog und um einen nordwärts auslaufenden Rücken des Donnersteins herum (Halterhütte) zur Zupalseehütte, 2346 m. Der Steig Nr. 90 B umgeht die Merschenalm höher im Süden, vorbei am kleinen Steinkassee (See im Grachten).

Vom wunderbar gelegenen Zupalsee führt der Weg. Nr. 90 westlich unter dem Legerle und vorbei am Almkreuz auf der Hellen Höhe (Höllerhöhe) zur weitum berühmten Aussichtswarte der Wetterkreuzhütte, 2106 m.

Talfahrt mit dem Taxibus (zu Fuß auf dem Steig Nr. 79, der die Kehren der Zufahrtsstraße abkürzt, über die Würfelehütte zur Iselbrücke und nach Virgen hinauf).

Ein Bild von einem Berg: die Gösleswand

VIRGEN
95

Durch das Zedlacher Paradies
Die Sagen der uralten Lärchen

Ausgangspunkt: Zedlach über dem vorderen Virgental, 1260 m. Zufahrt von Matrei in Osttirol oder Virgen, Parkplatz vor dem Weiler und oberhalb davon (zu Fuß von Matrei 1,5 h, von Mitteldorf 45 Min.).
Charakter: einfache Wanderung für die ganze Familie; gut beschilderte Straßen bzw. breite Wald- und Wiesenwege.
Gehzeit: ins Zedlacher Paradies 45 Min., Waldlehrpfad 1,5 h, Abstieg 30 Min. (Varianten: vom Strumerhof ins Zedlacher Paradies ca. 30 Min.; Abstecher zur Wodenalm zusätzlich 1–1,5 h hin und zurück).
Höhenunterschied: 400 m (bis zur Wodenalm weitere 200 m).
Einkehr: in Zedlach, eventuell Gasthof Strumerhof oder Wodenalm.
Karte: KOMPASS Nr. 46, 50.
Reise-Atlas: Seite 14.

Wem die Waldfeen hold waren, der konnte sich glücklich schätzen: Das Geld ging nie aus, der Brotbeutel war stets gefüllt, die Käselaibe wuchsen von selbst nach. Kein Wunder, dass sich die Bewohner des kleinen Dorfes Zedlach wie im Paradies fühlten. Ihren paradiesischen Wald haben sie durch die Jahrhunderte selbst gestaltet und sorgfältig gepflegt: Fichten wurden gefällt, um Platz für das Weidevieh zu schaffen; die Lärchen ließen sie stehen, da sie dichten Bodenbewuchs zuließen. Manche von ihnen sind heute um die 500 Jahre alt und haben bis zu 6 m dicke Stämme – es sind die ältesten in Tirol. Die Nationalparkverwaltung hat die alten Mythen um diesen Wald aufgegriffen und dort einen Lehrpfad eingerichtet. Schmiedeeiserne Figuren des Matreier Kunstschlossers Erich Trost – darunter eine 1000fach vergrößerte Milbe und ein 3 m hoher, begehbarer Bär – bevölkern das Zedlacher Paradies heute. Daneben findet man Erlebnisstationen wie z. B. Scheiben von Baumstämmen, deren Jahresringe an historische Ereignisse erinnern. Schwer zu sagen, wann hier die schönste Zeit für einen Spaziergang ist: im frischen Grün des Frühlings oder im Leuchten der Herbstfärbung, im Schatten eines Sommertages oder in der eisigen Stille des Winters …

Ins Zedlacher Paradies: Wir starten bei der Dorfinformation in Zedlach, gehen auf der links ansteigenden Straße (Markierung Nr. 53), halten uns nach 100 m nach rechts und wandern nach 20 Min. rechts auf dem Weg Nr. 53 A über die Wiesen hinauf. Oben erreichen wir die Schotterstraße zur Wodenalm, auf der wir links in den Zedlacher Wald gelangen. Dort stoßen wir bald auf den Waldlehrweg. In welche Richtung dieser gut beschilderte Rundkurs begangen wird, ist egal. Auf einer Lichtung sieht man sogar den kleinen, schon fast verwachsenen „Paradiessee". Bitte bleiben Sie auf den beschilderten Wegen – im Frühjahr und Herbst weidet hier unbeaufsichtigtes Vieh, das keinesfalls gestört werden darf.

Varianten: Man kann auch vom kulinarisch besonders empfehlenswerten Gasthof Strumerhof ins Zedlacher Paradies wandern (Zufahrtsstraße von Zedlach nach rechts). Oder man verlängert die Tour bis zur aussichtsreich gelegenen Wodenalm, 1804 m – entweder gemütlich auf der geschotterten Zufahrtsstraße oder sportlicher auf einem Abkürzungssteig.

Abenteuer mit Bär und Ameise ...

Der Weg der Sinne

Die Feldfluren um Virgen zählen zu den ältesten Kulturlandschaften Tirols. Die Wiesen zwischen Hecken und Natursteinmauern werden – nicht zuletzt dank des milden Klimas – wohl seit der Bronzezeit bewirtschaftet. Durch ein besonders schönes Gebiet führt ein 2,5 km langer Themenweg, der mit seinen Erlebnisstationen einen spielerischen Zugang zu den Besonderheiten dieser Landschaft ermöglicht. Dieser „Weg der Sinne" beginnt beim Tourismusbüro Virgen, wo man auch einen Folder zum Thema erhält. Für blinde Menschen stehen eigene Leiteinrichtungen und Tonträger zur Verfügung.
Info: www.hohetauern.at

PRÄGRATEN

96

Der Wasserschaupfad Umbalfälle
Die wilde „Kinderstube" der Isel

Ausgangspunkt: der Weiler Ströden im hintersten Virgental, 1403 m. Zufahrt von Matrei über Virgen, Prägraten und Hinterbichl (auch Busverbindung).
Charakter: sehr eindrucksvolle Talwanderung auf breiten Wegen und schmalen Pfaden (die Wegvariante führt durch steile Hänge bis in die Gletscherregion; kurze ausgesetzte Passagen).
Gehzeit: zur Pebellalm 35 Min., Wasserschaupfad samt Abstieg ca. 2 h (Variante: zur Clarahütte 2 h, zum Umbalkees weitere 2 h, Abstieg 4 h). Zur Pebellalm fahren auch Pferdegespanne, Tel. ++43(0)4877/5360.
Höhenunterschied: 250 m (bis zum Umbalkees 1000 m).
Einkehr: Islitzeralm, Pebellalm, eventuell Clarahütte.
Karte: KOMPASS Nr. 46, 50.
Reise-Atlas: Seite 13.

Die Umbalfälle, die ungestüme „Kinderstube" der Isel im hintersten Virgental, sind seit 1976 durch den ersten europäischen Wasserschaupfad erschlossen. Damals sollten sie einer Kraftwerksableitung geopfert werden, und so wurde das Naturschauspiel zu einem Brennpunkt der damaligen Auseinandersetzungen. Gerade gerettet, zeigte die Urnatur im Mai 1985 ihre Faust: Ein Wasserschwall, der sich hinter Lawinenschnee aufgestaut hatte, donnerte über die beiden Kaskadenstufen, riss riesige Felsblöcke mit sich und zerstörte zwei Almen. Die Spuren der Gewalten sind längst wieder verwachsen, die Hütten wieder aufgebaut. Und der neu trassierte Themenweg präsentiert wieder die Schönheit und die Lau-

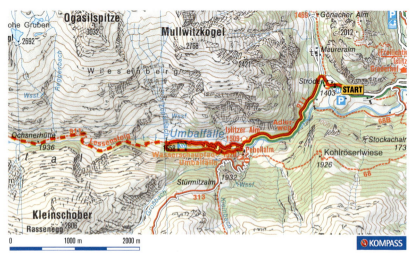

DER WASSERSCHAUPFAD UMBALFÄLLE

Naturwunder Umbalfälle – links die oberen Kaskaden, rechts der untere Abschnitt über der Pebellalm

nen des Gletscher-Schmelzwassers, das an heißen Sommertagen gegen Mittag auf bis zu 15 m³ pro Sekunde anschwillt, im Spätherbst aber nur in schmalen Fäden zwischen dem Eis nach unten rieselt.

Aufstieg: Von Ströden marschieren wir auf der Schotterstraße durch das Tal der jungen Isel zur Islitzeralm. Über die Brücke zur benachbarten Pebellalm, 1520 m.
Dort beginnt der Wasserschauweg, der oberhalb der Hütten rechts vom Fahrweg abzweigt und neben den unteren Umbalfällen zur Talweitung der Blinigalm, 1658 m, emporzieht. Schaukanzeln bringen uns mit dem Wildwasser auf Tuchfühlung.

Abstieg: Bei einer Brücke erreichen wir wieder die Forststraße, auf der wir zur Pebellalm und zum Ausgangspunkt zurückwandern.

Variante: Von der Blinigalm führt der Weg Nr. 911 links in einigem Abstand zu den oberen Umbalfällen aufwärts. Oben geht's über einen Steg und quer durch die steilen Grashänge über der Isel, vorbei an der Ochsnerhütte und an der Abzweigung zur Reichenberger Hütte. Vor der Clarahütte, 2036 m, tritt die 3496 m hohe Rötspitze ins Blickfeld. Weiter taleinwärts und über den Bach zu einer Wegteilung. Rechts (Nr. 920) über eine Steilstufe (kurz ausgesetzt) zu einem flachen Talboden mit einem kleinen See hinauf. Zuletzt geht's weglos durch Moränenschutt zur immer weiter zurückweichenden Zunge des Umbalkees, über der sich die elegante, 3499 m hohe Dreiherrnspitze erhebt. Der **Abstieg** erfolgt auf der gleichen Route.

PRÄGRATEN
97

Defreggerhaus – Großvenediger, 3662 m
Audienz bei der „weltalten Majestät"

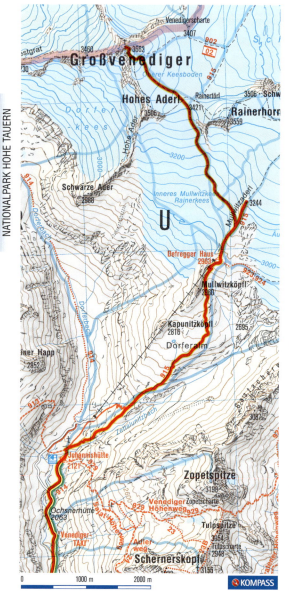

Ausgangspunkt: Hinterbichl, 1329 m. Zufahrt von Matrei in Osttirol über Prägraten.
Charakter: zum Defreggerhaus eine hochalpine Bergwanderung auf breiten Wegen und schmalen Bergpfaden. Trittsichere und schwindelfreie Bergwanderer können bei guten Verhältnissen auch das Mullwitzaderl ersteigen. Auf den Großvenediger sollte man jedoch nur mit einem Bergführer gehen. Die Route führt über sehr spaltige Gletscher und einen scharfen Gipfelgrat, was den sicheren Gebrauch von Seil, Pickel und Steigeisen voraussetzt. Nur bei sicherem Wetter ratsam!
Gehzeit: zur Johannishütte 2,5 h, weiter zum Defreggerhaus 2,5 h, auf das Mullwitzaderl zusätzlich 45 Min., Abstieg zur Johannishütte 2,5 h, nach Hinterbichl weitere 2 h; Defreggerhaus – Großvenediger 2,5 h, Abstieg 2 h.
Höhenunterschied: zum Defreggerhaus 1650 m, zum Großvenediger weitere 770 m.
Einkehr: Johannishütte, Defreggerhaus.
Karte: KOMPASS Nr. 46, 50.
Reise-Atlas: Seite 13.

DEFREGGERHAUS – GROSSVENEDIGER

Mögen seine breiten Firndächer auch keine besonderen technischen Anforderungen stellen und mitunter ganze Karawanen zu seinem Gipfel pilgern: Die berüchtigten Gletscherspalten des Großvenedigers, aber auch plötzlich einbrechendes Schlechtwetter haben dort schon versierte Alpinisten in Bedrängnis gebracht! Daher vertraue man sich einem Bergführer an – dann erlebt man das grandiose Gipfelpanorama der „weltalten Majestät" ganz ohne Stress.

Aufstieg: Wir wandern vom Gasthof Islitzer in Hinterbichl ca. 10 Min. nach der Beschilderung zur Johannishütte (Markierung Nr. 914) auf der Straße ins Dorfer Tal. Dann rechts abzweigen, auf breitem Weg zum Wiesenkreuz hinauf und an einem Serpentinsteinbruch vorbei. Bald wieder auf dem Fahrweg taleinwärts. Vor dem oberen Steinbruch links, über den Bach und in Kehren zum Gumbachkreuz empor. Vorbei an der Ochsnerhütte und durch eine felsige Engstelle erreichen wir die Johannishütte auf einem weiten Talboden unter dem Rainerkees.

Weiter auf einer Brücke über den Zettalunitzachbach. Nach einigen Kehren zweigen wir rechts auf den Steig Nr. 915 ab, der über einen breiten und lang gezogenen Gras- und Felsrücken ansteigt. Hoch über dem Zettalunitzkees nach links, an einem Tümpel vorbei und gegen das Mullwitzköpfl hinauf. Nach einigen steilen Serpentinen durch Blockhalden rechts zum Defreggerhaus.

Aufs Mullwitzaderl: Wir folgen dem Weg zum „Anseilplatz" am Übergang zum Gletscher. Davor geht's rechts durch den Schutt eines Moränenrückens und dann auf dem schmaleren Felsgrat zwischen dem Rainer- und dem Mullwitzkees zum Steinmann auf dem höchsten aperen Punkt empor, 3241 m.
Abstieg auf der gleichen Route.

Blick vom oberen Schlatenkees ins Innergschlöß und zum Glockner

Auf den Großvenediger: Vom „Anseilplatz" geht's kurz über Fels oder Eis zum Rainerkees hinab. Meist führt eine gut ausgetretene Spur in sanfter Steigung zwischen den Spaltenzonen unter dem Rainerhorn in die weite Senke des Rainertörls, 3421 m. Dahinter queren wir, uns etwas nach links haltend, den von besonders heimtückischen Spalten durchzogenen Oberen Keesboden, bis uns der steile Firnbuckel des Großvenedigers zu Kehren zwingt. Ganz zuletzt zieht ein schmaler und sehr ausgesetzter, oft verwechteter Firngrat über senkrechten Eisabbrüchen zum großen Gipfelkreuz hinüber – viele drehen schon auf dem genauso hohen Vorgipfel um.
Abstieg auf der gleichen Route.

MATREI IN OSTTIROL

98

Der Gletscherweg Innergschlöß
Unter der Firnkrone des Venedigers

Ausgangspunkt: Matreier Tauernhaus, 1511 m. Zufahrt von Matrei. Mit der Kutsche oder per Taxi kann man bis ins Innergschlöß fahren, Tel. ++43(0)4875/8820 bzw. ++43(0)664/9319512.
Charakter: hochalpine und landschaftlich sehr eindrucksvolle Bergwanderung auf Fahrwegen und schmalen, stellenweise steilen und steinigen Pfaden. Über den Gletscherweg hat der OeAV eine fundierte Broschüre herausgebracht.
Gehzeit: ins Innergschlöß 1,5 h, Gletscherweg 4–4,5 h, Rückweg 1 h (Variante zur Neuen Prager Hütte 4 h, Abstieg 2,5–3 h).
Höhenunterschied: 700 m (bis zur Neuen Prager Hütte insgesamt 1150 m).
Einkehr: Matreier Tauernhaus, Jausenstation Außergschlöß, Venedigerhaus Innergschlöß, eventuell Alte und Neue Prager Hütte.
Karte: KOMPASS Nr. 46, 50.
Reise-Atlas: Seite 13/14.

Das Innergschlöß ziert so manches Kalenderbild, denn der Blick über das Schlatenkees zum Großvenediger gehört zu den stimmungsvollsten Szenerien der Alpen. In zwei Etappen kommen Sie dem zweitgrößten Gletscher der Venedigergruppe ziemlich nahe: 1) dem munteren Tauernbach entlang in den Talschluss und 2) auf dem spektakulären Gletscherweg zum Gletscherrand. Und es gibt die Möglichkeit, vor einer hoch gelegenen Schutzhütte den Sonnenunter- bzw. -aufgang inmitten einer arktischen Eis- und Felslandschaft zu genießen.

Ins Innergschlöß: Wir wandern vom Matreier Tauernhaus auf dem Fahrweg taleinwärts. Schon wenige Schritte nach einem kleinen Parkplatz zweigen wir links auf den beschilderten Wanderweg ins Inner-

DEFREGGERHAUS – GROSSVENEDIGER

gschlöß ab. Auf einem Steg über den Gschlößbach, dann nach rechts und bald über viele Stufen durch den steilen Hang auf die Hohe Achsel, 1720 m. Gegenüber der Außergschlöß-Alm wandern wir flach in den Talgrund und an einigen gewaltigen Felsblöcken vorbei. Gleich danach kommen wir rechts über den Bach zur Straße, auf der wir links ins Innergschlöß, 1689 m, gelangen.

Der Gletscherweg Innergschlöß führt links über die Brücke und dann rechts neben dem Bach ins „Gries". Nach ca. 700 m – bei der nächsten Brücke – wandern wir links auf dem beschilderten Gletscherweg zwischen Grünerlen hinauf (Stufen, Geländer). Vorbei am Schlatenbach-Wasserfall (Aussichtskanzel) und über den schütter bewaldeten Hang auf den flacheren Salzboden. Oberhalb des gleichnamigen Sees vorbei zu einigen Moorlacken und zum „Auge Gottes", einem kleinen Gewässer

Auf dem Weg ins Innergschlöß

mit Wollgras-Inselchen, das sich zwischen alten, längst begrünten Moränenwällen gebildet hat. Kurz darauf erreichen wir eine Wegteilung: rechts über den Moränenwall zum Schlatenkees hinab. Unterhalb der zerklüfteten Gletscherzunge, der man schon 150 m „nachwandern" muss, führt ein Steg über den Schlatenbach. Dann schlängelt sich der Pfad zwischen frisch abgeschliffenen Felsbuckeln aufwärts. Auf der nördlichen Talseite erreichen wir eine Abzweigung, von der wir rechts in Kehren durch steiles Gras- und Felsgelände zum Viltragenbach absteigen. Über den Steg und rechts zum Fahrweg, der ins Innergschlöß zurückführt. Zurück wandern wir am besten auf dem Fahrweg – vorbei an der Felsenkapelle und am Außergschlöß.

Variante: Wer von der genannten Abzweigung links nach der Markierung Nr. 902 B hinaufgeht, gelangt über die Breitleite zur Alten Prager Hütte, 2489 m. Links zur Neuen Prager Hütte, 2782 m, hinauf. Abstieg auf der gleichen Route.

MATREI IN OSTTIROL

99

Badener Hütte – Löbbentörl, 2770 m
Alte Almkultur und arktische Urnatur

Ausgangspunkt: der Weiler Gruben nahe der Felbertauernstraße, 1164 m. Zufahrt von Matrei in Osttirol (Abzweigung nach 5,5 km, dort Bushaltestelle). Rückfahrt vom Matreier Tauernhaus per Bus.
Charakter: zweitägige hochalpine Bergwanderung auf gut markierten Wegen und Steigen, die Trittsicherheit, Schwindelfreiheit und alpine Erfahrung voraussetzt.
Gehzeit: zur Zedlacher Alm 2,5–3 h, weiter zur Badener Hütte 2 h, über das Löbbentörl ins Innergschlöß je nach Wegwahl 4,5–5 h, zum Matreier Tauernhaus 1 h (zu Fuß nach Gruben zusätzlich 2 h). Variante auf die Kristallwand 2,5 h, Abstieg 2 h.
Höhenunterschied: 1650 m Aufstieg und 1300 m Abstieg (Kristallwand 750 m mehr).
Einkehr: Mitteldorfer und Zedlacher Alm, Badener Hütte, Venedigerhaus im Innergschlöß, Matreier Tauernhaus.
Karte: KOMPASS Nr. 46, 50.
Reise-Atlas: Seite 13/14.

Hinter dem Löbbentörl hängt viel Eis herab.

Diese Tour zählt zu den eindrucksvollsten Übergängen der Venedigergruppe. Der Weg ins Frosnitztal ist weit, doch er führt durch uraltes Almland (die Katalalm ist seit dem 13. Jahrhundert bewirtschaftet), lässt die Gletscher erleben und überrascht mit einem grandiosen Gipfelpanorama.
Aufstieg: Im Weiler Gruben (kurzer Zugang von der Bushaltestelle an der Felbertauernstraße) beginnt der Fahrweg mit der Markierung Nr. 921. Wir folgen ihm zum Kreuz am „Egg" und ins tief eingeschnittene Frosnitztal hinein. Hoch über dem Bach wandern wir in Kehren empor und erreichen – bei einer Abzweigung auf der linken Trasse bleibend – die Untere Katalalm. Wir übersetzen den Michlbach, verlassen bald danach den Waldbereich und gehen fast eben zu den Steinhütten der Mitteldorfer Alm. Nun ist es nicht mehr weit zu den ebenfalls aus Bruchsteinen erbauten Behausungen der Zedlacher Alm (Jausenstation Gossa-Alm), die auf der anderen Seite des Frosnitzbachs liegt. Weiter geht's zum Felsunterstand des „Hohlen Steins". 15 Min. weiter oben führt der Steinerne Steg links über den Bach, dann geht's

BADENER HÜTTE – LÖBBENTÖRL

Auch die Weidetiere genießen den Almsommer im Frosnitztal.

steiler über die „Hohe Achsel" (mit dem kleinen Löbbentümpel). Kurz darüber quert der Venediger-Höhenweg (Nr. 922), auf dem wir rechts zum alten Moränenwall des Frosnitzkeeses gelangen. Bald danach mündet der Gaßla-Anda-Weg ein. Links weiter und über die große Seitenmoräne („Innerer Keesruggn") in Kehren zur Badener Hütte, 2608 m, hinauf.
Anderntags wandern wir auf dem Rudolf-Zöllner-Weg (Nr. 921) zwischen mächtigen Felsblöcken durch die steilen Hänge unter der Kristallwand und ihrem kleinen Kees. Bei der Einmündung des Wildenkogelweges links weiter und durch steile Felsabbrüche (Sicherungen) zum Kreuz am 2770 m hoch gelegenen Löbbentörl empor. Plötzlich liegt die Eislandschaft des Schlatenkeeses unter uns – und darüber baut sich die „Firnkrone" von der Kristallwand über den Hohen Zaun und die Schwarze Wand bis zum Groß- und Kleinvenediger auf. Wer trittsicher ist und den Panorama-Genuss weiter erhöhen möchte, sollte den 20-Min.-Abstecher rechts auf den Inneren Knorrkogel, 2884 m, nicht versäumen!
Abstieg: Jenseits des Törls geht's steil durch einen Schutthang und dann oberhalb kleiner Seen am Rand des Schlatenkeeses links zu der um 1850 aufgetürmten Randmoräne hinab. Auf diesem Wall

zum Salzboden hinunter. Oberhalb des Salzbodensees erreichen wir den Gletscherweg Innergschlöß (Tour 98). Auf dieser Route entweder geradeaus abwärts oder – länger, aber interessanter – nach links, unter der Gletscherzunge vorbei und auf der anderen Talseite rechts zum Viltragenbach hinunter. In jedem Fall geht man auf dem Talbo-

den rechts ins Innergschlöß Man kann nun mit der Kutsche oder per Taxi zum Matreier Tauernhaus fahren; zu Fuß wählt man besser den Wanderweg auf der rechten Seite des Tauerntals, der vor der Felsenkapelle rechts von der Straße abzweigt.

Wer eine komplette Rundtour unternehmen möchte, geht vom Tauernhaus auf dem markierten Tauerntal-Wanderweg neben dem Tauernbach nach Gruben hinab.

Variante: Versierte Bergsteiger können von der Badener Hütte die Kristallwand, 3310 m, erklimmen. Der Steig Nr. 924 führt rechts vom Frosnitzkees über Schutt und Schnee auf den Südostgrat und zuletzt durch eine steile Firnflanke hinauf.

MATREI IN OSTTIROL

100

Messeling, 2693 m
Erlebnis Dreiseenweg

Ausgangspunkt: Matreier Tauernhaus, 1511 m. Zufahrt von Matrei in Osttirol.
Charakter: Bergwanderung auf breiten Almwegen und schmalen, stellenweise steilen und felsigen Pfaden; eine kurze Stelle ist ausgesetzt und gesichert.
Gehzeit: zur St. Pöltner Hütte 2,5–3 h, auf den Messeling 1,5 h, Abstieg 2,5 h.
Höhenunterschied: 1200 m.
Einkehr: Matreier Tauernhaus, St. Pöltner Hütte.
Karte: KOMPASS Nr. 46, 50.
Reise-Atlas: Seite 14.

Der berühmte Dreiseenweg über dem Matreier Tauernhaus verläuft außerhalb des Nationalparks, der durch eine Schneise beiderseits der Hochspannungsleitung über den Felber Tauern geteilt wird. Er bietet jedoch eine prachtvolle Sicht auf die schönsten Berge im Westen des Schutzgebiets. Außerdem entfaltet sich unterwegs ein wahres Feuerwerk der Farben: vom Braun der Almhütten über das Weiß der Gletscher bis zum Grauen, Schwarzen und Grünen See, die ihren Namen je nach Wind und Wetter tatsächlich gerecht werden. Der schönste Wegabschnitt erwartet Sie zwischen der St. Pöltner Hütte (siehe auch Tour 64) und der Messelingscharte: Dort genießt man ein grandioses Venedigerpanorama, das nicht nur den alpinen „Hausherrn", sondern die gesamte „Firnkrone" vom Kleinvenediger bis zur Kristallwand präsentiert. Glücklich, wer in der Hütte übernachtet hat und zum Sonnenaufgang schon auf dem Messeling steht!

Aufstieg: Wir gehen vom Matreier Tauernhaus zunächst ca. 20 Min. taleinwärts Richtung Innergschlöß. Bei der Wohlgemutalm zweigt rechts der Weg Nr. 511 Richtung Felber Tauern ab. Er führt in Kehren durch den Wald und neben dem Tauernbach zum Zirmkreuz hinauf. Weiter durch das sanft an-

Wasserspiele auf dem Dreiseenweg – rechts der Blick zum Großvenediger

steigende Hochtal, bald begleitet von der Hochspannungsleitung und ihrer alten Baustraße. Links mündet der St. Pöltner Westweg (und damit auch der Arnoweg) ein, dann geht's steiler neben einer felsige Rinne und durch eine Mulde zur St. Pöltner Hütte, 2481 m, hinauf. Wir folgen nun dem St. Pöltner Ostweg (Nr. 502/513) zum nahen Tauernkreuz am Felber Tauern hinab und dann in Kehren über den Weinbichl zur Senke des Alten Tauern, 2508 m (eine ausgesetzte, aber gesicherte Passage). Bei der Abzweigung zum Hochgasser nach rechts und quer durch den Schutthang zur Messelingscharte. Rechts auf den Messeling.

Abstieg zurück zur Scharte und rechts zum Grauen See hinunter. Durch ein schmales Kar weiter zum Schwarzen und zum Grünen See. Auf einem Steg über den Abfluss, dann rechts auf den Pfad Nr. 512 abzweigen und zur (geschlossenen) Grünseehütte.
Nun geht's zwischen Felsblöcken und durch die Weidehänge neben dem Messelingbach abwärts, vorbei an der einstigen Station eines Schlepplifts. Auf etwa 2000 m Seehöhe zweigt rechts ein breiter Weg Richtung Felber Tauern ab; wir wandern jedoch links in den Wald und ins Gschlößtal hinunter. Unten erreichen wir den Fahrweg. Kurz nach links zum Tauernhaus.

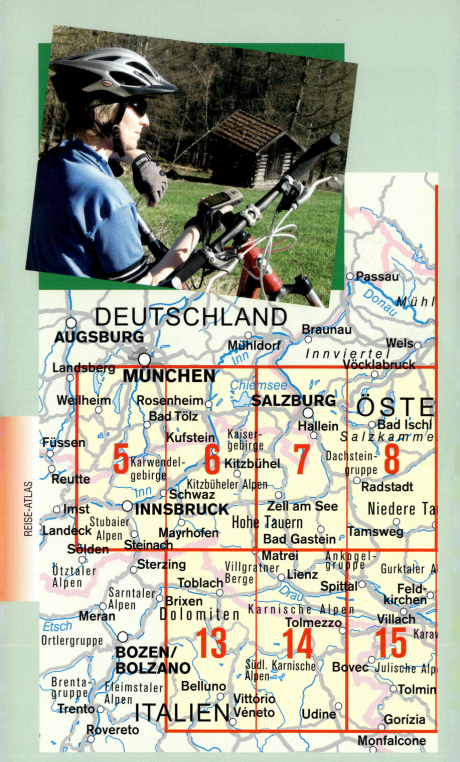

Reise-Atlas
Blattübersicht

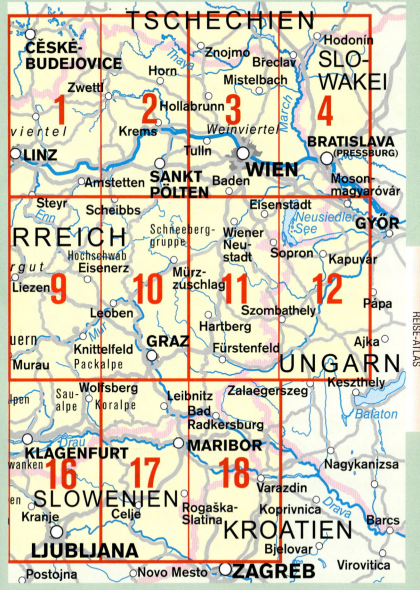

REISE-ATLAS – LEGENDE

Zeichenerklärung - Reference - Légende - Segni convenzionali

Salzburg-West
Autobahn mit Anschlussstelle
　Motorway with junktion
　Autoroute avec point de raccordement
　Autostrada con raccordo

Rasthaus, Tankstelle, Mautstelle
　Service area and filling station
　Etape de repos, station service
　Ristorante, stazione riforimento carburanti

Autobahn in Bau, geplant
　Motorway under construction, in projekt
　Autoroute en construction, en project
　Autostrada in construzione, in progetto

Zweibahnige Straße (Vierspurig)
　4 lane motorway
　Route á chaussées séparées
　Superstrada a 4 corsi

Fernverkehrsstraße
　Important main road
　Route de communication importante
　Strada di grande comunicazione

Hauptstraße
　Main road
　Route de communication
　Strada principale

Nebenstraße, Touristenstraße
　Secondary road, tourist road
　Route secondaire, route touristique
　Strada secondaria, strada turistica

Fahrwege
　Road
　Chemin carrossable
　Strada praticabile

A10 **A4**
Autobahnnummer
　Motorway number
　Numero de Autoroute
　Numero di Autostrada

E70
Europastraßen-Nummer
　European road number
　Numero de route européen
　Numero di strada europea

S31
Schnellstraßen-Nummer
　4 lane motorway number
　Numero de route á chaussées séparées
　Numero di Superstrada a 4 corsi

10 **10**
Bundesstraßen-Nummer -
Nationalstraßen-Nummer (mit Vorrang)
　Federal road number -
　national road number (with priority)
　Route nationale (avec priorité)
　Strada statale (con precedenza)

35
Bundesstraßen-Nummer (ohne Vorrang)
　Federal road number (without priority)
　Route nationale (sans priorité)
　Strada statale (senza precedenza)

Kfz. gegen Gebühr
　Toll road accessible aux
　Autos moyennant péage
　Strada a pedaggio

Verboten für Kfz.
　Forbidden for cars
　Défendu au trafic automobile
　Divieto di transito per autoveicoli

Kilometrierung
　Distances in kilometres
　Distance en km
　Chilometraggio

Grenzübertrittstelle (Zoll)
　Custom house
　Poste de douane
　Dogana

1973
Pass mit Höhenangabe
　Pass with details of altitude
　Col avec altitude
　Valico con indicazione altimetrica

1771
Höhe über Normal-Null
　Altitude above sea-level
　Altitude absolue
　Altitudine sopra l.d.m.

15%
Steigungsangabe in Prozent
　Gradient (in percent)
　La montée en %
　Pendenza in %

Für Wohnanhänger unpassierbar
　Forbidden for caravans
　Impraticable aux caravanes
　Divieto per caravans

Verkehrsflugplatz
　Airport
　Aérodrome
　Aeroporto

Autoverladung
　Car loading point
　Embarquement pour autos
　Treno navetta

— F —
Autofähre
　Car ferry
　Bac parsant les autos
　Traghetto per auto

Haupt- bzw. Nebenbahn
　Main-, secondary track respectively
　Route principale ou secondaire
　Ferrovia principale - secondaria

Kirche, Kloster
　Cathedral, church; monastery
　Eglise; couvent
　Chiese; monastero

Burg, Schloss; Ruine; Turm
　Castle, palace; ruin; tower
　Fort ou château; ruine; tour
　Castello, palazzo; rovine; torre

Denkmal; Leuchtturm
　Monument; lighthouse
　Monument; phare
　Monumento; faro

Bergbahn (Auswahl)
　Mountain railway (selection)
　Chemin de fer de montagne (sélection)
　Funivia, funicolare

Bergwerk; Skisprungschanze
　Mine; skijumping
　Mine; tremplin
　Miniera; trampolino

Gasthof, Unterkunftshaus (Auswahl)
　Inn, tourist cabin (selection)
　Auberge, chalet-refuge (sélection)
　Osteria, rifugio

Campingplatz (Auswahl)
　Camping (selection)
　Emplacement de camping (sélection)
　Campeggio

Staatsgrenze, Landes-Provinzgrenze
　State boundary, provincial boundary
　Frontiere d´Etats, limite de provinz
　Confine di stato, confine di provincia

80 **81** **82** Tournummer im Wander-Atlas

Maßstab · Scale · Echelle · Scala

0　　10　　20　　30　　40　　50km

Autobahngebühr in Österreich, Italien, Schweiz, Tschechische Republik, Slowakei, Ungarn, Slowenien.

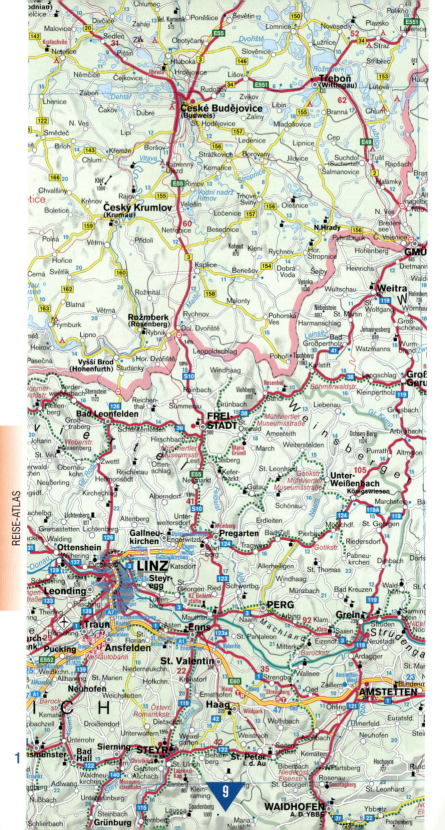

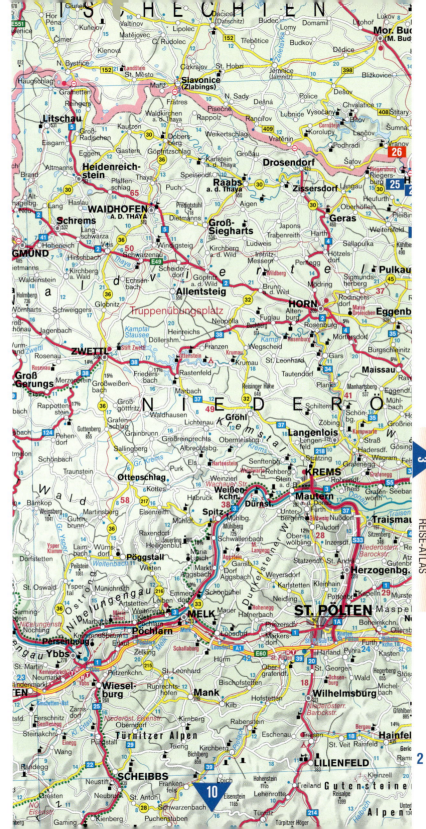

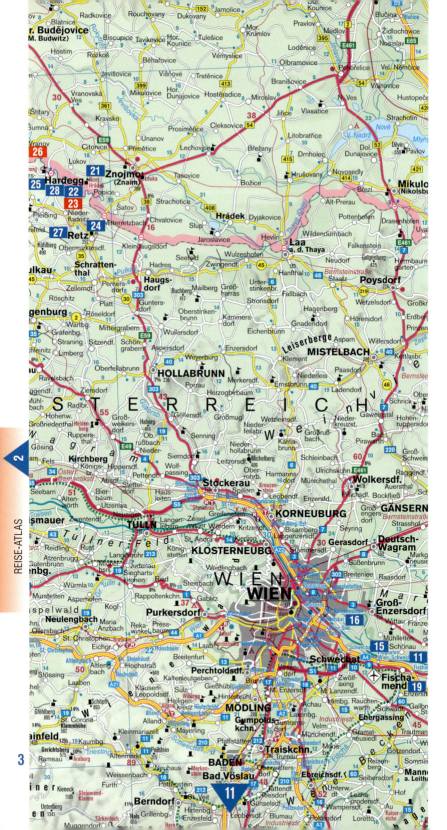

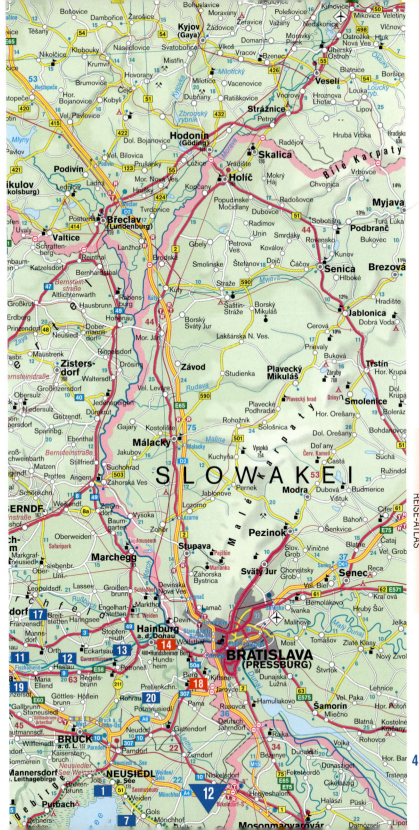

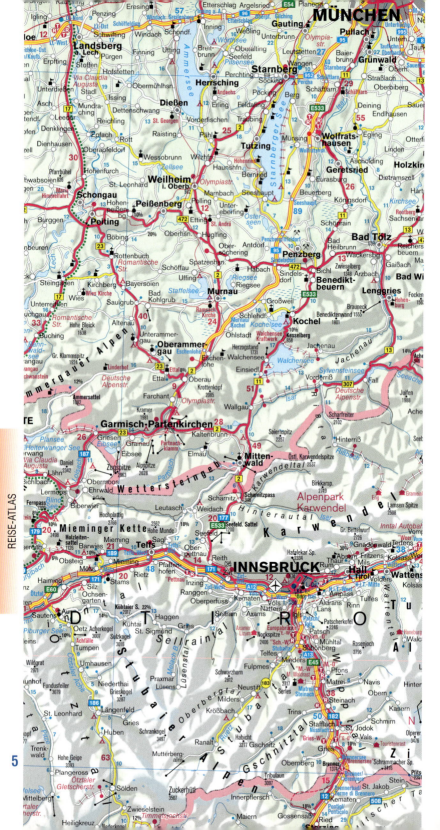

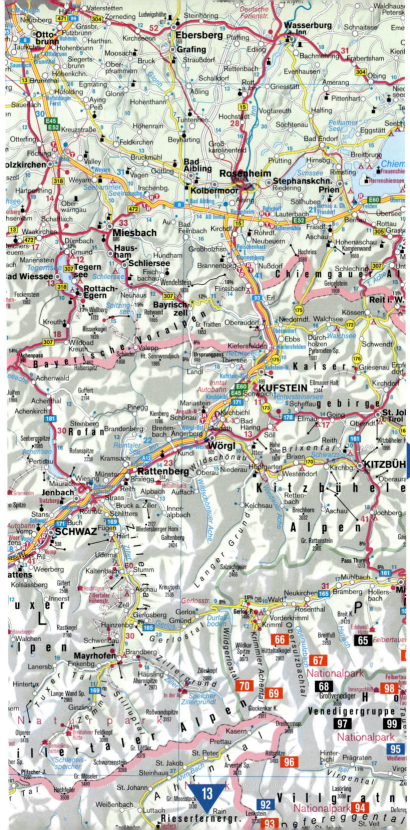

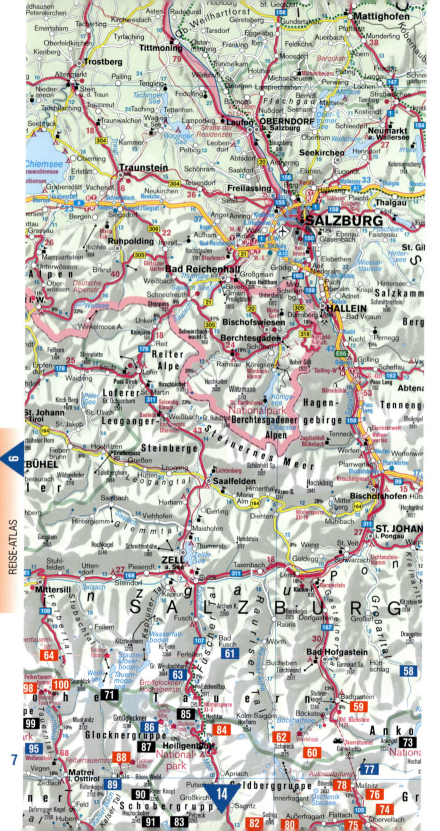

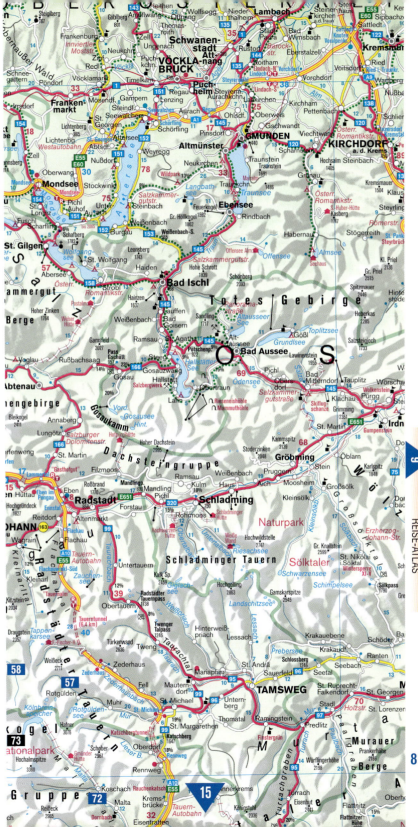

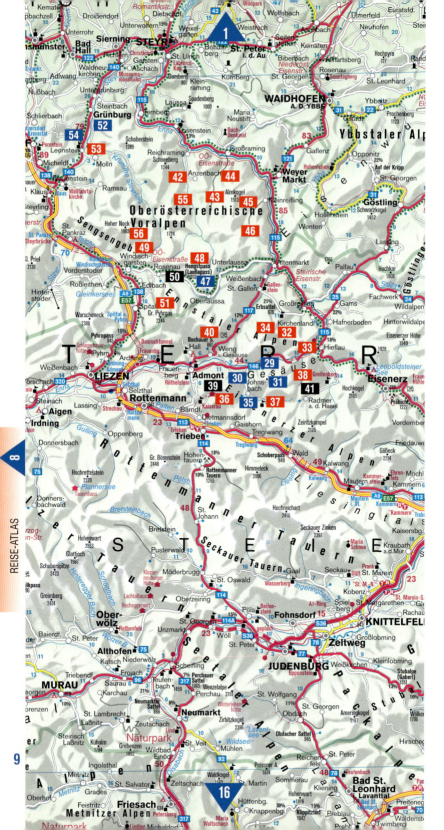

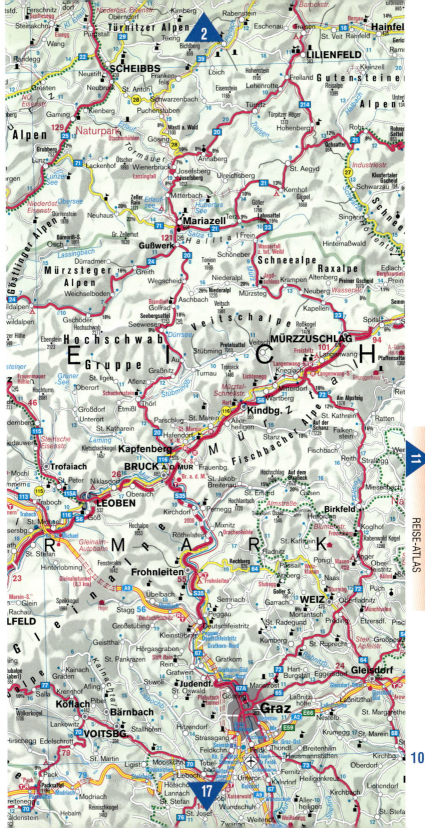

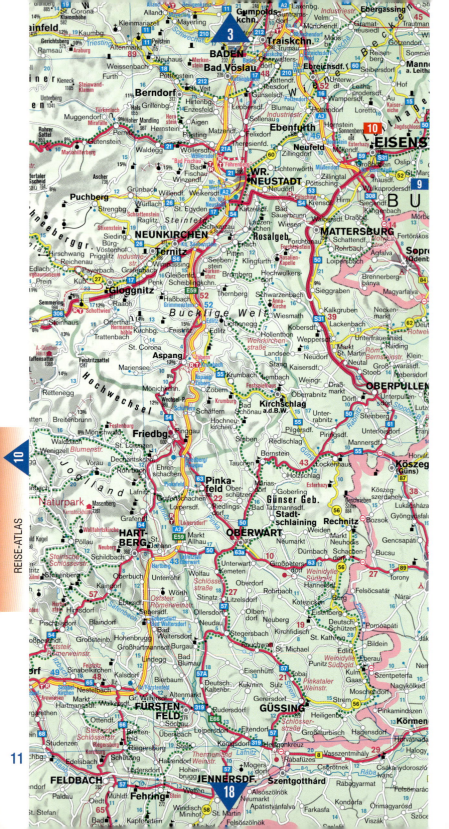

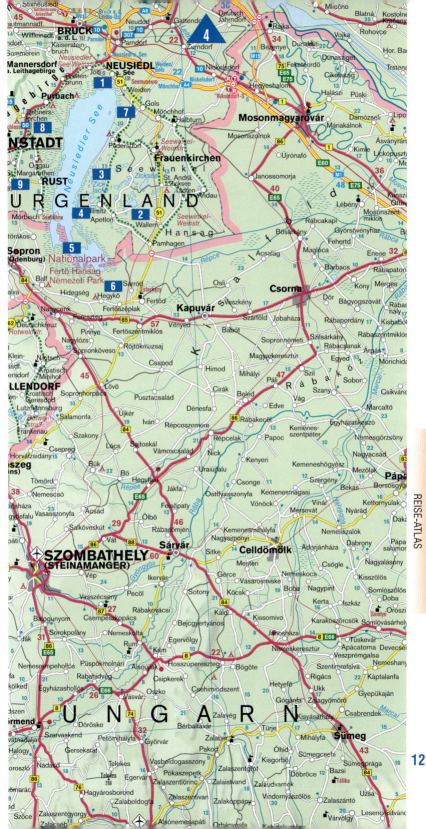

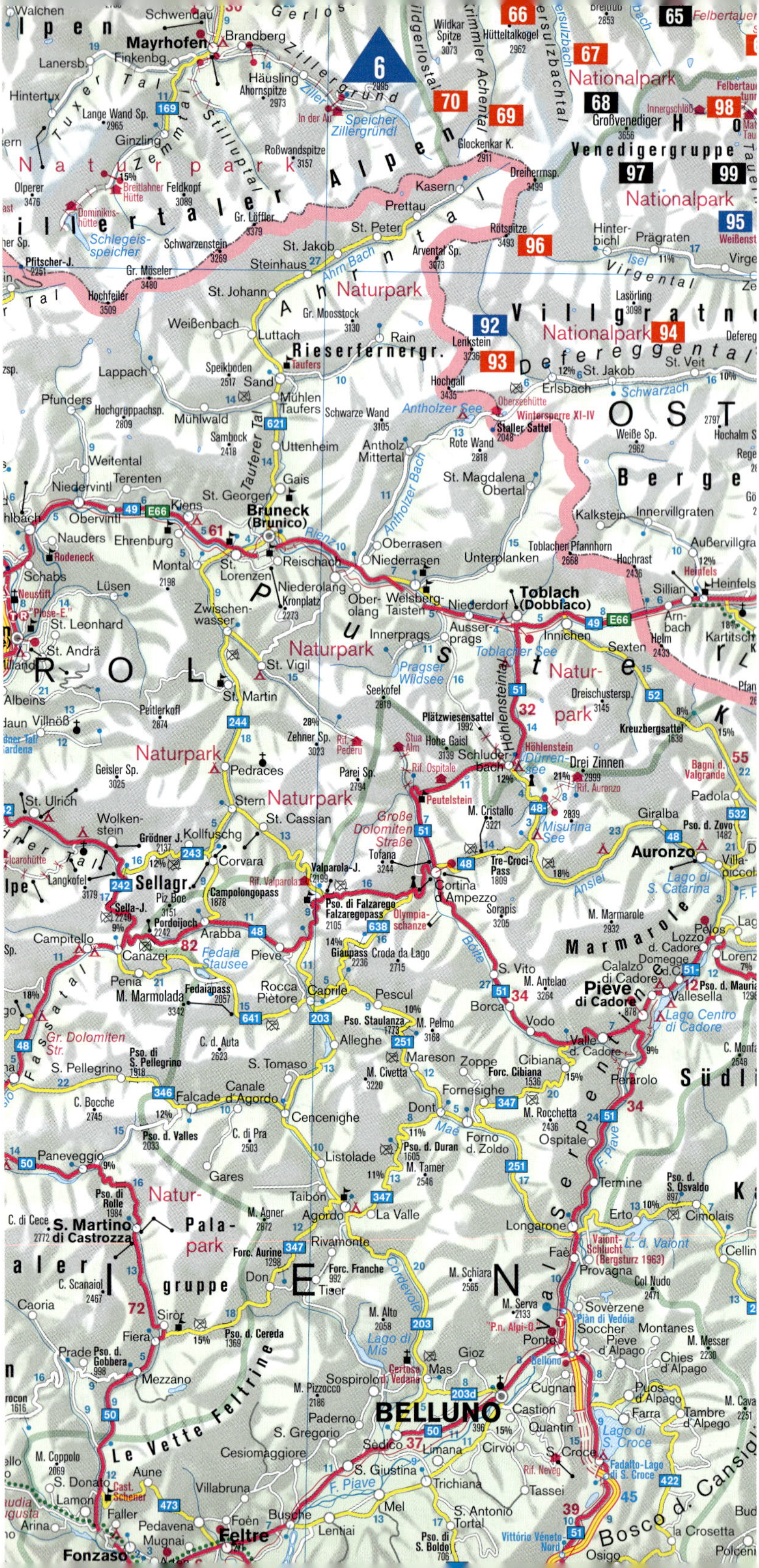

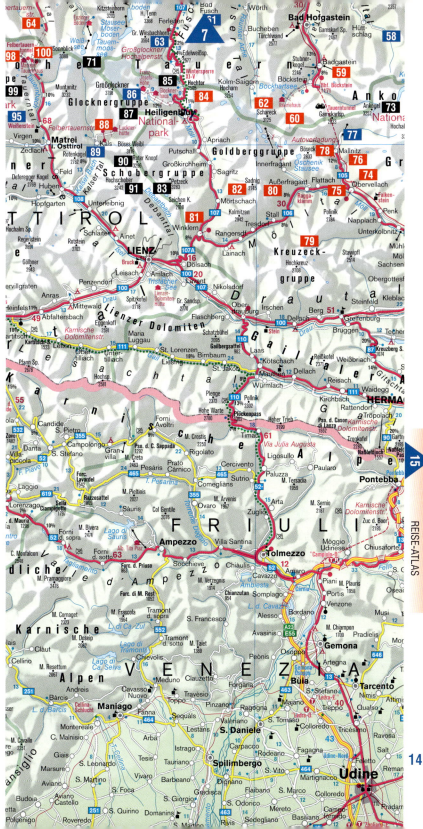

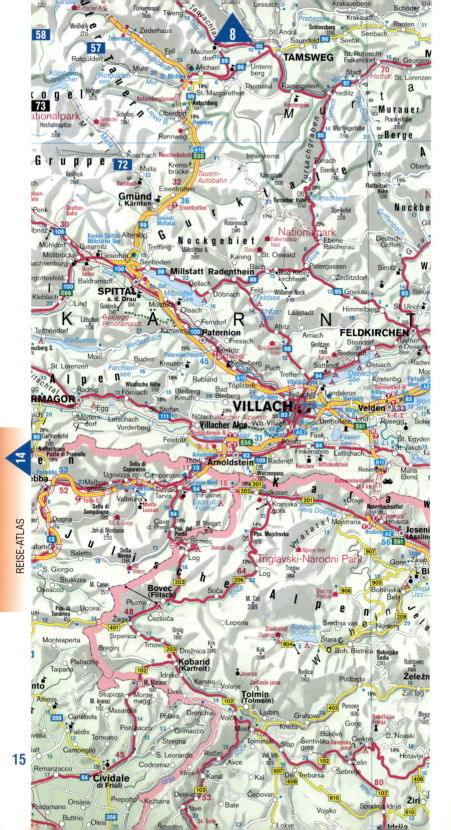

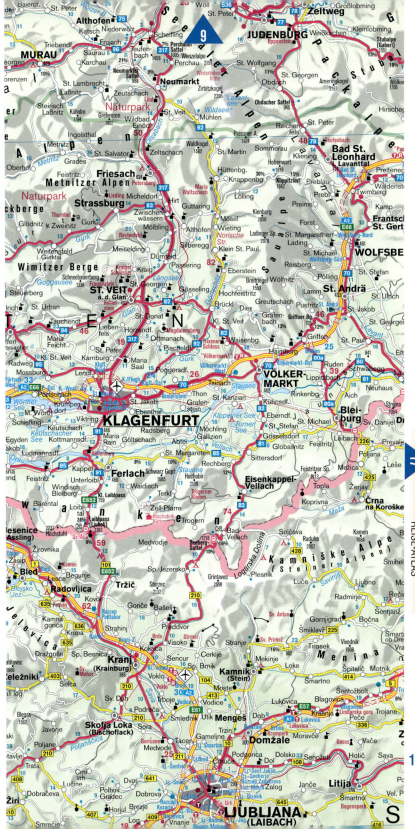

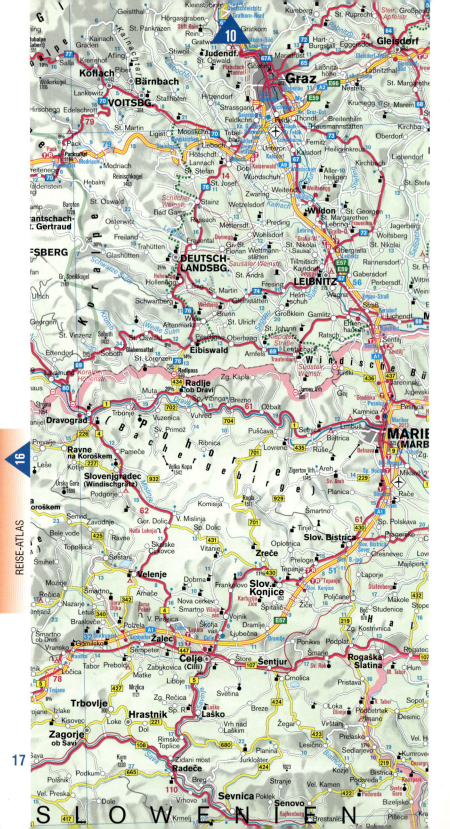

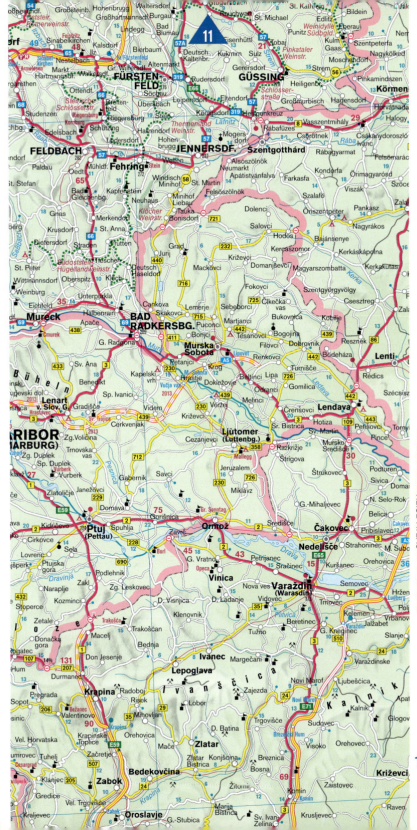

Bären in Österreich

Mitteleuropäische Braunbären sind äußerst scheu und verzichten gerne auf Kontakte mit Menschen. Begegnungen mit diesen Tieren sind daher extrem selten. Trifft man Meister Petz doch einmal in freier Wildbahn, wirkt er in der Aufregung immer groß. Aber auch nüchtern gemessen erreichen Bären eine beachtliche Größe: Ausgewachsene Weibchen können 180 kg, Männchen 250 kg auf die Waage bringen. Sie haben eine Körperlänge von 160 bis 200 cm. Aufgerichtet sind auch kleinere Bären oft größer als der menschliche Beobachter.

Bären haben eine Vorliebe für vegetarische Kost. Beeren, Früchte und fetthaltige Samen sind ihre Hauptnahrung im Herbst, wenn es gilt, sich den Speck für den Winter anzufressen. Im Frühsommer stehen Gräser und Kräuter auf dem Speisezettel. Fleisch konsumiert der Bär vornehmlich als Aas. Im Frühjahr machen sich Bären auf die Suche nach verendetem Rot- und Rehwild bzw. nach Gämsen, die aus dem Schnee apern.

Bärenweibchen können alle zwei Jahre im Jänner oder Februar Nachwuchs bekommen. Bei ihrer Geburt sind die Jungen blind, nackt und meerschweinchengroß.

Angesichts des Konfliktpotentials in einer vielfältig genutzten Landschaft sind steuernde Maßnahmen unbedingt notwendig. Das Bärenmanagement in Österreich umfasst die „Länderübergreifende Koordinierungsstelle für Bärenfragen", die „Bärenanwälte" und eine „Eingreiftruppe". Die Bärenanwälte sind Ansprechpartner für die Bevölkerung in Bärengebieten; sie begutachten Schäden und geben Ratschläge zur Schadensprävention. Ihr wissenschaftlicher Arbeitsbereich umfasst die Erforschung des Bestands, der Entwicklung und des Verhaltens der Bärenpopulation. Die Analyse der DNA aus Haar- und Losungsproben ermöglicht das individuelle Ansprechen einzelner Bären und somit eine genauere Bestandsschätzung, das Erstellen eines Stammbaumes und die Beurteilung der genetischen Variabilität.

Der Bärenbestand in Österreich ist noch sehr klein und sein Fortbestand nicht gesichert. Hoffentlich werden jedes Frühjahr ein paar kleine, übermütige und tollpatschige Kerle hinter ihrer Mutter aus der Höhle in eine „bärige" Zukunft stolpern. In unseren letzten Naturparadiesen gibt es noch Futter und Ruhe dafür.

Ernst de Haan aus Allhaming fotografierte einen erwachsenen Braunbären im Nationalpark Kalkalpen. Der Bär verhielt sich artgerecht. Beim Anblick eines Menschen ergriff er die Flucht.

REGISTER

Admont 108
Almkogel 124
Almweg (Hengstpass) 128
Almweg, Johnsbacher 104
Anlaufalm 120
Apetlon 22
Astner Moos 213
Au-Erlebnispfad (Gesäuse) 90
AV-Familienweg (Winklern) 211
Badener Hütte 256
Bad Gastein 156, 158
Barmer Hütte 242
„BergeDenken" 231
Bodenwies 126
Bodinggraben 139
Brunnbach 120, 122
Buchkogel 38
Buchsteinhaus 98
Defereggental 241
Donau-Auen 40
Donauradweg 56
Eckartsau 48
Eckartsauer Donaurunde 48
Ebenforstalm 144
Einsiedler 80
Eisenstadt 38
Fadenbachrunde 46
Fallbach 193
Feichtaualm 146
Felber Tauern 166
Ferleiten an der Glocknerstraße 164
Fertö-Hanság Nemzeti Park 30
Flattach 208
Gamsgrubenweg 220
Gamsspitzl 176
Gamsstein 122
Geo-Trail Tauernfenster 216
Gesäuse 84
Gletscherweg Innergschlöß 254, 256
Glocknerrunde 180
Glocknertreck 228
Göß-Fälle 193
Gowilalm 136
Großarl 154
Großfragant 208
Großglockner 180
Großglockner-Hochalpenstraße 165
Großkirchheim 212, 214
Großraming 120, 122, 124
Großvenediger 252
Grünburg 138
Gstatterboden 88, 90, 92, 94, 96, 98
Grabnerstein 110
Hagener Hütte 158, 204
Hainburg an der Donau 50, 62
Haindlkar 92
Hardegg 68, 70, 72, 76, 78, 80, 82
Hardegger Rundwanderweg 76
Hardegger Warte 68
Haydnkirche 39
Heiligenblut 216, 218, 220
Hengstpass 128, 130
Hennerweg 82

Hesshütte 106
Hochkreuz 206
Hochscheibenalm 96
Hochschoberrunde I 234
Hochschoberrunde II 238
Hohe Tauern 148, 188, 222
Hollersbach 168
Hundsheimer Berg 50
Hüttschlag 155
Illmitz 24, 26, 28
Jagdhausalm 240
Jakobsweg 60
Johnsbach 100, 102, 104, 106
Kalbling 108
Kalkalpen 114
Kals am Großglockner 226, 230, 232, 234
Kaprun 182
Keeskopf 214
Keeskogel 174
Kirschblüten-Radweg 34
Königswarte 58
Kreuzeck 206
Krimml 176, 178
Krimmler Wasserfälle 177
Lange Lacke 22
Langfirst 134
Larmkogel 168
Lasörlingtreck 244
Leonstein 142
Lienz 238
Lobau 54
Lugauer 112
Mallnitz 200, 202, 204
Mallnitzer Tauern 204
Malta 192, 194
Maltatal 192, 194
Malteiner Wasserspiele 192
Matrei in Osttirol 256, 258, 260
Messeling 260
Mittersill 166
Mödlinger Hütte 102
Mohar 212
Molln 140, 144, 146
Mur 152
Národni park Podyjí 78
Natur-Erlebnispfad für Kinder 232
Neukirchen am Großvenediger 170, 172, 174
Neusiedl am See 20
Neusiedler See 16
Neusiedler-See-Radweg 20
Oberhauser Zirbenwald 240
Oberkärntner Dreischluchtenweg 198
Obersulzbachtal 172
Obervellach 196, 198
Orth an der Donau 44, 46
Orther Rundwanderweg, Großer 44
Pasterze 219
Peternpfad 93
Podersdorf am See 32
Prägraten 250, 252
Purbach am See 34

Puszta-Radweg 36
Pyhrgas, Kleiner 136
Radmer 112
Rauchbodenweg 88
Rauris 160, 162
Rauriser Urwald 163
Reichraming 118
Reichraminger Hintergebirge 118
Reedsee 156
Retz 74
Rinnende Mauer 140
Rinnerberger Wasserfall 140
Roßkopf 178
Rotmoos 164
Rundwanderweg Schönau 52
Ruine Röthelstein 51
Sadnig 213
Sagenweg, Johnsbacher 100
St. Jakob im Defereggen 240, 242, 244
St. Margarethen im Burgenland 36
Säuleck 200
Schobertreck 238
Schödersee 154
Schönau an der Donau 52
Schößwendklamm 167
Schwarzhorn, Mittleres 194
Schwechat 60
Seebachsee 170
Seebachtal 202
Seewinkel 16
Seidlwinkltal 160
Sonnblick 163
Spielmann 218
Spital am Pyhrn 136
Stall im Mölltal 206
Steyrschlucht 140
Steyrtal-Radweg 130
Stüdlhütte 230
Tamischbachturm 94
Tauerngold-Rundweg 162
Teischnitztal 230
Thayatal 64, 83
Trämpl 144
Umbalfälle, Wasserschaupfad 250
Umlaufberg 70, 72
Umwelt- und Alpininfos 15
Untersulzbachtal 171
Virgen 244, 248
Vranov nad Dyjí 79
Wasserklotz 130
Weg der Sinne (Virgen) 249
Weng 110
Wien 54
Windischgarsten 132, 134
Winklern 210
Winklerner Alm 210
Wolfsthal 58, 60
Wurbauerkogel 132
Zagutnig 196
Zedlacher Paradies 248
Zicklacke 26
Zinödl 106

IMPRESSUM

© **KOMPASS-Karten GmbH · 6063 Rum/Innsbruck · Österreich**

1. Auflage 2008 · Verlagsnummer 599 · ISBN 978-3-85491-755-7

Redaktionelle Mitarbeit: Renate Gabriel, André M. Winter.
Kartenausschnitte, Reise-Atlas, CD: © KOMPASS-Karten GmbH.
Lektorat: Textservice Johann Schnellinger, Linz.

Bildnachweis:
Titelfoto: Blick vom Wasserklotz zum Toten Gebirge/Nationalpark Kalkalpen (Franz Sieghartsleitner). Alpenzoo Innsbruck: S. 12; Ernst Kren: S. 5 l, 84/85, 89 o, 93; Gemeinde Muhr: S. 153 u; Nathalie Muser: S. 255, 261; Nationalpark Neusiedler See – Seewinkel: S. 16/17, 18/19, 20, 21, 23, 25, 27, 29, 31, 33, 35, 37, 39; Nationalpark Donau-Auen: S. 2 o, 4 o, 10/11, 40/41, 42, 43, 45 (Kovacs), 47, 49, 51, 53 (Antonicek), 55 (Popp), 59, 81 (Kovacs), 83; Nationalpark Gesäuse: S. 2/3, 14/15, 91, 93 M, 95, 97, 99, 101, 103 (Lisbeth Zechner), 105 o, 107 (Redl), 108, 109, 111; Nationalpark Hohe Tauern/Salzburg, Ferdinand Rieder: S. 153, 155, 157, 160, 165, 167, 169, 171, 177 o, 179; Nationalpark Hohe Tauern/Kärnten, Andreas Kleinwächter: S. 180/181, 186/187, 189 o, 190, 193, 197, 209, 211, 213 o, 215, 217, 219, 221; Nationalpark Hohe Tauern/Tirol, Martin Kurzthaler: S. 222/223, 225 (Lois Lammerhuber: 226, 229, 231, 233, 236, 237 (Angermann), 249, 256 (Walter Mair), 257; Oberösterreich Tourismus: S. 57, 285; Franz Sieghartsleitner: S. 1, 4 u, 13, 64/65, 66, 67, 69, 71, 73, 75, 77, 81, 82, 83, 114/115, 118, 125, 127 u, 131, 135, 138, 141, 146, 287; Hubert Wolf: S. 105 u; Daniel Zupanc: S. 195; alle anderen Fotos: Wolfgang Heitzmann/Renate Gabriel

Alle Angaben und Routenbeschreibungen wurden nach bestem Wissen gemäß unserer derzeitigen Informationslage gemacht. Die Touren wurden sehr sorgfältig ausgewählt und beschrieben, Schwierigkeiten werden im Text kurz angegeben. Es können jedoch Änderungen an Wegen und im aktuellen Naturzustand eintreten. Radfahrer, Wanderer und Bergsteiger müssen darauf achten, dass sich der Wegzustand bezüglich Begehbarkeit aufgrund ständiger Veränderungen nicht mit den Angaben in diesem Führer decken muss. Bei der großen Fülle des bearbeiteten Materials sind daher vereinzelte Fehler und Unstimmigkeiten nicht vermeidbar. Die Verwendung dieses Führers erfolgt ausschließlich auf eigenes Risiko und auf eigene Gefahr, somit eigenverantwortlich. Eine Haftung für etwaige Unfälle oder Schäden jeder Art wird daher nicht übernommen. Berichtigungshinweise nehmen wir gern entgegen. Senden Sie Ihre Korrekturvorschläge bitte an:
KOMPASS-Karten GmbH, Kaplanstraße 2, 6063 Rum/Innsbruck, Österreich,
Fax: ++43(0)512/265561-8, E-Mail: kompass@kompass.at

Gesäuseblick von der Planspitze

DIE BEILIEGENDE CD

Digital schmökern.
Sämtliche Informationen und Tourenbeschreibungen dieses Buches finden Sie auch auf der beiliegenden CD (nutzbar für PC, Pocket-PC oder Mac). Mit ihrer Hilfe lassen sich Textpassagen bzw. einzelne Touren samt Karte einfach ausdrucken oder auf tragbare Pocket-PCs überspielen.

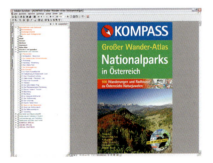

So einfach geht's!
Legen Sie die CD in den Computer ein; das darauf befindliche PDF öffnet sich automatisch. Zur Ansicht benötigen Sie das Programm Adobe Reader, das auch von der CD aus installiert werden kann.
Auf der Startseite finden Sie links die rot hervorgehobene Kurzanleitung zur einfachen und raschen Navigation. Über die Hilfsfunktion des Adobe Reader finden Sie weitere nützliche Tipps zum Programm.

Was bietet die CD?
- *Einfache Möglichkeiten, einzelne Touren zu finden:* mit einem Klick auf Lesezeichen, ins Inhaltsverzeichnis oder auf eine Tourennummer im Reise-Atlas.

- *Bequeme Suche nach Ausgangs- und Zielpunkten, Einkehrmöglichkeiten, Sehenswürdigkeiten oder Info-Stellen.* Geben Sie einfach den gesuchten Begriff in die Suchmaske ein.
- *Diashow:* Genießen Sie die Schönheit des Nationalparks in voller Bildschirmgröße.
- *Verbindung zum Internet:* Alle angegebenen Internet-Adressen sowie farblich hervorgehobene Begriffe sind verlinkt. Werden sie angeklickt, öffnet sich automatisch Ihr Browser.
- *Federleichte Tourenbeschreibungen für unterwegs:* Jede beliebige Seite lässt sich problemlos ausdrucken.

- *Volle Information auf Pocket-PC:* Über das Programm Adobe Reader for Pocket PC lässt sich der gesamte Wander-Atlas auf tragbare Geräte überspielen.

Viel Spaß!